人文东亚研究丛书

牛建科 主编 邢永凤 李海涛 副主编

[日] 佐藤弘夫 著

邢永凤 马步云 译

ZHONGSHI RIBEN DE
SHEN FO YU WANGQUAN

中世日本的神、佛与王权

U0743630

中西书局

《人文东亚研究丛书》
编辑委员会

顾　问：王守华　李甦平　何成轩

主　编：牛建科

副主编：邢永凤　李海涛

委　员：(按姓氏笔画排序)

王向远(北京师范大学)	王慧荣(山东大学)
牛建科(山东大学)	方浩范(山东大学)
冯　超(上海外国语大学)	冯立君(陕西师范大学)
邢永凤(山东大学)	邢丽菊(复旦大学)
朴永焕(韩国东国大学)	刘森林(山东大学)
刘岳兵(南开大学)	江　静(浙江工商大学)
李承律(韩国庆北大学)	李海涛(山东大学)
李彩华(日本名古屋经济大学)	吴光辉(厦门大学)
佐藤弘夫(日本东北大学)	陈　媛(山东大学)
金英淑(中国矿业大学)	郑炳硕(韩国岭南大学)
胡源源(山东大学)	敖　英(台州学院)
郭海红(山东大学)	陶　金(大连海事大学)
龚　颖(山东大学)	绪形康(日本神户大学)
韩吉绍(山东大学)	廖钦彬(中山大学)

《人文东亚研究丛书》
总　序

　　本丛书既以"人文东亚研究"命名,就有必要首先阐明我们对"人文东亚"的理解和把握。

　　关于"人文"的理解,我们接受学术界对这一概念的界定,因此不展开讨论。以下稍微展开一下我们对"东亚"概念的把握。关于"东亚"概念,学术界有地理概念(广义和狭义)和文化概念之分,而无论是地理意义上的东亚,还是文化意义上的东亚,在近代以前,可以说基本上都是指以中国为中心的中华文明及其所辐射的周边区域。这种意义上的"东亚",呈现出文化的同源性与一体性的特征。近代以来的东亚,由于西方文化的冲击以及战争等原因,则主要呈现出差异性和多元性的特征。并且由于种种原因,也曾有"隔阂的东亚"的说法。

　　其实,从语源学的角度来考察,"东亚"一词最早起源于日本近代学术界,它是从欧洲人文学科的视角出发而被发现的一个概念,"所谓'东亚',指包括作为文明起源的中国,以及与中国构成同一个文明圈的朝鲜、日本等地域,可以称之为中华文明圈"。而作为文化上区域概念的"东亚","乃是一个在以中国为中心的文明圈里,通过从中国以外的国家、地区来观照此文明的新型学术视角而构筑的文明论或文化史概念。这里所谓'新型学术视角',即成立于欧洲而日本最先接受过来的历史学和考古学,以及文献学、文化史学、宗教史学、艺术史学等。这样,在20世纪的早期已经获得这些学术视角的近代日本,率先建立了文明论或者文化史上的‘东亚’概念"。[1] 不过，直到第二次世界大战结束，被近代日本学术界所建构的"东亚"概念，不仅仅是一个文化历史概念，它同时还是一个"历史的政治性概念，而绝非单纯的地理概念"[2]。也就是说，追根溯源的话，我们今天所使用的"东亚"概念，是一个被近代日本学术界所建构，并逐渐带有特殊时代背景及意识形态色彩的概念。

20世纪80年代末，随着"冷战"结束，在重建世界新秩序的过程中，围绕着自身的定位问题，日本学术界开始将"亚洲"或"东亚"作为重要问题加以重构；而在20世纪90年代的韩国学术界（知识界）也兴起了"东亚论"，试图超越国家层面来思考地域之间的实际情况，具有了"何为东亚"的问题意识。这些思潮中有关"东亚"的理解，越来越具有一种去意识形态化的趋势，并作为一个区域文化的概念被使用。因此，学术界也有"文化东亚"的说法，我们觉得"文化东亚"是一种对既有状态的描述，尚缺乏把"东亚"作为一种方法的视角。而"人文东亚"则是在承认"文化东亚"的基础上，运用人文的方法对"文化东亚"进行研究和探索，以期在对既有状态进行描述的前提下，对理想状态进行一种尝试性的建构。这是我们将本丛书命名为"人文东亚研究"的初衷。本丛书由"翻译"和"研究"两个系列组成。即将推出的是"翻译"部分，待时机成熟再推出"研究"系列。

诚如学术界的通常理解，"文化东亚"主要指中国、朝鲜、韩国、日本、越南，其中以中日韩为主体。作为文化上的"东亚"，在古代以儒释道及巫俗思想来认识和理解世界、社会与人的生活。而进入近代以来，面对西学的冲击，在如何实现传统向现代的转换过程中，东亚各国所选择的道路大相径庭。究其原因，当然有境遇的不同使然，但文化上或思维上的不同，应该是最为根本的。因此，为了真正把握东亚看似相同的文化背后更为本质的区别，我们试图打破文史哲的学科界限，在大人文的视野下来思

---

[1] 参阅［日］子安宣邦著，赵京华译《近代日本的亚洲观》，生活·读书·新知三联书店，2019年，第122页。

[2] ［日］子安宣邦著，赵京华译《近代日本的亚洲观》，第56页。

考东亚世界。

"人文东亚研究"丛书，旨在从哲学、宗教、历史、文学、民俗等多个角度来认识东亚世界，推动对东亚的跨学科式研究，展现学界的最新研究成果或有特点的研究成果。这既是与早期日本学术界有关"东亚"研究在方法上保持了一定的连续性关系，更是在当代学术语境下对带有特殊历史性色彩的"东亚"研究的超越。更希望能够发挥人文东亚的精神，为实现东亚的共同理想做出我们的努力。

出于组织翻译本丛书的具体语境和目的，"人文东亚研究丛书·翻译系列"主要选译的是日本、韩国学界的名作或两国著名学者的代表作，还有欧美学者有关日韩研究的力作，目的在于加深对中国两个最重要邻居的进一步理解。这也与当前我国大力发展区域与国别研究的目的一脉相承。从选译范围来看，主要是对日韩两国及对东亚的整体性研究，其内容大体上涉及日韩两国的佛教研究、儒学研究，日本的神道研究、哲学研究等；还涉及日本与韩国的社会学、民俗学、考古学等相关研究。另外，以"他者"视角，关注欧美学者眼中的"日本学"等研究成果也是本丛书的一大特色。"人文东亚研究"丛书，既传承经典，又激励创新，更希望推出多学科相互交叉的综合性研究成果。希望本丛书能为学界带来一抹新绿，也能为大家的学术研究提供一定的支持和帮助，更希望得到学界同仁的支持与厚爱。

组织出版本丛书的另一个缘由是，山东大学的东方哲学研究（尤其是日本哲学研究）素有传统。20世纪80年代，山东大学哲学系就成立了东方哲学教研室，是国内为数不多的东方哲学教研室之一。同时，山东大学还成立了国内较早的日本研究中心，其后，又成立了韩国研究中心。改革开放四十年来我国所取得的经济社会发展成就，以及随着全球化时代到来而产生的各种挑战，使以中国、日本、韩国等国家为核心的东亚地区的重要性日益提升。另一方面，改革开放以来，国内哲学、宗教、社会文化方面的研究越来越重视欧美地区、重视"西方"的研究成果，而在国际上具有重要影响力的东亚区域的研究还未得到应有的重视，相关研究成果的译介也需要进一步加强。

有鉴于此,山东大学哲学与社会发展学院刘森林院长,着力倡导在发挥山东大学传统优势学科引领作用的前提下,致力于发展以哲学与宗教文化为中心、跨学科、以东亚整体为对象的东亚研究,力争通过五到十年的努力,恢复山东大学在日本、韩国的哲学、宗教文化研究方面的传统优势地位,并希望通过对以中国、日本、韩国为主的东亚作跨学科的整体性研究,提升山东大学哲学与宗教等相关学科的国际国内知名度,为学科建设和人才培养作出重要贡献,取得更大成就。因此,"人文东亚研究"丛书,既是对山东大学学术传统的继承,也是在新形势下对这种学术传统的进一步发扬,是历史与现实的一种有机结合。

之所以出版本丛书,除了时代的需求和学术传统的机缘外,还要特别感谢我校哲学系 80 级校友、湖北贤良汽车投资有限公司董事长胡为胜先生的慷慨捐助,是胡为胜校友的善举,才使这一研究计划得以最终实现。

"人文东亚研究"编委会

牛建科代笔

2020 年 10 月

目　　录

中 文 版 序

拙著《中世日本的神、佛与王权》由我尊敬的邢永凤教授翻译成汉语，与中国读者见面，我感到无比喜悦。

进入 21 世纪，跨境交流正成为一种普遍现象，近几年的发展速度也越来越快。我所在的东北大学每年都有很多学生以研究为目的到中国访问，也有很多中国留学生来到东北大学。看到年轻人之间加深交流，培养友谊，我感到不胜欣喜。

研究人员之间的访问也变得更加活跃。我本人每年都会多次访问中国，一直期待着见到我的中国朋友并与他们一同探讨我的研究课题。

近年来，科学技术的发展令人瞩目。当今时代，昨天还无法实现的事，今天可能轻松完成。在日新月异的科学技术中，也出现了一些质疑人文科学必要性的声音，称其已经过时。

然而，我们不能忘记 2011 年 3 月 11 日，日本福岛核电站在地震和海啸中倒塌的事实。这起事故清楚地表明人类已经掌握了毁灭自我的能力。除此之外，塑料造成环境污染等关乎人类存亡的危机也在不断向我们靠近。正因为处于这样一个时代，我才更加坚信人文科学的重要性，它帮助我们用人类悠久的历史和长期积累的智慧之光，照亮并纠正现代社会的扭曲。

随着跨境学术交流的繁盛，中日两国优秀的青年研究者人数正在稳步增长。然而，现今的研究大多是针对特定领域的精细实证研究，在更广阔领域进行范例更新的大规模研究成果则很少出现。欧美依然是改写人文科学研究方法和常识的顶层研究主战场。

未来，我们需要胸怀壮志，以规模宏大的研究为目标，在世界范围内更新学术框架。为此，我们比以往任何时候都更加需要促进跨境联合研究。我坚信，在研究人员的共同努力下，创新型的研究将从亚洲走向世界。通过这一挑战，也希望中日两国的研究人员能够进一步加强互信和友谊。

本书中总结的成果对于如此远大的目标来说只是微不足道的一小步，但不可否认，本书内容囊括了很多课题。如本书标题中的"神""佛""王权"等概念，不仅在日本，在中国也是重要的学术关键词。希望读者能围绕这些主题展开热烈的讨论与批评。

如果围绕本书的讨论能成为迈向远大目标的第一步，我将荣幸之至。

佐藤弘夫

序　论

一、中世国家论的发展

本书旨在通过多角度的分析,解读中世纪王权是怎样通过构建其逻辑、世界观、宇宙观,来自圆其说并将自身神圣化的过程。此外,本书通过分析当时的社会结构与统治制度,将这一过程与中世整体世界观结合探讨,以阐释其特征及历史意义。

战后以来,关于中世国家乃至中世王权的研究已经取得了令人瞩目的进展。

自原胜郎[1]将“中世”这一概念引入日本史研究领域后,日本的“中世国家”即是镰仓武家政权这一概念已成为常识。石母田正在此基础上,进一步尝试将中世国家论体系化。他从马克思主义历史学的角度出发,提出武士(即当地领主层)的成长及与此相伴的农民从奴隶向农奴过渡的过程[2]即是中世国家的形成过程。这一学说被称为“领主制理论”,风靡一时。原氏之后的战前中世研究,都可以看作是以武家政权＝中世国家为前提进行的对幕府主从制度的分析。与此相对,石母田在研究中将国家作为生产关系和阶级关系的总括,凭借严密、体系化的理论和出众的叙述能力,在 20 世纪 50 年代颇具影响力。

此外,佐藤进一同样作为战后中世研究的代表人物,从实证主义的角度出发,围绕幕府成立初期的相关内容进行了考察。他着眼于由寿永二年(1183)十月的宣旨取得东国支配权的事件,将这一事件理论化,称为

---

[1]　原胜郎《日本中世史》(1906 年,后平凡社再版)。
[2]　石母田正《中世世界的形成》(伊藤书店,1946 年,后东京大学出版会再版)。

1

"东国政权论"。[1] 佐藤从国家公权的授受角度思考新政权建立的过程,与石母田的视角大相径庭,对"国家"这一问题进行了理论分析。然而,虽然这些研究已经体系化、精密化,但是这一时期的中世研究,包括石母田的领主制论和佐藤的东国政权论在内,都未摆脱将幕府作为中世国家的核心这一思考方式。无论哪一个观点,都将中世视为"古代的"公家政权与"封建的"武家政权共同构成的时代,且以前者占据压倒性优势为前提,在其权限不断扩展的过程中分析中世国家的政治发展过程。

至 20 世纪 60 年代,黑田俊雄提出了"权门体制论",在这一中世国家论中,他假定天皇为中世的国王。[2]

黑田认为公家和幕府(以及寺院的势力)共同构成了统治庄园的基础,将他们视为封建领主阶级(权门)。他指出,这些完成了庄园支配的诸权门,可以统括为与被统治的人民对峙的统治权力总体,他们分别掌管统治国家的不同权力部门,构成了一种统治体制,并且黑田提出,"院政期以后,镰仓、室町时期天皇依旧是国王,院厅、幕府等在本质上是权门封闭性的统治机构",即在权门体制下,天皇作为国王,其权力地位处于各权门之上。

黑田的权门体制论不像之前的研究一样,将天皇与公家政权消极地视作古代的遗留制度,而是将其视为中世的存在,并将其作为国家论的中心组成部分。从这一点上来看,该研究具有划时代意义。永原庆二虽然批判黑田说未能阐明公家与武家的阶级差异,但依旧吸收了其部分观点。永原庆二以石母田的领主制论为基础,提出中世前期的国家以庄园公领制为共同基础,以"职"之秩序为媒介,是由公家和武家共同构成的集团权力。[3]

---

[1] 佐藤进一《镰仓幕府诉讼制度的研究》(亩傍书房,1943 年,后岩波书店再版),同《幕府论》(《新日本史讲座》,中央公论社,1949 年)。
[2] 黑田俊雄《中世的国家与天皇》(《岩波讲座日本历史》中世二,1963 年),后重新刊登在《日本中世的国家与宗教》(岩波书店,1975 年)。
[3] 永原庆二《日本国家史的一个问题》(《思想》475 号),后重新刊登在《日本中世社会构造的研究》(岩波书店,1973 年),同《日本中世的社会与国家》(日本放送出版协会,1982 年)。

此外,永原庆二以佐藤进一的观点为基础,即中世国家的原型是以官司请负制[1]为立足点的王朝国家,提出应该在认同公家和武家是同一性质的同时,将武家政权作为"中世国家的另一种形式"的存在,其论点转向强调东国政权的独立性。[2] 研究者们普遍认为,虽然有以黑田的权门体制论为基础,将东国政权视为一个政权两个国家,或是复数国家论[3]等不同的观点存在,但无论对于哪种观点,公家政权都是研究中世国家不可或缺的部分。在这一阶段,将天皇与公家视作"古代的"学说已经遭到排斥,他们转而被视为研究中世国家论不可或缺的一部分。

70 年代,网野善彦[4]将天皇视为中世的存在,并以其执掌公家政权的重要性为前提,提出天皇与非农业民的关系这一问题,从 80 年代开始研究进入了新阶段。此时公家政权即中世王权的地位已经不可动摇,主要问题集中于行使权力者(国王)究竟是否是天皇这一问题上。

众所周知,12 世纪后,天皇所拥有的政治实权减少到极限。被如今的研究者称为"幼童天皇"的年少天皇即位成为正常现象,除了较短的亲政期,天皇不参与具体政务成为常态。代替天皇掌握公家政权的是院。基于这样的事实,之后的研究必然会朝着院是中世王权的主体这一研究方向发展。

但是 80 年代关于院是王权主体的研究如同之前的院厅政治[5]论,并未将掌权者具体到某一特定人物。

权门体制论提出后,关于公家政权的研究取得了显著成果。国家的

[1] 官职和官厅由特定的贵族家世袭独占承包(即官司承包制)。(译者注)
[2] 佐藤进一《日本的中世国家》(岩波书店,1983 年)。
[3] 石井进《日本中世国家史的研究》(岩波书店,1970 年);笠松宏至《日本中世法史论》(东京大学出版会,1979 年)。
[4] 网野善彦《中世的非农业民与天皇》(岩波书店,1984 年)。
[5] 院厅政治:11—14 世纪日本的一种政治体制。摄关政治形成后,日本天皇为摆脱摄关家的控制,进行了一系列的斗争。1068 年,后三条天皇即位,开始亲政,并任用非藤原氏系贵族担任要职。他死后,其子白河天皇在位 13 年,然后就把皇位传给年仅 8 岁的皇太子,自己出家为僧,称为法皇,另立院厅,继续执政 40 余年,奠定了院政基础。以后天皇也如法炮制,以法皇身份行使院政权。院厅政治加强了天皇的权力。具体请参照长孙博编著《历史学基础名词解释》(山东人民出版社,2010 年)第 93 页。(译者注)

平均分工首次被作为国家问题审视，关于王朝国家财政基础问题的研究取得了进展。此外，研究学者们发现了公家新制和公卿议定等新的切入点，用于公家政权的统治理念与政治机构的研究。同时，有人指出以院为顶点的封建主从关系已经形成，院政和亲政性质等同。

这一阶段的研究特色正是立足于上述成果，将院作为整个统治机构中实质性国家权力的行使主体。近年来，作为公家政权论、中世国家论研究的代表性人物，棚桥光男[1]、近藤成一[2]、富田正弘[3]、井原今朝男[4]等人分别从各自立场通过对院政机构的分析，从院这一与天皇地位等同乃至高于天皇的机构中思考中世王权论。

中世的国王究竟是天皇还是将军？这种陈争旧论已经销声匿迹，研究重点转移为如何具体分析以院为核心的公家政权的权力机构。

二、神佛时代的中世

以上是笔者站在日本史学的立场，对中世国家论、王权论的发展过程进行的个人观点的概括。笔者无意否定或忽视这些丰硕的研究成果。反之，希望能够尽可能关注、吸收以上成果。仅从历史学角度，以生产系统、社会构造、统治机构、财政论等"外在的"视角进行探讨极其有限，不足以解读中世国家、王权的性质。

中世被称作神佛时代。这不仅是指当时的寺院神社在社会上拥有巨大的社会势力以及压倒性的宗教权威，从而屹立于当时的社会。中世的种种主张都是以神佛的思考回路发声的。人们接受并认同从病痛、灾害到运气，乃至人类所做的决定，一切都与神佛的意志相关。许多思想也都是从佛教发源，借用宗教的理论，并以此为框架或素材建立而成。国家统

[1]　棚桥光男《院权力论》(《中世成立期的法和国家》塙书房，1983 年)。
[2]　近藤成一《中世王权的构造》(《历史学研究》573 号，1987 年)。
[3]　富田正弘《室町殿与天皇》(《日本史研究》319 号，1989 年)。
[4]　井原今朝男《中世的天皇、摄关、院》(《史学杂志》100 卷 8 号，1991 年)。后重新刊登在《日本中世的国政与家政》(校仓书房，1995 年)。

治也不例外,中世的统治与被统治关系,以及身份关系都披着宗教的外衣。统治的意识形态也与宗教息息相关。已经有许多研究者指出,中世的统治关系就是宗教的统治关系。因此,我们在考虑中世王权的相关问题时,首先应该解读中世人的思考回路(精神上的黑箱),将所有现象和社会关系还原为神佛问题。具体来说就是必须从根源上确定中世人的思考方式,明确包含神佛世界的世界观、宇宙观的总体构造。

那么,中世的王权为了赋予自己意义,究竟是怎样以同时期的世界观为前提,并以此为素材,构建自己的宇宙论呢? 以及在此宇宙观的基础上,通过日常的与特定的政治性语境,主张怎样的意识形态与伦理呢? 若这些问题能够通过结合古代与近世的世界观得以解决,那么中世王权的构造特质与历史地位一定会更加明确。此外,在所有社会关系呈现宗教样貌的中世时代,这不仅是从理念或者世界观的侧面刻画出中世王权的特色,更是从一个全新的角度阐释国家权力这一社会实体与宗教权力的关系。

当然,无论是在日本史领域还是意识形态论中,关于神佛在中世统治关系中的作用研究都已硕果累累。此外与此相关的起请文的功能、杀生禁断的伦理、本地垂迹说[1]与庄园制统治的关系等问题的研究也是数不胜数。此外,随着社会史研究的不断深化,也不再只从统治一方的视角研究神佛的功能,例如考察一味神水这样的宗教仪式在民众运动中起到的作用及反作用。尝试进行立体研究的也非常多。

但无论是将其视作统治的意识形态还是反抗的伦理,其研究对象基本局限于东大寺的大佛、镇守村落的个别神佛,以及石清水八幡宫的放生会或是祇园的御灵会等特定的宗教思潮、仪式。我认为,这种现象的背后是研究者们之间形成的一种默契,那就是只要能够明确中世民众日常接

---

[1]　本地垂迹,日本神道教的一种理论。佛教把佛的法身称为"本"或"本地",把佛随时应机说法的化身称为"迹"或者"垂迹",本地垂迹即是认为日本神道中的神是佛和菩萨的本体取俗世之形而出现的观点。反本地垂迹即是佛教中的佛和菩萨是日本神道中的神的化身的观点。(译者注)

触的本地神佛的教义、仪式，及其所形成的意识形态，作为历史研究来说就已经足够。

但是依笔者所见，这是从中世的神佛宇宙论的总体中，只将与研究相关的部分随意分割出来的行为，并未考虑到与那些单独的神佛以及单独的思潮、仪式之间相互的关系和共存的结构，也没有考虑到仅存在于这些关系和结构背后并约束这些机能的"彼岸"之佛和本觉论的世界观。现在诸如"支配中世的意识形态是佛教""神国思想是天皇制的意识形态"等在学术方面毫无意义、千篇一律的观点依旧是层出不穷，这些研究只看到了神佛世界的表面，除了暴露既往研究的局限性之外毫无作用。如果用前文提到的黑箱来比喻的话，目前为止的研究像是从外部投射光线，只能描绘出表面的模样，并未阐明其内部的思考回路。之前的意识形态研究虽然能够阐释神佛的咒术对个别领主统治的作用，但未能发展到阐明国家意识形态的原因概因为此。

中世的人们相信无论是此世还是彼岸都存在着无数的神佛。既然如此，我们研究围绕王权展开的宇宙论时就不能只局限于个别神佛以及特定宗派的教义和仪式，而必须首先理解其"中世性的"世界观本身的结构，再去立体地把握以此为基础构建而成的守护王权的神佛联合体。

从上述角度来看，这一研究本身已经为我们提供了视点，即要摆脱一直以来以佛教、神道教、阴阳道这种分类形态进行研究的教派史的中世宗教研究。

三、天皇与宗教

笔者已经指出，在研究中世国家与王权时，必须遵循中世自身的世界观和宇宙论。因为这种视点和方法对中世王权的核心——天皇的意义与作用十分重要。12 世纪后也从未有研究者直接给天皇贴上"古老的存在"这种标签，近来关于中世王权的研究中，相比天皇，院占据了更为重要的思想主流。

但笔者认为，即使如此，应重视国家最高统治权的保有者（国王）一直是天皇这一事实。至少在中世前期，绝不会有天皇之外的人被视作国王。关于承久之乱[1]以后的"国王"，日莲将并非天皇的北条执权当作"国王"一事，经常被视为典型，实际上日莲也认为，当时的"国王"除了天皇以外别无他人。

为什么被迫退出权力中心的天皇始终被视为国王呢？关于这个问题，近年的人类学家、民俗学家、宗教学家、文学家等研究者提出了以下见解：天皇虽然失去了权力但依旧保有形式上的国王之位，这是因为天皇作为"祭祀王"拥有特殊的权威，其存在无可替代。此外最近在日本史研究领域出现了新的研究方向，通过即位灌顶和王权佛授说等仪式及言论，从中世的宗教新权威中解读其存续的关键。此外还有从"土俗中的天皇""民众中的天皇"等视角，通过分析其与非农民之间的关系，来探索天皇在民众中的支持基础。

进入中世后，天皇拥有的政治权力变少，然而强调其神圣性的言论却经常出现，这是不争的事实。可以说神国思想正是在进入中世以后才大肆宣扬的。但是，根据圣化天皇的言论以及天皇祭祀的盛行，就将其草率地与天皇的权威提升相结合，以此作为天皇制存续的理由，笔者对此抱有疑问。因为一般而言，当天皇的权威极度低下时，其神圣性也可能会被大肆宣扬。此外，当时宣扬天皇神秘性，客观上对人们有多大的说服力，应另当别论。

总之近年来关于天皇在宗教方面的权威的研究，都是直接接受了王权派的观点。我们要明确天皇神秘化言论的历史地位，就必须要依据中世的天皇究竟是怎样的政治存在这一事实，谨慎地探讨其究竟是通过怎样的政治语言，被何种团体、阶层所推动等问题。在此之上，还要将其还原到当时的神佛宇宙论体系中。

---

[1]　承久之乱爆发于承久三年（1221），是朝廷公家与幕府之间发生的战乱。（译者注）

换言之,我们不仅要围绕天皇的言论研究其本身的意义,还要尝试将其放在中世这一时代的思想磁场中去进行解读。只有通过这样的手段,我们才能初步探讨天皇圣化言论的历史作用与客观地位。

笔者在本书中,将尝试通过上述角度来研究处于中世王权核心地位的天皇相关问题。

四、中世统治与神佛

笔者在前面已经讲到,本书的目的是在包含神佛的中世世界观中,解读王权与天皇地位正当化的宇宙观和伦理。中世是神佛的时代,因此,统治者为了赋予自身统治秩序以某种意义,会将以神佛为中心的世界观内化,并以此为素材构建统治的意识形态。对于反抗统治的被统治者一方,也是如此。由于中世的统治具有强烈的宗教色彩,因此被统治者也必然使用宗教手段与之对抗。于是,中世的统治者与反抗者之间的斗争,就呈现出了神佛斗争的表象。

此时统治与反抗的对立,并不是单纯的信仰不同神佛的信徒对于教理的争议。中世民众需要反抗的不是本地的个别神佛,而是神佛的联合体,即王权。它以包含着彼岸佛法的庞大的佛教宇宙论为后盾构建了自己的宇宙观。如果不能理解这一点,我们无法真切体会中世民众身后的意识形态磁场是多么厚重。中世的人民为了从根本上与之对抗,就不得不背负一个艰难的任务——以能与之抗衡的意识形态为铠甲,做出反抗。

本书基于以上认知提出的一个课题是:在中世的思想背景下,有些个人和团体敢于脱离将王权和天皇纳入其中的神佛秩序,甚至做出反抗。他们构想了怎样的宇宙观,这样的构想让他们在思想史上处于何种地位?本书并非将他们简单概括为反体制的思想家或集团,而要去探寻他们从同时代的世界观以及在统治者构建的宇宙观中选取了哪些素材、舍弃了哪些素材来构筑自己的理念。在此之上,还要阐明他们是怎样运用这些素材,来构筑自己的宇宙论的。

本书旨在通过对比思想和世界观的整体构造,究明正统与异端思想在理念上的区别和两者的影响关系,并据此在明确中世个别思想的历史地位的同时,用反推的方式探求当时的统治理念。

有关神佛的中世世界观、以此为前提构筑的王权宇宙论,以及反抗它们的理论。本书的课题正是要从结构上立体地阐明这些理念之间的对立关系,在此基础上通过研究其相互作用的过程,从新的角度研究中世王权的特征。笔者以上述视角和方法,在研究王权相关问题的同时,探寻其在思想史上的意义。

第一部
佛 法 与 王 法

第一章　中世佛教的佛土与王土

序言

我们所居住的现实世界就是佛陀的土地，这一想法与"婆娑即寂光""国土即佛国土"的观念不谋而合，都是印度佛教一直以来的传统理念。在一些中世佛教的相关资料中，我们也可以发现大量的相关记载。在此，我想按照藤井学的定义，将佛土（净土）置于现实世界之中，而不是界定为"他界"的理念，并称之为"国土即佛土论"。[1]

当时，除了"国土即佛土"的观念外，也实际存在掌握着世俗权力、统治着日本国土的国王。因此，我们不能忽略王土思想，即现实世界是由国王统治的。此外，中世时期的佛教徒也曾多次提及这种王土思想。

于是，这便显现出一个重要问题：在中世佛教中，"国土＝佛土"的理念与"国土＝王土"的立场之间到底有怎样的关系。明确两者的关联或许会成为研究中世佛教国家与佛教关系的新突破点。

然而在中世佛教中，上述那样的教学或理念并不是游离于现实之外的抽象概念。在当时社会体制的强大支撑下，诸大寺院几乎等同于坐拥武装势力的庄园领主，由此也决定了其有着浓厚的政治及社会意识形态的烙印。[2] 因此，探究其中国土和王土理念的联系，不仅对明确在佛教

---

[1] 藤井学《近世初期的政治思想与国家意识》（《岩波讲座日本历史》近世二，1975 年）第 146 页。本章在探讨"国土即佛土论"时，对于将国家看作菩萨、天、明王、神祇的土地等理论也置于考察范围之内。

[2] 黑田俊雄《中世显密体制的发展》（《日本中世的国家与宗教》岩波书店，1975 年），《显密体制论的立场》（《现实中的历史学》东京大学出版会，1977 年）。近年来盛行的作为政治性、社会性意识形态的宗教思想研究也是基于这一视角。

徒的意识形态中,佛法与王法存在何种关系有重要意义,同时也是透视中世的社会性实体——佛教团体与统治权力关系的强有力线索。

关于中世佛教的"国土即佛土"思想,学界已有黑田俊雄对《佛法领》的考察[1]以及藤井学以《释尊御领》为中心的一系列相关研究[2]。此外,前文也指出了中世的王土思想是以超越各庄园领主权力的中世院政政权为基础的理念,石井进[3]、河音能平[4]的著作关于此给予我们很多启示。

本章以上述学者的研究为依据,将视点的时代性和宗教性扩大到整个中世佛教,旨在通过阐明其中"国土即佛土论"的实际情况以及它与王土思想的关联形式,来探究中世时期国家与佛教的关系。

过去的研究多集中在教派史和宗教史等佛教史上,但本书的考察角度或许能给我们呈现一个能纵观整个中世佛教的新视点。

一、国土即佛土论诸相

过去,人们认为中世时期的国土即佛土论是日莲宗的释尊御领观所代表的单一理念。但笔者认为这一理念有多种表现形式,大致可以被划分为三种类型。因此,本章将重点考察从院政期到镰仓期这段中世前期的佛教思潮,指出其中存在的三种国土即佛土论并加以说明。

类型一

旧佛教,尤其是旧佛教中思辨性、教学性的著作中所体现出来的内容,即国土即佛土论的第一类型。

---

[1] 黑田俊雄《一向一揆的政治理念——关于"佛法领"》(《日本中世的国家与宗教》)。
[2] 藤井学《中世国家观的一种形态——以日莲的理论与释尊御领为中心》(读史会编《国史论集》一,1959 年),《以西国为中心的室町期法华教团的发展——以其社会基础与法华一揆为中心》(《佛教史学》6 卷 1 号),《关于法华宗不受不施派的考察之一——以近世初期其思想与社会基础为中心》(《日本史研究》36 号)。
[3] 石井进《院政时代》(《讲座日本史》二,东京大学出版会,1970 年)第 217 页。
[4] 河音能平《王土思想与神佛习合》(《岩波讲座日本历史》古代四,1976 年)第 293 页。另有石毛忠的《南北朝时代的天思想——以梅松论为中心》(《日本思想史研究》1 号),从其与"天下思想"的关系角度出发,考察了王土思想。

从平安时期开始，一种内在的、非人格化的佛陀观逐渐占据了日本佛教学的主流地位：持续探讨佛陀与众生，宣扬一般民众也能广泛得到解脱的思想。[1] 在此过程中，最澄、空海带来及发展的天台宗与密宗发挥了重要的作用。

在天台宗、真言宗的教学中，并未假定存在一个超脱人世、掌管人间、拥有赏罚大权、具有人格性特征的世外佛陀。相反，当一个人感悟到了存在于自身及身边一切事物的普遍真理时，他便成了佛（即身成佛）。他周围的森罗万象也显现出真如实相，国土也将化为佛国土＝净土（草木国土悉皆成佛）。

天台宗及真言宗的这种佛陀观贯穿了整个平安时代，并不断得到强化。佛陀作为外在的、人格化的特征逐渐弱化，而作为普通"人"的内在倾向不断增强。与此同时，该佛陀观对法相宗等其他宗派以及佛教外的思想界也产生了广泛影响。大约从平安后期至中世，"凡圣不二""此土即净土"的思想构成了旧佛教教学的佛身观与佛土观的主流，而将佛陀与凡人从两个极端合为一体的天台宗本觉法门就站在了这场思潮的顶端。

这种理念认为，一切生灵、森罗万象皆有佛性，故佛陀眼中的万物皆为佛。因此，正如"凡十方三世一切诸法六趣四生一切众生，无不皆妙法，无不皆佛身"[2]"草木、瓦砾、山河、大地、大海、虚空，皆是真如，则无有非佛之物"[3]两条佛偈，用国土＝佛土或佛身这一比喻的手法，说明现实是遍布佛性，即真如的真理世界。

由于该佛土观认为，此土与现实世界之间毫无联系，只是认定国土即佛土为宗教上的真理，因此并不否定或反抗统治该土地的世俗统治者。由此可见，在这种佛土观的指导下，佛土与王土互不冲突，可以同时存在。这也是为何天台宗、真言宗等旧佛教徒既能秉持着"此土即佛土"的理

---

[1]　佐藤弘夫《镰仓佛教中的佛陀观——以日莲为中心》（东北大学日本文化研究所编《神观念的比较文化论研究》讲谈社，1981年）。
[2]　《五部血脉》（《大正新修大藏经》天台宗显教章疏二）第46页。
[3]　《真如观》（日本思想大系《天台本觉论》）第134页。

念，又能无障碍地接受"夫普天之下无非王土，率土之滨皆是皇民……又遁俗尘入空门之人者，虽不随朝役，以行学功镇护国家安全万民"[1]的王土思想的原因吧。

如前文所述，第一类型的佛土观是属于印度以来的大乘佛教中国土即佛土论的主流，不仅见于日本。《法华经》中有"诸法实相"[2]"世间相常住"[3]；《华严经》称"解境十佛"之一为"国土身"[4]，国土即佛身；《维摩经》也以"若菩萨欲得净土，当净其心。随其心净，则佛土净"[5]为依据，强调被"佛的智慧"照耀时，此土为净土。后来，这些理念被中国与日本继承并进一步发扬，成为前文中"草木国土悉皆成佛"的根据之一。

综上所述，中世旧佛教教学继承了"国土即佛土"的思想，它以天台宗本觉思想为顶峰，将此土与净土的一元化推进到极致。这就是我们探讨的佛土论第一类型。

类型二

国土即佛土论的第二类型与第一类型同样多见于旧佛教相关的史料中。此外，它在寺院缘起和庄园文书等日常性史料中也很常见。

在《粉河寺[6]缘起》中，记载了这样一段颇为有趣的传说：良心是住在大和国内郡[7]大鸟乡阿逸院的一名僧人。在纪伊国伊都郡[8]隅田庄的户田有三段[9]田地，名为粉川田。宽平六年秋，庄园主巡逻守地。有人半夜偷割稻子，于是他放声大笑并用光照射去震慑对方。然而，他吃惊地发现居然是一匹芦毛马站在那里。待到天亮之后再去那处检查时，留

---

[1] 《病中用心抄》(《真言宗安心全书》下)第 798 页。
[2] 岩波文库《法华经》上，第 68 页。
[3] 同上，第 120 页。
[4] 《大正新修大藏经》九，第 565 页。
[5] 同上，十四，第 538 页。
[6] 粉河寺，位于日本和歌山县那贺郡粉河町，为粉河观音宗寺，原属天台宗。山号慨风猛山。相传宝龟元年(770)由大伴孔子古开创。现存堂宇多为享保年间(1716—1736)重建。寺藏《粉河寺缘起》为日本国宝。(译者注)
[7] 日本旧国名，今奈良县。(译者注)
[8] 日本旧国名，现和歌山县及三重县南部。(译者注)
[9] 土地面积单位，为 300 坪，约合 9.917 4 公亩。(译者注)

下的反而是人偷割稻子的痕迹。这样的事一直发生了两三年。庄园主十分害怕，为了求安心便请良心来田里查看。良心为了弄清事情的真相，每晚都去观察事情发生的全过程。某天夜里，一个身着黑衣的小僧刚割完两束麦子回来，良心就抓住了他，把他送到了高野的政所，并待到了天明。天亮之后，良心离开粉河寺，回到了阿逸院正殿的内殿。常住僧详细地打听了事情的经过后，惊讶地发现御帐前赫然放着两束湿润的稻子。良心感到不可思议，决定闭关修行寻找其因缘。先前那小僧出现在他的梦里，并言道："吾为大悲大将也，汝乃真言宗行者也，故而显露真容与汝真言。吾久居此寺，庇佑国中之人。彼庄园主之田地为国之一坪也，因而取一部为供奉，并非因其稻穗珍贵。此举实为怜悯国中百姓也。"良心梦醒，泣而出寺。从此，该田地就专门用来供奉寺庙了。[1]

在上述传说中出现的粉河寺本尊观世音菩萨以小僧的形象出现，还做出了割麦子的举动。由此可见，与第一类型的佛陀相比，它极具人格化特征。因此，这种佛土观便与第一类型的佛土观，即无情的国土由于具有佛性便成了佛土（净土）的观念大相径庭。在第二类型的观念中，具有人格性特征的佛陀同俗世的领主统治领地一样，统治着某一片土地。

这样的佛土理念，就是在成熟的庄园制的领地统治背景下逐步成型的"寺领"佛土理念。春日祭使禁止在寺庙附近的领地里"用鱼鸟飨馈"一事，相关内容我们可以参考康平三年（1060）的兴福寺定文：[2]

> 爱诸所烦恼。来宿佛地寄事于神祠，忘诚于佛说。每至二季祭，不避十斋日。以羽族充庖厨，以鳞介备飨馈……寺领之地岂如是哉。[3]

以及文永二年（1265）后嵯峨上皇院下令禁止海印寺院领地挪用的

---

[1]　日本思想大系《寺社缘起》，第45页。
[2]　格式文。（译者注）
[3]　《新订增补国史大系》二十九下，第195页。

诏书：

> 以佛地物他用者，戒律之所禁，格条之所诫也。[1]

因此，在第二类型中，以寺领庄园为中心，其主权者及观念意义上的佛、菩萨等的统治范围，仅限于占据部分国土的个别、具体的特定领域（寺领庄园）。

众所周知，佛土观的起源之一可以追溯到佛教传统理念的"结界"思想。[2] 尤其是密教，为了防止魔障妨碍修行，他们格外重视结界的作用。比叡山、高野山就是如此。根据空海在《高野建立坛场结界启白文》中所言，我们可以捕捉到第二类型佛土观的原型。

> 我今此地者，是我之地……于此伽蓝，东西南北，四维上下，所有一切破坏正法，毗那耶伽，诸恶鬼神等，皆悉出去我结界之处七里之外。[3]

然而，平安初期的寺院结界没有像中世寺领庄园那样具体的支配领地与独立的土地统治机构。同时，《启白文》还强调"天皇陛下，特下恩玺，赐此伽蓝处……"[4]。由此可见，寺院结界中的土地是以拥有世俗统治权力的王土为前提（并非从此处分割出与王土对峙的土地），在此基础上圈定神圣之地。因此，结界＝佛土的观念也变得不得不抽象化。此时并不存在后世所出现的，围绕寺领庄园的不输不入，王权与寺院对峙等紧张关系。

与此相对，从《四天王寺御手印缘起》一文中，我们可以清晰地看到

---

[1] 《镰仓遗文》十三，第 67 页。
[2] 最近，网野善彦以"无缘"说为原理，对寺社领庄园的不纳租税、不受管辖特权进行了说明。（《寺社与"不入"》，《无缘·公界·乐》平凡社，1987 年）。
[3] 日本古典文学大系《三教指归·性灵集》，第 411—413 页。
[4] 同上，第 411 页。

中世时期第二类型的佛土观。

> 唯不混王土，不摄国郡，不掌僧官。资财田地，并以委护世四王。悉以摄领，世世代代，妨障永可断。[1]

即 11 世纪以后，随着寺领庄园一切排他性统治的推进以及不纳租税、不受管辖制度的确立，开始明确地与世俗权力统治的王土对立起来，从自领地中排除一切王权干涉，并伴有试图建立治外法权的强烈意图。在这种佛土观的形成过程中，佛陀作为寺领的主权者，人格化特征得以强化，赏罚能力也显著提高。[2]

类型三

第一、第二类型的佛土论主要见于旧佛教相关的史料中，而我们要说的第三类型则主要来自新佛教中的诸多思想。

在设想人格化的世外佛陀是国土的主权者这一点上，第三类型的佛土观与万物皆有非人格化的佛性的第一类型不同，而是更接近第二类型中此土处于人格化的佛陀主宰之下的国土即佛土的理念。只不过，在第二类型中，佛陀的主权范围仅限于占部分国土的特定领域，而第三类型中佛之超脱者的特征显著增强，主宰范围也扩大至国土全域。在这一点上，其又与佛土范围包含整个现实世界的第一类型一致。

第三类型最具代表性的例子当属法然及其流派中的相关事例。法然在理论上创立了选择本愿[3]念佛说，这与平安净土教，尤其是天台宗式的理观念佛背道而驰。他假定存在一个真实的来世净土，并将作为秽土的此土与阿弥陀佛居住的净土严格区分开来。他还规劝众生断舍对现世的执着，依靠阿弥陀佛的慈悲之心往生极乐净土，因为只有这样，众生才

---

[1]　《大日本佛教全书》一一一，第63页。
[2]　参考本书第三部第一章。
[3]　佛、菩萨为救众生而立下的誓愿；多指阿弥陀佛的四十八愿，或特指其中的第十八愿。（译者注）

能实现自身真正的救赎。

在这种教义的指导下,本质上就无法形成将现实国土等同于佛国土的思辨模式。法然并未将阿弥陀佛设定为众生死后的救赎者,而是像"凡人诽谤念佛者,必下地狱受五劫之苦"[1]一般,即使没有一个明确的形象,但他是可以通过行使赏罚权以达到影响现实世界目的的超脱者。

到了亲鸾(法然的弟子)的时代,阿弥陀佛的主宰者形象越发清晰起来。亲鸾在书简中写道:

> 《阿弥陀经》中说:"释迦佛说经时,皆有十方恒沙诸佛,舒其舌相,遍覆千大千世界,证成一切众生念阿弥陀佛,乘佛大悲本愿力故,决定得生极乐世界。"[2]

除了强调诸佛对念佛行者的加持,他还在其他的书简中写道:

> 虽阻念佛,然受灾厄。而后倚赖念佛更甚,常行祈祷,念佛于心,以获幸福。[3]

服部之总将上文中的"灾厄"解释为"承久之乱"。[4] 以阿弥陀佛为代表的诸佛菩萨在现实世界也能庇佑念佛者,他们是至高的存在。他们会让镇压念佛者的后鸟羽上皇在承久之乱中失势,同样会对念佛的敌对者加以惩罚。

违背佛陀意志之人,即使是统治者,佛陀也会毫不留情地否定对方。在这种有关佛与佛土的观念中,具有特定人格的佛陀地位远高于国王,他

---

[1] 《大胡的太郎实秀给妻子的回信》(《昭和新修法然上人全集》)第513页。
[2] 真迹书简(《定本亲鸾圣人全集》三,书简篇)第24页。(译文出自道坚法师著《净土宗概论》,宗教文化出版社,2015年,第18页。)
[3] 《亲鸾圣人御信息全集》(同上),第128页。
[4] 服部之总《关于所谓护国思想》(《服部之总全集》十三,福村出版,1973年)第144页。赤松俊秀(《镰仓佛教研究》平乐寺书店,1957年,第58页)及松野纯孝(《亲鸾》三省堂,1958年,第284页)也作了相同的解释。

们是此土的统治者。因此,当人们意识到教权与王权的对立时,也就孕育了他们从佛法至上的角度明确否定以国王为金字塔顶端的王土思想。

我们探讨中世前期第三类型的国土即佛土论时,另一个不容忽视的重要观点便是日莲宗的释尊御领观。

日莲在学习时期至晚年,其国土即佛土论并非一成不变。被流放到佐渡之前(1271 年,50 岁),其佛土观受到天台宗教学的影响,属于第一类型。[1] 而日莲宗独自建构的国土即佛土论,即释尊御领观,主要见于其超脱的、外在的释尊观日渐成熟时期所著的《法门可被申样之事》中:

> 梵天帝释等诸神掌管我等亲父释迦如来之所领,培养学习正统佛法之僧侣。毗沙门等为四天下之主,镇守一宅之门,统领四州之王。其上有日本秋津岛,不受四州轮转王之令,仅从一岛之长。[2][3]

如此,日莲宗设想了一个在三界的本源性主导者——释尊之下的等级秩序:梵天·帝释天—毗沙门天—四州之王—日本国王。关于这种释尊御领观,已经有颇多相关研究,笔者不再赘述。[4] 然而,必须事先说明的是在日莲宗的释尊御领观中,释尊—梵天·帝释天—毗沙门天的神佛界等级秩序,并非与人王统治的现实世界毫无关系或处于不同层次,而是与统治人间的国王直接地、直线式接合,且在日本国王之上。这样做的结果就是日莲宗只承认释尊为国土的本源性主统治者,明确否定了站在佛土思想对立面、以国王为最高掌权者的王土思想。

---

[1] 佐藤弘夫《早期日莲教团中的国家与佛教——以日像为中心》(《东北大学日本文化研究所研究报告》18 集)。

[2] 《昭和定本日莲圣人遗文》一,第 448 页。

[3] 日莲流放佐渡之时,外在的释尊观与第三类型的佛土观就已经有所传播。然而,不容忽视的是初期以来的内在的佛陀观与娑婆即净土的理念仍然存在。关于这两种互相矛盾的理念在后期日莲方面是以何种关系共存的问题,请参考佐藤弘夫的《日莲后期的思想——以王法与佛法的关系为中心》(《日本思想史学》9 号)以及《镰仓佛教中的佛陀观》。

[4] 藤井学《中世国家观的一种形态》,高木丰《镰仓佛教的国土意识》(《镰仓佛教史研究》岩波书店,1982 年),佐藤弘夫《日莲后期的思想》。

由于一直以来都难以抹除护国佛教的影响,因此才会出现上述这种将佛法世界与王法世界直线结合的思辨模式。这也显示出了日莲宗作为"新佛教"的思想局限性。[1] 不过,同样是设想存在超越的、外在的佛陀,由于法然等没有明确指出其与世俗权力的关系,因此他们以佛陀为至高主宰者,否定王土思想的行为,仅止步于潜在的可能性,几乎没有以任何直接的形式指明。不仅如此,动辄就将阿弥陀佛限定为仅是西方净土主权者,我们可以发现其切断国土与阿弥陀佛的关联、完全承认王土思想的趋势。

而日莲宗则是直接将佛陀定位于国王之上,将世俗政权完全并入佛法界的秩序之内,这至少在理论上显示出日莲宗完全不承认王土思想。因此,即使日莲宗在中世前期还没有广泛传播,世人也仅关注其专修念佛,但对当时的统治阶级来说,他们是潜在的、比专修念佛更加危险的人群。

在庄园制的领土统治推进过程中,上述这种类型中人格化的、外在的佛陀观(第二类型的佛土观)经常出现在旧佛教相关的未体系化的日常史料中。无论是法然,还是日莲宗,他们都从旧佛教中继承了各自的神佛观,同时又以青年时期修习的比叡山、天台宗等的正统佛教教学为基础,将其上升至具有普遍意义的神格,推动了各自宗教体系的理论化进程。

二、佛土与王土

1. 领地统治的发展与国土即佛土论

上一节所论述的三种类型的国土即佛土论之间有什么关系,又是怎样共存的呢? 本节将在把握其与王土思想关系的基础上探讨这两个问题。

---

[1] 家永三郎(《中世佛教思想史研究》法藏馆,1947 年,第 68 页)表示,日莲的"宁乐朝语平安初,所谓镇护国家的盛事极盛,这种声势给日莲这一所谓新佛教的理解带来了巨大的障碍"。

　　笔者已在上述内容中指出,在旧佛教相关的史料中可以发现第一和第二类型的佛土观。接下来,我首先想考察的是在旧佛教团体中,建立在两种完全不同的思维基础之上的佛土观是以何种关系共存的。

　　诸官寺是在古代律令制国家的全面支持下建立并存续下来的机构。随着古代国家的变质与解体,它们逐渐失去了经济上的保护伞,陷入了严重的存亡危机之中。在这种情况下,作为新的财政基础,寺院最重视的是建立庄园制土地统治。为了达到目的,它们必须完成几项前提条件:一是自身统治领地的扩大,以及排除会对统治领地造成威胁的国衙与近邻领主的干涉、侵略。二是完善统治体系与缴纳机构,确保对庄民实现稳定且强有力的统治。事实上,即使是并称为南都七大寺的元兴寺、大安寺、西大寺等诸寺院,也因为没有建构起独立的土地统治机构,最终难逃随着国家解体而衰亡的命运。[1]

　　因此,大约从 11 世纪开始,即将丧失国家直接经济援助而陷入困境的各寺神社竞相为扩大庄园领地及强化领地统治不懈努力。结果,从平安末至镰仓时期,开始出现寺神社与权门利益关系的对立,各地武力冲突与土地纷争频发,同时,反抗寺神社与权门掠夺土地的农民斗争也愈发激烈。

　　于是,从古代寺院向以私有的大土地所有制为基础的中世寺院转变过程中,寺神社为了使自己的领地统治正当化,大量创作了寺社"缘起"类的作品。[2] 关于上述内容中提到的《粉河寺缘起》,《德大寺左大臣依镇守丹生明神祟免除国役》中收录了这样一段话:[3]

　　　　德大寺左大臣(藤原实能)的养子公重任纪伊国国司时,日前国悬神宫的造宫役前往粉河寺征税。粉河寺方面拿出了历代的免征

[1]　太田博太郎《南都七大寺的历史与年表》(岩波书店,1979 年)。
[2]　从该角度出发考察寺社缘起的构建及特征的著述主要有以下几种:赤松俊秀《关于高野山御手印缘起》(《续镰仓佛教研究》平等寺书店,1966 年),田中文英《十一、十二世纪净土教的发展——以四天王寺为中心》(《历史》54 号),田中文英《庄园制统治的形成与僧团组织——以金刚寺和官省符庄为中心》(《中世社会的成立与发展》吉川弘文馆,1976 年),樱井好朗《诸神的变化》(东京大学出版会,1976 年)。
[3]　日本思想大系《寺社缘起》,第 54—55 页。

令,拒绝纳税,于是就发生了国使闯入寺内的事件。气愤不已的粉河寺一纸诉状将国使告到了官府,但一直没能得到解决。在此期间,实能的长子公能陷入了"药石无医"状态,于是,就请了赖智法桥为他加持。做完加持后公能就收到了神谕称"吾乃粉川寺镇守丹生明神是也。汝令国使事公役,令其仗汝威势,致吾所护持之佛法受损。怨念至深,永劫难忘。追香溯源,故于此作祟"。于是,实能立刻表示"信仰贵重,多赠一保",下令免除了粉河寺的税。很快,公能的病就不治而愈了。

从这个例子中,我们可以发现在许多寺社传说中,都存在一个具有人格的神佛,他们作为寺院领地的统治者和守护者,为向世人说教寺社主张领土统治的正当性和世俗权力对其的不可侵犯性提供了一面大旗。此外,这些传说还强调,若官吏、普通人对寺社征收了不恰当的应纳财物,或是侵犯了庄园的领地,则被认为是与神佛为敌,今生和来世都将受到宗教的惩罚。

类似的理论并非只存在于寺社的传说之中,宽弘元年(1004)的金刚峰寺奏疏中也有相关记载:

> 夫佛地犯尘之罪重,况乎掠取长财佛物,既同逆罪,何以在俗辄扛领寺家地乎。[1]

如上述为了避免他人对寺领的侵占而递交的诉状在中世旧佛教相关的史料和庄园文书中屡见不鲜。由此可知,上述理论(第二类型的国土即佛土论)是将中世的寺社领地统治正当化、神圣化的代表性理论。在中世法律中有一些对寺社特权的规定,如法理"佛陀施入之地不可悔返"[2]、年纪

---

[1] 《平安遗文》二,第 562 页。
[2] 笠松宏至《佛陀施入之地不可悔返》(《日本中世法史论》东京大学出版会,1979 年),同《佛物・僧物・人物》(《思想》670 号)。

法不适用于神社统治领域[1]等，在根本上与第二类型的佛土观紧密相连。

如前文所述，庄园制的大土地所有制的发展必然会引起百姓与国衙、邻近庄园的纷争。但从另一方面来说，寺庙神社权贵与古代律令制下的寺院不同，他们没有经过国家权力的斡旋就与其统治下的农民直接对峙起来。因此，中世时期的寺社权门面临一个新的课题：向外部势力证明自身领地统治的合理性，创造可约束统治领地内农民的意识形态。

将身为庄民应缴纳的年贡和应承担的公共事务转化为向寺院菩萨等的供奉，这一规定使得寺院的征收正当化，此外，也有一些学者从庄园制的统治意识形态角度研究与寺院作对就等同于与神佛为敌，最终会受到神佛惩罚的寺奴、神奴理论。[2]　如果从这个视角来看，第一节介绍《粉河寺缘起》中的那个故事就可以称得上是颇有趣味的史料了。当时，统治或是守护寺院领地的佛陀、菩萨、神祇等常常以僧人的形象出现，即从侧面映现了寺院领地实际的统治者是僧人。我们可以将抵御外部势力并守护庄园的神佛定义为恩威并施、具有人格化特征的存在：一方面给予按时缴纳年贡、供奉寺院的百姓无限的利益与庇护；另一方面，对试图与寺社作对的敌人施加严厉的宗教惩罚。

由此可见，寺社权门作为独立庄园领主，他们的土地统治正当化理论所展现的国土即佛土论，始终是第二类型。[3]

2. 庄园体制与国土即佛土论

平安后期开始，诸大寺院立足于独立庄园领主身份的利害关系，竞相

---

[1]　川添昭二《镇西探题与神领兴行法》(《社会经济史学》28 卷 3 号)。

[2]　过去，关注东大寺《寺奴论理》的石母田将其视为意图进行直接人格支配的"古代论理"(《中世世界的形成》东京大学出版会，1957 年)。对此，河音能平(《中世成立期的农民问题》，《中世封建制成立论》东京大学出版会，1971 年；《王土思想与神佛习合》，同第 4 页注 4)及平雅行(《中世异端的历史意义——异端教学与庄园制统治的意识形态》，《史林》第 63 卷 3 号)均表示其为中世庄园统治的意识形态。

[3]　除庄园制大土地所有之外，中世寺院还有另一个重要的经济基础，即劝进活动。本章中虽未提及这一点，但谈及了各寺院呼吁对菩萨参谒、喜舍的理论以及个别人格化的佛陀观与第二类型的国土即佛土论。

致力于强化大土地所有权与排他性统治,结果导致了各大寺院之间围绕着利权不断发生各种武力冲突与纷争。但是,尽管存在一系列的纷争,从整个中世社会来看,旧佛教教团与天皇家、上级贵族一样,作为广阔庄园的所有者,统治着庄民,且这一特权受国家保护。同时,为了应对专修念佛及禅宗、日莲宗等日益兴盛的新教团可能对旧佛教利益造成的威胁,诸大寺院迅速集结于"八宗"的大旗之下。随即他们强调佛法王法相辅相成,原有"八宗"乃镇护国家之正统佛教,要求王权镇压、禁止新兴佛教。[1] 在中世,诸大寺院超越了个别寺院与宗派的利害限制,团结一致,以求维持统治体制的长久。另一方面,他们还自负于旧佛教统治已经从宗教上被赋予正当化意义,是国家的精神支柱。当然,实际上旧佛教也的确有这一作用。[2]

前一节中,我们将独立寺院的庄园统治正当化理论置于旧佛教思想中进行了探索,而本节将从旧佛教团体视为中世国家整体的观念学派,来探讨其宗教学问。

前文曾提及,平安至镰仓时期的史料,即平安八宗的宗教学问著作的主流是以天台宗及真言宗为中心推广的内在的、非人格化的佛陀的观念,强调此土即净土(第一类型的国土即佛土论)。这种思想主张此土=净土是一种普遍真理,因而国土从始至终就与佛国土这一宗教真理无关,同时丝毫不妨碍世俗权力的存在。换言之,在该种佛土观的指导下,佛土与王土互不冲突。

我们不能忽视的是,第一类型的佛土观并非仅仅消极地承认王土思想的存在,从积极意义来说,它在一定程度上使既成秩序本身神圣化。

《三十四个事书》相当于天台宗本觉法门的系谱,据其记载:

---

[1] 参考本书第一部第二章。
[2] 黑田俊雄指出,在中世,夸耀自身正统性的宗教体制与国家权力完全结合,并将这种状态称为"显密体制"(《中世显密体制的发展》)。此外,最近伊藤清郎(《关于中世僧纲制度的考察》,《山形史学研究》15号;《中世僧纲制度与延历寺》,《日本中世的政治与文化》吉川弘文馆,1980年)、森川英纯(《法务、惣在厅、威仪师》,《历史》93号)及牛山佳幸(《僧纲制度的变质与惣在厅、公文制的成立》,《史学杂志》91编1号)均通过对僧纲制度的分析,从制度史的角度明确了中世八宗的共存及其与国家相融的结构。

云世间相常住者,非坚固不动云常住。世间者,无常之义也,差
别之义也。无常者无常而不失常住,差别者差别而不失常住。[1]

另有律宗的睿尊道:"即自心净,即净土也,别非可建立。"[2]此外,
真言宗的觉海也曾言:"常言心净则佛法土也。转凡心业缚之依心,即所
依住正报之净土也。"[3]

如上文所示,旧佛教强调无论无常之风暴如何狂乱,抑或苦难多且
艰,此现实世界于本质之上即是净土＝佛国土。正如"本门实相者,以事
名实相,地狱乍地狱,饿鬼乍饿鬼,乃至佛界乍佛界不改变,谈法尔自体实
相"[4]所说,即使世间由于天灾、战乱、暴政而呈现出地狱般的惨状,由
佛眼观之,仍是法而实相,即永恒之净土。而那些只能将其视作地狱之相
的人,是因为他们本身就没有看透真理的眼力。

将客观的社会问题偷换为一个人的心境问题,令现实与理想佛国之
间没有界限,趋于一致,这种国土观自我标榜为正统护国佛教,被拥有一
部分统治权力的旧佛教教徒崇扬。可以明确的一点是,这种做法的目的
是用一层神秘的外衣来遮蔽体制的矛盾,消除人们批判的眼光并阻止他
们试图变革。因此,旧佛教倡导的第一类型的国土即佛土论中没有创造
出批判现有政治体制、引导社会变革的理论,中世民众斗争的理念性支柱
也随即消失。

旧佛教赞美、神圣化的不仅只是建立在国土之上的当时的政治统治
机构。

正如旧佛教教徒所言,若存在唯一的真理贯穿现实世界所有事象,那
么不仅仅是号称八万四千的诸多经典,连佛教之外的其他经典及世俗作
品应该也都共享同一真理。我们可以在《法华经》的"若说俗间经书,治

---

[1]　日本思想大系《天台本觉论》,第157页。
[2]　《与正菩萨御教诫听闻集》(日本思想大系《镰仓旧佛教》)第206页。
[3]　《觉海法桥法语》(日本古典文学大系《假名法语集》)第58页。
[4]　《三十四个事书》(《天台本觉论》)第174页。

世语言,资生业等,皆顺正法"[1]及《涅槃经》的"所有种种异论咒术,言语文字,皆是佛说,非外道说"[2]中找寻到这种思想的痕迹。然而,直到内在的佛陀观蓬勃发展的平安时期,尤其是平安后期,这种理念才在日本受到高度关注。最终,其作为教相判释[3]中的绝待判在中世逐渐发展起来,如"大乘小乘皆为如来权实之功德,半字满字岂非开示悟入之弄胤"[4]所示,释迦一代之法门也强调单一的真理是以另一种形式被宣扬,极力主张诸教及旧佛教的各宗派的融合。旧佛教教徒对于作为社会存在而无法避免互相对立、冲突的其他教团、宗派,亦依据如来正法所规定,不仅激发其与王法相融、镇护国家正统佛教的自觉,又积极谋求其与旧佛教诸宗的协调、团结。[5] 同时,又以同样的理念为基石:

> 内典与外典名异体同。王法与佛法疏殊理一……儒教释教内理一。[6]
>
> 佛法有五戒,世间有五常。其言虽异,其旨惟同。若破佛家之戒行者,争夺王者之律令。[7]

称王法或是儒教伦理纲常与佛法的本质相同,甚至赋予了世俗统治法令以宗教内涵,将其神圣化。

如上文所述,旧佛教是中世国家整体的精神支柱。而将其作为正统护国佛教的相关理论中,最受瞩目的就是内在的、非人格化的佛土观及第一类型的国土即佛土论。

---

[1] 岩波文库《法华经》下,第122页。

[2] 《大正新修大藏经》九,第653页。

[3] 又称教判或判教,意为判定佛教各类经典的意义和地位。佛教各宗派为了调和佛教内部的不同说法,对先后所出经论,从形式到内容给予重新定位,分别深浅、大小、偏圆、权实等。作教判的同时,往往借经典的地位树立本派的正统和权威地位。(译者注)

[4] 《修禅寺决》(《天台本觉论》)第74页。

[5] 关于旧佛教的"诸教融合的论理",请参考本书第二部第一章。

[6] 《延历寺护国缘起》(《大日本佛教全书》一二六)第419—420页。

[7] 《延历寺大众解》(《镰仓遗文》五)第275页。

3.旧佛教佛土论的二重性

至本节为止,笔者以国土即佛土论为中心,从独立的庄园领主及中世国家整体的精神支柱两个方面探讨了旧佛教的思想。从以上几节中,我们可以明确以下内容:旧佛教第一、第二类型的国土即佛土论既是"超越权力"[1]的组成部分,又是"个别权力"的体现者,其对应着中世权门寺院拥有的两种不同身份。

中世时期,各个寺院失去了来自国家的直接保护,此时它们最重要的课题是凭借自身力量创造土地统治体系,确保财政的基础。因此,旧佛教教团积极推进相关策略落实,大量制造从思想层面使自身行为正当化的佛教传说,隐含于传说故事中的第二类型的国土即佛土论也随之广为流传。

然而,各个寺院作为私有大土地所有者,对自身利益的维护必然会导致寺院之间的对立和冲突。事实上,这种冲突在院政时期达到了顶峰。此时,以延历寺和兴福寺的争斗为代表的寺院间冲突不断,双方多次以火攻讨伐对方,宗教界因此陷入极其混乱的状态。

平安末期,政治形态急剧转变,加之武家政权的建立,领主阶层得以抬头,农民斗争激化,作为庄园领主的寺社也深感危机重重。同时,治承四年(1180)的平重衡火烧南都二寺事件,及法然推崇的专修念佛的爆发式流行,都给了只追求自身利益的旧佛教诸宗派重重一击。旧佛教教徒们不得不再次痛悟到自身作为整个国家精神支柱的立场,以及面临上述危机时现存的诸宗派团结一致对外的必要性。站在庄园体制顶点、渴望庄园体制能够存续的旧佛教教徒们呼吁要克服危机,于是他们赋予现有的统治秩序及法令以神圣化的含义。与此同时,内在的佛陀观促进了争乱不断的各宗派之间的融合与协调,第一类型的国土即佛土论即以此为基础。[2] 第一类型的佛土观及作为正统护国佛教的"八宗"融合理念能

---

[1] 大山乔平《日本中世农村史的研究》(岩波书店,1979年)第66页。

[2] 迄今为止,已有诸多学者在研究中指出,旧佛教的复兴是为了对抗专修念佛等新型佛教(如圭室谛成《显密诸宗的复兴》,《日本佛教史概说》理想社,1940年)。此外,镰田茂雄指出,在这样的改革运动中构筑的旧佛教教学的特点体现在"融合主义"中(《南都教学的思想史意义》,《镰仓旧佛教》)。

在平安末寺院间斗争最激烈的时候最终成熟，能成为批判专修念佛等新兴佛教的理论而受到重视，即印证了上述观点。

只要旧佛教各宗派还处在庄园体制的范畴内，即便是为了追求其与体制的均衡，旧佛教各宗派越是正面应对自身作为私有大土地所有者的利害关系，为了保持均衡，就必须从理念上进一步强化诸宗派的融合与庄园体制神圣化的理论。平安后期开始，在各寺院大土地所有制的推进过程中，具有人格性特征的神佛被宣传为各个庄园的支配者或守护者，掌握着赏罚大权。这样的第二类型的国土即佛土论流行开来的同时，一些宗教学问著作中反而强化了本觉寺法门及密宗思维方式的影响力，导致非人格化的佛陀观迅速发展，第一类型的国土即佛土论流行开来。这种现象乍一看令人捉摸不透，需要细细思索才能理解两者的统一性。[1] 此外，一直以来，有关个别庄园中的宗教意识形态研究与以天台宗本觉寺思想为代表的顶尖宗教学问为对象的思想史研究都在分别进行，根据上述内容，我们或许可以将其结合起来。

4. 两种佛土论的关系

上述两种完全不同的国土即佛土论在旧佛教中并存，它们彼此之间不存在任何交流吗？也许，它们其实通过某种形式进行了沟通并产生了某种变化。

上文已反复强调，从 11 世纪开始，各个寺院神社竞相扩大自领庄园。然而，无论它们在当地如何暴力征地，为确定庄园范围，还需要得到官方的批准。即使到了中世，这一事实也未发生改变。[2] 通常，官府会根据

---

[1] 目前已有岛地大等（《天台教学史》中山书房，1933 年）、磧慈弘（《日本佛教的发展及其基调》下，三省堂，1948 年）及田村芳朗（《镰仓新佛教思想的研究》平乐寺书店，1965 年）关于平安至镰仓时期本觉思想发展的研究，他们提出了从日本现实重视主义中寻求其发展背景的见解。然而，今后也有必要从本章提出的视角出发，进行相关问题的研究。

[2] 各权门并非通过个别的军事力量实现独立的庄园统治，而是通过以职能体系为媒介的相互联合及各阶层的编成，同时还有中世国家体制为其保驾护航，这才使得庄园统治得以实现。永原庆二（《庄园制的历史地位》，《日本封建制成立过程的研究》岩波书店，1961 年）及工藤敬一（《庄园制的发展》，《岩波讲座日本历史》中世一，1975 年）等学者也曾作相同论述。

庄园的申请批下官符,然后在国使的监督下将木桩钉到四边界线上,最后会制作四边界线示意图以作为该地领有的证据。所有排他性庄园都必须经历上述过程才能得以成立。[1]

从这一点上来说,第二类型的国土即佛土论绝不是否定王土思想、与其全面对立的理论,而是以世俗国王的统治为前提,在王土中设定了一个王权管辖不到的治外法权的圣域。因此,第一、第二类型佛土观的共通之处就在于两者基本承认王土思想并以之为前提。

第二类型的国土即佛土论也不仅仅消极地肯定王土思想。

宽喜二年(1230)的太政官牒所记载的神护寺解状强调了神护寺自古以来就是"镇护王城的第一道场",佑护代代天皇之皈依。它还指出近年来寺院领地内的"樵采渔猎之辈"愈加泛滥,此外还有"早被下宣旨官符,且停当时狼藉,且断向后牢笼者,仰伽蓝之尊崇,奉祈淳朴之艾安"的记述。[2] 只有接受寺院的要求,世俗权力不再干涉寺院领地＝佛土之时,寺院才会发挥镇护国家道场的作用,为统治者及国土的安稳祈福。换言之,为了使寺院发挥它固有的、镇护国家的机能,世俗权力就必须保证寺院领有土地。

这样看来,第二类型的国土即佛土论绝非毫无节制地要求权益扩张,而是使佛土的不可侵犯性受到国家体制秩序保护,主张在制度中积极地承担护国的责任。王法、佛法守护各自的领域,王法庇佑佛法,佛法祈求王法之安泰,这样的理念与中世旧佛教的常规理论,即与"佛法王法相依论"息息相关。[3]

第一与第二类型的佛土观都承认世俗权力对国土的支配,在镇护、维护国家体制方面也都有共同之处。作为体制整体意识形态上的承担者,

[1] 奥野中彦《庄园绘图的成立与发展——从古代·中世地图的功能论述》(《庄园绘图的基础性研究》三一书房,1973年)。
[2] 《镰仓遗文》六,第167页。
[3] 关于"佛法王法相依相即论",请参考藤井学《近世初期的政治思想与国家意识》(同第3页注1)第138—145页,黑田俊雄《王法与佛法》(《历史公论》2卷11号)及本书第一部第二章。

旧佛教从教理上赋予了既有秩序意义并将其神圣化,这就是第一类型的国土即佛土论。与此相对,第二类型的国土即佛土论则更具体地反映了当时的现实,即孕育了诸寺院的自立与权门化以及王权与其他权门间孕育着对立的共存。这种佛土论拥有了护国的功能,在庄园体制内,个别寺院将其作为保证、扩大自身权益的理论。

从教理上来说,这两种国土即佛土论是如何被调和的呢? 笔者管见所及,未能发现能够明确说明其关系的史料。因此,我们也无法清楚地知道旧佛教徒是如何让两种佛土观相汇的。对此,笔者认为可以从多身说中寻找答案。

部派佛教的时代终结、大乘佛教兴起后,人们对佛陀的哲学性考察愈发深入,除了历史上的觉者释尊以外,人们还想定了"法身""报身""应身""化身"等各种各样的佛身,出现了二身说、三身说等众多多身说。日本也广泛接纳了这样的思想,连本地垂迹说,即佛的现身也可能是多身说的一种形态。[1]

这样考虑的话,第一类型的非人格化的、内在的佛陀对应的就应该是真理拟人化表现时候的法身,以个别、具体的形象出现的第三类型的佛菩萨是其应身或化身。当然,在中世时期的一些史料,尤其是地方的文书类材料中,真迹与应现的关系则呈现出多种形式,不一定属于三身说等正统佛教教学范畴,这都可以非常直接地看作是真迹垂迹说的诸相。此外,凌驾于各庄园之上的个别的、人格化的佛、菩萨、诸天、明王、神祇等的背后,存在着一个更具有普遍性的真迹佛身。极端而言,就像"释迦如来,奉以毗卢遮那[2]之名,真佛之身,无处不在"[3]所说的那样,这种与涵盖全世界的非人格化的法身相融合的多层神佛体系,应该是当时宗教人士的共

[1] 例如安居院在《神道集》"神道由来之事"等著述中,将本地垂迹思想视为佛教的三身说进行相关论述。
[2] 毗卢遮那(大日如来),佛名号。梵音 Mahaˆvairocana。毗卢遮那是"日"之别名,意即光明普照,故汉译大日如来。"大日"是除一切暗遍照宇宙万物,能利养世间一切生物,大日之光为不生不灭。"大日"之意胜于太阳。(译者注)
[3] 《真如观》(《天台本觉论》)第 134 页。

有理念。如果将其与支持此种思辨存在的密宗及真迹垂迹说的流行等放在一起综合考虑的话,一切就都十分清晰了。[1] 因此,就旧佛教而言,尊崇不同佛菩萨的寺院无论在现实中展开了多么激烈的争斗,它们在思想上还是非常尊重对方信奉的佛陀,而且绝不会从根本上否定该宗派的存在。

综上所述,第一、第二类型的国土即佛土论在肯定王土思想、镇护国家这一功能上,受教理层面的多身说影响而得以统合。诸权门虽相互对立,却也顺应局势紧张、变化多端又彼此共存的庄园制社会的发展趋势,这种思想逐渐转化为宗教上的支持并使其正当化的理念。

5. 第三类型佛土观的历史地位

第一、第二类型的佛土观顺应了与王土思想共存的庄园体制并支持其发展,第三类型的国土即佛土论则明显包含了与现有社会秩序不协调的因素。

首先,第三类型的国土即佛土论假定存在一个统治现世且具有人格化特征的超脱佛陀,并对统治权力进行了相对化分析,同时还要求民众直接皈依于其设定的佛陀。

法然在《叹异抄》中曾言:"(他力之信心,无论善恶凡夫,皆受赐于佛。)故源空之信心、善信房之信心,更无相异,乃同一也。"[2] 在佛前,俗世中的地位、出身,都是镜花水月,在信仰世界里,众生平等。日莲多次引用《法华经》比喻品的"今此三界皆是我有,其中众生悉是吾子"[3],以说明释尊之下,连同国王在内的所有人都是平等的佛子。同时,日莲还将自己和弟子比作由释尊直接赐予使命的"如来使",将释尊身为国土主权者权威的至高性转移到自己身上。他声称"持有《法华经》之人……优于日本国主之流"[4],极力宣扬自己的高贵地位。如此,第三类型的国土即佛

---

[1] 黑田俊雄曾指出,本地垂迹说反映了庄园制下中央对地方的统治以及其向心式的交通形态,同时还承担了从宗教层面上使庄园制统治正当化的作用(《日本中世的国家与宗教》,第451页)。此外,该类本地垂迹说属于统合中世多层神佛世界的多身说的一种类型。

[2] 《定本亲鸾圣人全集》四,第35页。

[3] 岩波文库《法华经》上,第198页。

[4] 《松野殿御消息》(《昭和定本日莲圣人遗文》二)第1139页。

土论设定了一个凌驾于世俗君主之上的、此土的本源性主权者——佛陀，与此同时，国王的地位被降至佛陀之下，甚至与一般民众等同。这也就是在强调，在以佛为顶点的信仰的世界里，世俗社会里的身份、等级序列在本质上没有任何意义。

当然，即使是在这种理念中，人们只要没有意识到世俗权力与宗教权力的对立，就会肯定当时的统治体制，认可王土思想。然而，当人们一旦认识到国王反对基于佛之意志的秩序时，他们对佛这一主权者至高无上的敬仰，使得他们开始明确地否定王土思想，将此土一元化至佛土。转而会显示出严厉批判、否定统治者权威的倾向。亲鸾曾在《教行信证》中以"主上臣下，背法违义，成忿结怨"[1]一句来责难后鸟羽上皇，称承久之乱是对其镇压佛教的神罚。[2] 无独有偶，日莲也将承久之乱认定为是对《法华经》的排异与重用真言的结果。在这样的理念下，他们认为可以将天皇放逐。[3]

在信奉阿弥陀佛、释尊等特定的佛陀为国土本源性主权者的第三类型的国土即佛土论中，不承认政治权力（王法）独立存在的意义，甚至可以说其存在只是为了在此土实现以佛陀为顶点的宗教秩序而采取的一种手段罢了。第一、第二类型的国土即佛土论肯定世俗的身份等级序列，调和佛法与王法、佛土与王土等宗教价值及世俗价值，并令其得以共存。但第三类型的佛土观不同，它将两者严格区分，认为宗教权威（佛法）远远凌驾于世俗的权威（王法）之上。旧佛教不仅承认王法，甚至认可世俗伦理在本质上也与佛法一致。对此，亲鸾与日莲宗表示："儒教之圣人，不知过去，如凡人不得见已背。不晓未来，如盲人不得见身前之物"[4]，由此可知，他们以与第三类型的佛土观相同的思维为基础，将佛与其他世俗形

[1] 《定本亲鸾圣人全集》一，第380页。
[2] 参考第10页注4。
[3] 川添昭二《日莲的史观与真言排击》（《艺林》8卷1号），户顷重基《日莲对于承久之乱的评论》（《日莲的思想与镰仓佛教》富山房，1965年），玉悬博之《日莲的历史观——以其对承久之乱的评论为中心》（《日本思想史研究》5号）。
[4] 《开目抄》（《昭和定本日莲圣人遗文》第536页。

象区分开来。

旧佛教教团与国家权力融为一体,难以分离。旧佛教从教理层面上维护了现有的阶级性庄园制社会,但第三类型的佛土观则有意识地将社会朝此种完全不同性质的方向引导,在国土的主权者——佛陀之下,不论出身、地位,众生平等,世俗之法从属于佛法。当然,就算是推行这种思想,也不是由佛陀来统治国土,而是站在推翻旧体制后成立的佛法领、释尊御领顶点的人们,即依靠佛之权威的圣职者们与信奉该佛的新的统治者。对于具有再生产能力的阶级性社会来说,只有这种生命力旺盛的、得到被统治者阶级支持的理论,才能成为要求佛前人人平等,以及消除现实中社会、身份差别的论据。在这一点上,它与以庄园制这一特定体制为前提并支持其发展的第一、第二类型的国土即佛土论有决定性的差异。

正因如此,法然、亲鸾以及日莲的教派从创立之初起,就一直被与权力相结合的旧佛教教团视为异端,受到严厉的批判与迫害。同时,这些教派,尤其是专修念佛,作为与庄园制统治对立的被统治者阶层的精神基础,从很早开始就为人们所接纳。[1]

但是,即使有这种被接纳的可能性,镰仓时期的法然、亲鸾、日莲等教派还没有发展成为强大的门徒集团,因此它们无法充分认识并推广自己的反体制理论。它们要与已有秩序进行全面对决、动摇其存在根基,不得不等到室町时代以后,在集结各宗派的社会势力的基础上,佛法领、释尊御领作为一种社会实体出现在国土上,那要等到 15 世纪后半叶了。

三、国土即佛土论的发展与演变

1. 旧佛教中的发展与演变

中世前期那些形态不一的国土即佛土论,从日本南北朝时期到室町、战国时期的中世后期是怎样发展起来的? 首先,我想从旧佛教中体现的

---

[1]　参考本书第一部第三章。

第一、第二类型的佛土观中稍作概览。

从结论来看,这些国土即佛土论之间相互保持着一种有机的联系,基本在整个中世都作为旧佛教佛土论的主流。当然,到了中世后期,两种类型的佛土观都各自衍生出了很多变种,同时也会发挥不同的作用。例如在要求放逐禅宗的应安元年(1368)的山门奏状中,记载了这样一句话:"日本一州者山王之领地也,公家武家可被倾归敬首事。"[1]这句话虽与第二类型的国土即佛土论颇有渊源,但从山王的支配领域由山门领扩大到日本全境这一点来看,其与第三类型的理念也非常接近。此外,中世时期的史料中,天照大神乃"日本国主"的思想也屡见不鲜。

然而,如果从佛教学问整体来看,不如说中世后期实质上是本觉论兴起并系统化的时期,对佛教乃至神道、文艺思想等领域都产生了深远影响。[2] 该思潮中,以上述具有人格化特征的佛陀观念为根基的理论,已经失去了在教团教学中长久发展的基础。无论如何主张,诸寺院神社仅止步于庄园体制内的一权门,这种佛土观就像第三类型的理论一样,没有从根本上否定此土统治秩序,也没有在现有秩序的规定范围内,向与自己共存的世俗权力强行推进自身理论。

我们在前文已经说明过,第二类型的国土即佛土论将庄民的精神束缚在庄园主神佛之下,发挥着庄园统治的作用。网野善彦指出,被冠以"散所"[3]之名的人们通过与神佛缔结"奴"关系,积极地维护并扩大自身特权。[4] 此外,小山靖宪也指出,村落内的神社及守护神是反领主斗争意识形态的据点。[5] 黑川直则[6]、入间田宣夫[7]等人则探讨了在农

---

[1] 《大日本史料》六篇,三十,第22页。

[2] 田村芳朗,日本思想大系《天台本觉论》解说,第541—545页。

[3] 散所,古代到中世时期,隶属于贵族或社寺并为其提供劳动力的人们居住的地方。或指这些人本身。(译者注)

[4] 网野善彦《中世前期的"散所"与给免田》(《史林》59卷1号)第27页。

[5] 小山靖宪《围绕庄园制领域统治的权力与村落》(《日本史研究》139、140号)第115页。

[6] 黑川直则《起请之词》(《日本史研究》119号),同《惣之结合的成立》(《历史公论》5卷9号)。

[7] 入间田宣夫《庄园制统治与起请文》(关先生还历纪念《日本古代史研究》吉川弘文馆,1980年)。

民与庄园制抗争过程中,是否有必要考量一直以来被视为支配农民工具的誓文的意义。以上的研究表明,第二类型的国土即佛土论及其中出现的神佛不仅剥夺了庄民主体性,并在精神层面将其束缚于庄园制秩序底层;而且也是农民们对统治庄园的神佛进行反抗的据点。

然而,正因为农民斗争依靠了当地神佛的威力,所以无论斗争如何扩大、矛盾如何尖锐,还是难以否认神佛的权威。换言之,这些斗争没有脱离仰仗神佛威仪的庄园制支配这一前提,最终止步于体制内的经济斗争,未能发展为彻底颠覆支配体制的政治斗争。事实上,中世前期建立在呈请基础上的逃散等抵抗运动最主要的目的仅限于抵制非法更替代官与减免年贡。因此,一旦抗争取得了一定的成果,农民们就又会回归到原来的秩序中。

农民起义的爆发往往不仅局限于一个庄园,在这种情况下,农民和当地领主阶级感受到庄园制本身的桎梏。故而,在摆脱束缚的斗争中,他们必然会选择与中央权力对抗的、更加超脱的、具有人格化特征的佛陀作为自己的精神支柱,而不会选择那些镇护庄园的神佛。持有上述理念的日莲宗和真言宗能最终在中世后期被人们广泛接受,并成为他们对抗庄园制统治斗争的支柱性理念,其中不仅有日莲宗等教团传教者的功劳,更是由于上述客观情势变化的存在。

另外,在中世后期的宗教思想中,我们应将禅与神国纳入考察范围。神国思想的问题我们会在后文中探讨,此处我想仅就禅的定位问题稍作论述。

首先是禅宗的问题。临济禅与曹洞禅从镰仓初期起才从真正意义上被引入日本。它们不立文字[1]、只管打坐的教说被认定为是否定已有佛教的异端邪说,受到了严厉的批判。然而,揭开"见性成佛""是心是佛"

[1]　禅宗主流的基本理路是"教外别传,不立文字,直指人心,见性成佛"。"不立文字"是其中的一层内涵,是与其他三句话紧密联系着的一个环节。四句话的中心意思是说,禅意不能通过语言文字来表达,与借语言文字来表达佛法的言教系统不同,禅宗是教外别传,是直接地以心传心。这是标示禅宗传法的特质,不等于彻底破除言教。(译者注)

的命题,宣扬一切外物皆是本心所化、皆为真如实相的禅宗国土观本就十分接近显密佛教(第一类型)。此外,禅宗逐步推进与密教等的兼修,吸收本地垂迹说,旨在能与已有佛教共存。同时,它们还积极发展儒佛不二论与三教一致论,[1] 进一步加强同权力的密切关系,最终显示出取代旧佛教并登上正统护国佛教主角宝座的强劲势头。

2. 新佛教中的发展与演变

在祖师之后,第三类型国土即佛土论中代表性的教团——法然、亲鸾、日莲教团的佛土论日益丰富,其发展方向大致可分为以下三种。

第一个方向是将第三类型的佛土论朝第一类型转变,主要同旧佛教共存及筹划本宗体制被认同。

众所周知,镰仓时期,法然、亲鸾、日莲的宗派相继创立,且在祖师尚在世的时候,这些宗派就遭受了来自号称正统护国佛教的旧佛教八宗的激烈批判与迫害。八宗这样做的理由可能有很多,但就国土即佛土论这一方面而言,最有可能的原因正如前文所述,法然等宗派所推崇的第三类型的佛土论孕育了对当时的统治体制而言极为危险的因素。因此,在那些继承了祖师思想衣钵的门徒中,有人意图使自宗与旧佛教共存并使自身的存在得到社会承认。对于他们来说,如何处理第三类型的佛土论,是一项无法规避的课题。

其中最普遍的方法就是弱化阿弥陀佛与释尊的外在的、超脱的特征,将其内化于现实之中,从而促使第三类型的佛土观向第一类型转化。我曾在其他文章中探讨过,在专修念佛与日莲宗的思想中,佛陀是与人间隔绝的绝对性存在,与此土相对应的净土也客观存在。但是这种思维在祖师死后渐渐弱化,宗教学问的主流朝着凡圣不二论、婆娑即净土论倾斜。[2] 最终,像"凡一天率土中唯有一人主,无二无三,其余皆是臣也民也"[3] 所

---

[1] 辻善之助《日本佛教史》四,第370—383页,足利衍述《镰仓室町时代的儒教》(日本古典全集刊行会,1932年)。

[2] 佐藤弘夫《镰仓佛教中的佛陀观》(东北大学日本文化研究所编《神观念的比较文化论研究》讲谈社,1981年)。

[3] 《日像诉状》(《日莲宗宗学全书》一)第147页。

描述的那样,这些教团和旧佛教一样,在未意识到佛土与王土的紧张关系及对立的状态下,就表述了它们的王土思想。且这一思想中的佛土没有限制或否定王土,反而维护了王土的地位。最终,秉持着这种佛土观的教团与既有佛教一样,共同为武家权力者祈祷,并完全转变为护国佛教。[1]

第二个方向是这种佛土观被各地的领主阶层所接纳,并成为其统治理念的支柱。我们可以从中发现,第三类型的国土即佛土论与第二类型的密切关系。

藤井学研究发现,室町时代法华信仰渗透至畿内土豪地侍等地方权力者,催生了一家、一族、一门秉持同一信仰的形态,其支配下的地域也呈现出"皆法华"的形态。这是由于领主认定这种佛土论为土地支配的精神支柱,同时,日莲党以确立释尊御领的名目侵占了其他领地的田地,扩大了自己的统治范围。此外,这一运动与"日莲以来的宗门传统理念""释尊御领"意图的构建有关。[2]藤井指出,作为能支持、强化领地统治的理念,释尊御领观为地方庄园领主阶级所接受,这对我们研究日莲教的广泛传播具有重要意义。

具体来说,只有在"日莲党"支配的同一信仰圈中,释尊御领观才是普遍意象。而相对于涵盖整个国土的日莲佛土论,释尊御领观反而更接近第二类型的佛土观。

即使都是以同一类型的佛土观作为基础,它们在同信仰圈形成的历史意义与庄园体制下第二类型的国土即佛土论发挥的作用也并不相同。第一类型的国土即佛土论的范围覆盖日本全境,佐证并规定了第二类型。由此,第二类型的理念顺应了庄园制的多层支配体系,在理论层面发挥了支持庄园制发展的作用。而中世后期的释尊御领观,则为对抗庄园体制的地方领主制的形成奠定了精神基础。换言之,崇拜阿弥陀佛、释尊等外

---

[1]　佐藤弘夫《早期日莲教团中的国家与佛教——以日像为中心》(《东北大学日本文化研究所研究报告》18集)。

[2]　藤井学《以西国为中心的室町时期法华教团的发展》(《佛教史学》6卷1号)。同时,中尾尧通过分析东国门徒的信仰,指出日莲宗呼吁的"广宣流布"呼声中,存在与封建领主的所领支配意识形态相通的方面(《日莲宗的成立与发展》吉川弘文馆,1973年,第70页)。

在的、超脱的唯一佛陀，并立足于排他性教理的同信仰圈扩大运动，将领主阶级从以神佛威仪为背景的庄园制统治的精神束缚中解放出来，使他们的思想自由成为可能，为打破现有框架并推广新的土地支配秩序拓宽了道路。地方领主制的广泛确立与推进，逐步瓦解了庄园制社会的基石，且是造成该体制崩溃的原因之一。

然而，导致庄园支配体系最终解体的原因，是"应仁之乱"后席卷整个社会的宗教起义运动。[1] 且不容忽视的事实是，从当时的一向起义、法华起义等运动渗透出的宗教王国理念中，我们可以看到第三类型的国土即佛土论的蓬勃兴起。即前文所述的两个方向是使第三类型的佛土论发生质变进而继承得来，而这一方向则直接继承了其原本形态的第三立场。

黑田俊雄与藤井学曾考察过中世末期宗教起义中的佛法领、释尊御领理念。[2] 两人都指出，一向起义、法华起义和日莲宗不受不施派都主张阿弥陀佛与释尊是凌驾于俗世统治者之上的、国土的本源性主权者，掌握着赏罚凡人的权力。它们构想了一个单独的、以这些佛陀为顶点的宗教王国理念。除佛教以外，中世末期流行的天主教思想与天道思想也设定了一个行使强大赏罚权的外在的、超脱的人格，因此也可将它们归入这一类型。

然而依笔者拙见，在一些门徒统治的特定领域，佛法领与释尊御领常常被观念化，且未与第二类型的佛土论分化的理念比较多。但即使如此，这种佛陀观与过去君临于寺社领庄园的神佛不同，其超越世俗权力、统帅国土全境的主宰者特征与超脱性，从理念上被显著强化。而集结在这超脱神之下的人们，趁着全国性政权不存在的间隙构筑了自己的王国。他们以宗教权威为支撑、有权门寺社所拥护的"若为阿弥陀佛如来，纵侵夺神佛之领，纵火毁坏社寺，仍可往生"[3]的宗教理念保驾护航，最终促进了对抗既有寺社的庄园体制的形成。

---

[1] 黑田俊雄《日本中世的国家与宗教》，第 542 页。
[2] 参考第 4 页注 1、2。
[3] 井上锐夫《一向一揆——真宗与民众》(日本思想大系《莲如·一向一揆》)第 627 页。

而阻碍起义势力发展的,是具有强大军事实力的织田、丰臣的统一权力。织田信长与丰臣秀吉不仅从正面对抗本愿寺和一向宗教起义,更是彻底地压制长期不交租、不纳税的比叡山和高野山。这种行为完全有悖于承认佛土是存在于王土内的治外法权圣地,希望佛法王法两者共存共荣的中世王权思想,充分彰显了不容忍任何超过自己或是与自己并肩的权威,连宗教的威仪也要臣服于自己之下的近世权力的特征。最终,屈服于该统一政权的诸宗派所坚持的将世俗权力相对化、主张佛土=寺院领地的神圣不可侵犯的第二、第三类型的国土即佛土论失去了其存在基础,近世佛教的教团学问不论属于哪个宗派,一律被包裹上了第一类型佛土论的外衣。[1] 继承了第二、第三类型佛土观思想精髓的外在的、具有人格化特征的佛陀们,经过检地[2]、再次获得寺院领地等手续,由国王恩准可以保留于王土之上的各地祠堂、佛庙之中,或是只能留存于与现世完全隔绝的来世净土之中。

将天主教思想、天道思想纳入考察范围,从而明确中世末期宗教起义中第三类型的国土即佛土论的兴起、其与统一政权倡导的近世王土思想的对立与联系的实况、各宗派屈服并从属于统一政权过程中超脱者观念的演变、梳理中世佛教的终结等问题,对研究中世佛教的终结,之后形成的近世政权的特征,以及统治理念等的相关研究来说,具有十分重要的意义。将来有机会将对相关内容进行研究。

结语

最后基于以上考察,关于本章在中世佛教研究史中的意义,笔者在此稍作归纳。

---

[1] 大桑齐的研究表明,"唯心弥陀·己心净土"这句佛偈揭示了幕藩体制佛教的基本思维(《佛教思想论》讲座近世史,有斐阁《近世思想论》1981年,第212页)。

[2] 检地:日本战国时期至江户末期进行的农地测量。是封建领主核实农地面积,增加贡租的重要手段。初在战国大名武田,后北条、织田等领国内进行。(译者注)

　　以往的研究多次指出，"国土即佛土"或"现世之净土"是中世佛教国土观的中心理念。然而，虽然都是国土即佛土论，不同类型佛土论的含义却截然不同。

　　第一种可见于释尊御领和佛法领的理念，它严格区分宗教与世俗世界，将前者的地位提升到后者之上。本章序言中所提到的藤井学与黑田俊雄的研究即典型代表，他们聚焦于笔者所言的第三类型的国土即佛土论。但是，笔者在第一节也指出除了"国土即佛土"和"现世之净土"，还有本觉论式的"娑婆即净土"观念（第一类型）和反映寺领观念的理论（第二类型）的存在，它们的思维基础完全不同。此外，若与释尊御领、佛法领的理念等相比，就会忽略在中世时期上述理论拥有更广阔的传播领域。因此，即使将第三类型的佛土论纳入思考范围，若不能明确存在于"国土即佛土"和"现世之净土"等概念中的异质性对象，加之其他类型的佛土观也混入其中，[1]结果会导致各种理念的历史定位变得不明确。

　　一方面，研究顶点式佛教者思想及教学的学者在思考中世佛教时，会着眼于本觉论式思维的流行。在关于法然、亲鸾及日莲等人成立宗派方面，他们也倾向于强调给新佛教带来的影响，而非强调其与本觉论式思想的断绝关系。[2]因此，这些研究者在提到中世国土即佛土论时，指的不

[1]　例如藤井学指出，国土即佛土论＝释尊御领的观念"将发生的系谱置于日莲之中，之后从中世至近世初期，在法华宗教团中不断发展……作为宗内一般僧侣与信徒信仰的基地，得以广泛存续"（《近世初期的政治思想与国家意识》，《岩波讲座日本历史》近世二）。然而，日莲自身的佛土观也是从初期的第一类型转变至后期的第三类型，这种释尊御领观在日莲宗流派的很多情形下，会朝第一或第二类型的观念转变（佐藤弘夫《早期日莲教团中的国家与佛教》），藤井学没有明确分析这种差异现象。此外，黑田俊雄将"现世之净土"看作中世宗教的一项指标，并举了"佛法领"作为典型例子来证明这一观点（《一向一揆的政治理念》，《日本中世的国家与宗教》）。黑田虽然承认"论理的""透明度"存在差异性，但却把"现世之净土"、释尊御领、显密诸宗的灵地·灵场、神国思想等观念都划到"与封建社会相适应的观念形态""封建社会的安全阀"，而没有明确指出各种观念在本质上的差异及其历史地位。之后，黑田发表了《中世显密体制的发展》（《日本中世的国家与宗教》）一文，将显密佛教定义为中世的正统宗教，真宗与日莲宗却成了中世的异端。而关于国土观的上述论点是怎样变化的，并不明确。

[2]　岛地大等《论日本天台研究的必要性》（《思想》60号），田村芳朗《镰仓新佛教思想的研究》，渡部正一《中世实在论思想》（《日本古代中世的思想与文化》大明堂，1980年）等。

是具有人格化特征神支配土地的第三类型的佛土论,而是由于万物皆有佛性而形成的国土=佛身或佛土的第一类型理论。

但不可否认的是,以上这些研究都只将目光投向了高度体系化的各宗教的学问之上,却几乎没有关注其存在的基础——广大群众的信仰世界与宗教意识,这是非常严重的缺陷。此外,从平安后期开始在教团教学的顶点发展开来的本觉思想在中世佛教中究竟处于什么地位,又有着怎样的历史意义?以上的研究缺少对这些问题进行研究的视角。

针对以上问题,笔者在本章中将一直以来未被明确的"国土即佛土"(现世之净土)理念划分为三种类型,并考察了每种类型的历史意义。若借笠松宏至的比喻来说,[1]从日莲宗和净土宗的一部分中体现的第三类型的国土即佛土论和第二类型一样,都像小岛似的点缀在第一类型佛土论的汪洋大海之上。但无论是第一类型的"大海",还是第二、第三类型的"小岛",其思想构造与历史定位完全不同。

祖师时期,支持其教派发展的社会基础还不够坚实,因此,第三类型的"小岛"还是无法扎根海底的浮岛。即使是到了祖师死后,这些教派还是受到了旧佛教思想大浪的冲刷,容易沉入海中或是被第二类型的"小岛"同化,极其脆弱。

随着历史条件的成熟,以及门徒传教带来的宗派传播范围的扩大,这些教派的思想逐渐被接受,教团在地方落地生根。从室町时代以后,小浮岛终于开始扎根于海底,构筑了坚实的存在基础。此时,小岛驻足于大海之上,耸立于苍穹之下,与有着相同思维的天主教与天道一起,展现出了与宗教界中心理念并驾齐驱的气势。然而,在极短的时间内,它们屈服于统一权力之下,虽有激烈的反抗却也徒劳无功。进入近世后,它们很快消失在历史的长河之中。

取而代之并占据幕藩体制下正统教学宝座的,是蕴含于体制之内、从

---

[1]　笠松宏至《日本中世法史论》(东京大学出版会,1979年)第161页。

内部赋予秩序以意义的非人格化的佛陀观与第一类型的佛土论,以及视天为内在之理的儒家朱子学思想。[1]

---

[1]　石毛忠探讨了江户时期"天"借朱子学者之手渐渐内化于自然、人生之中。(《江户时代初期的天思想》,《日本思想史研究》2 号),玉悬博之则表示近世前期那些信奉朱子学的幕藩体制中的思想家宣扬的是内在的"天"观念,而支配机构"以前的""外部的"思想家认可人格化的"天"观念(《近世前期的神祇观》,《神祇观的比较文化论研究》讲谈社,1981 年)。此外,水林彪明确指出了近世时期,超脱的"天道"概念是如何不断变化、解体,并最终转变成为一种与权力相适应的概念的全过程(《近世的法与国家制度研究序说》,《国家学会杂志》90 卷 1、2 号—95 卷 1、2 号)。指出朱子学的确适合幕藩体制的学者还有丸山真男(《日本政治思想史研究》,东京大学出版会,1952 年)、石田一良(《德川封建社会与朱子学派思想》,《东北大学文学部研究年报》13 号)。然而,站在朱子学与现实的统治原理有本质上的差异这一立场的有尾藤正英的批判(《日本封建思想史研究》青木书店,1961 年)及渡边浩的研究(《近世日本社会与宋学》东京大学出版会,1985 年)。从本章的视角来看,具有人格化特征的、外在的神佛作为国土的主宰者的神祇观将俗权相对化,其与日莲宗的不受不施等观念不同,没有被广泛采纳,这种做法是幕藩体制下公认教学的"必要条件"。而可以确定的是,朱子学至少满足了这一"必要条件"。

第二章 "佛法王法相依论"的形成与发展

序言

元久二年(1205),兴福寺的僧徒[1]要求停止法然所倡导的专修念佛,并且呈上奏书,奏书中写道:

> 佛法王法犹如身心,互见其安否,宜知彼盛衰。[2]

这句话强调,所谓"佛法"和"王法",就如同人的身体和精神,彼此不可或缺。"佛法王法相依论"将佛法与王法比作身与心或是车之两轮,且贯穿整个中世。本章首先提出"佛法王法相依论",关注其形成的社会背景,并对此进行分析,旨在阐明该理念的特质与历史意义。

在进入正题之前,我先将"佛法王法相依论"相关的研究史进行梳理。

从开篇提到的"兴福寺奏书"的事例中可以得知,"佛法王法相依论"主要是由南都北岭(奈良的兴福寺和比叡山延历寺)的佛教僧侣所主张,经常被用于排挤新兴佛教。因此,在迄今为止的佛教史研究界中,大多认为新兴佛教才是中世佛教的主流。虽然"佛法王法相依论"产生于中世,但其根源来自"古代的"镇护国家的佛教理论,即"国家保护佛教,佛教奉献国家"[3]。人们还认为,新兴佛教即中世佛教的历史意义就在于将佛教从镇护国家的传统中解放出来,以信仰之心为本,完成对众人

---

[1] 僧徒:中世时指奈良兴福寺武装起来负责寺院警卫的下级僧侣。
[2] 日本思想大系《镰仓旧佛教》,第315页。
[3] 井上光贞《日本净土教成立史的研究》(山川出版社,1956年)第328页。

的精神救赎。[1]

然而,对于"佛法王法相依论",近年来的中世史研究者不断提出与上述观点全然不同的见解。黑田俊雄就是其中的代表之一。他认为,中世社会是庄园制社会,庄园制支配体系成熟,寺院权门化、封建领主化,在如此背景之下佛法王法相依的理论逐步形成。并且他认为,这是一个"中世性"概念。[2] 按照黑田俊雄的观点,一直以来被视作中世的旁门左道、并且必定被新佛教所取代的旧佛教寺院,才是中世的主流。

关于"佛法王法相依论"还存在着以上两种截然相反的观点。这两种观点的对立不仅仅在于对"佛法王法相依论"理论结构的解释分歧,也在于对中世佛教以及中世社会整体的认识不同。因此包含了许多难以论证的问题。

不可否认,"佛法王法相依论"是我们在考察中世国家与佛教的关系时绝对不可避开的重要理念。事实上虽然有很多研究者涉及"佛法王法相依论"的问题,然而对于这个理论本身进行深入分析和阐释的研究少之又少。因此,本章笔者将基于上述两种对"佛法王法相依论"的观点进行论证,不片面地趋同于某一方,而是结合史料,对"佛法王法相依论"形成的历史背景进行分析论述。

一、佛法王法相依论的形成

1. 佛法王法相依论的产生

10 世纪末期,"佛法"和"王法"作为两个相对的概念就已在史料中屡次出现。著名的抨击国司藤原元命的 31 条《尾张国郡司百姓等解》

---

[1] 田村圆澄的研究便是这一学说的代表。他认为,法然在历史上的划时代意义在于,他反对王法与佛法,即政治权力与佛教相互依存的历史传统,将佛教回归为纯粹的个人的救济。《日本佛教思想史研究·净土教篇》(平乐寺书店,1959 年)第 175 页。

[2] 黑田俊雄《日本中世的国家与宗教》(岩波书店,1975 年)第 465 页。与此论调一致的还有河音能平《王土思想与神佛习合》(《岩波讲座日本历史》古代四,1976 年),藤井学《近世初期的政治思想与国家意识》(《岩波讲座日本历史》近世二,1975 年)等。

(998)中,第 25 条写道"朝尝白露而传佛法王法之教,暮食丹霞以励真谛俗谛之观"[1]。此外,正历二年(991)的《筑前国观世音寺长讲僧解案》中,也有"抑佛法兴隆之迹,依人既显,王法严政之道,当时进退也"[2]的记录。

在这些史料中,如黑田俊雄氏所说,最早出现有着明确形式的佛法王法相依论[3]的是天喜元年(1053)的《东大寺属美浓国茜部庄司居民等解文》中的如下记载:[4]

> 方今王法佛法相双,譬如车二轮鸟二翼,若其一缺者敢以不得飞轮,若无佛法者何有王法乎? 若无王法者,岂有佛法乎?

这份解文中还记载着如下事项:

> 请被特蒙鸿慈,奏闻事由于公家,改本四至,打榜示,今停止检田收纳四度使入勘,裁免国郡差课色色杂役,偏勤仕寺家恒例所课及御地子物辩状。

从以上记载中可知,茜部庄司和居民们要求国家承认寺院的不输不入。

这份解文告诉我们,近年来东大寺领属的诸国庄园不断荒废,茜部庄也不例外。其中很大原因在于国司的没收充公行为以及过重的杂役。"佛法"和"王法"原本就如车之二轮,缺少一方两者都不能成立。然而,近代的国司只顾眼前的利益,没收庄园、征收官物杂役,这些行为导致了庄园的荒废和佛法的衰亡。从佛法王法相依相即的原理来讲,最终必定

---

[1] 《平安遗文》三,702 号。
[2] 《平安遗文》二,351 号。
[3] 现存被认为是安然(841—900)所作的《四明安全义》的残简中有如下文:"佛法护王法,王法崇佛法,永建皇帝本命道场,偏严国家镇护之精诚矣。"(《大正新修大藏经》四十三,第62 页)如果真是安然所写,则为佛法王法相依论的最早实例。但从内容看这是否是安然之作令人怀疑。
[4] 《平安遗文》三,702 号。

招致王法的衰退。因此,欲实现王法安泰必须先平定寺领庄园,努力实现佛法的兴隆。

佛法王法相依论认为祈求国家繁荣,最重要的就是废除对寺领庄园的不正当的苛捐杂税,努力保障寺院方面的利益。这并不是该理论首次出现,早在10世纪后半期起就已经被各寺院频繁提出了。

天德四年(960)太政官公文中提到东大寺的奏状[1]中强调:当寺(东大寺)是"三代圣皇的御愿寺,一朝庄严的灵迹",承担了"祈祷国家安泰天下繁荣"这样的护国传统。近年来,一直支撑着寺院财政的寺领茜部庄因为私人的禁锢以及临时杂役逐渐荒废,地利的征收也变得困难。其后又做出了如下陈述:

> 被停止国郡临时杂役并私人牢笼者,法会全修,奉祈圣朝天长地久,遗教久留,将致天下除灾与乐。

此外,永延二年(988)的粉河寺解文[2]中提到,若承认免除寺领庄园"四至内的临时杂役",寺院方面也将"祈祷镇护国家"。宽弘二年(1004)的金刚峰奏状[3]中也记载道:"被令免除收公寺田及临时杂役,继遗教三会之出世,祈天下方岁之荣乐矣。"

上述史料中并未出现后世"佛法"与"王法"相依相即这样程式化的理论。但是寺家承担着"镇护国家"的重任,对于封建国家来说是不可或缺的存在,因此必须优先安定寺院保护宗庙。这样的理论与上述所列举的《茜部庄司居民等解文》中的佛法王法相依论有着共同之处。特别是天德四年的解文同样是关于东大寺茜部庄的,由此就可以理解《茜部庄司居民等解文》中的佛法王法相依论是基于这样的传统的。虽然还没有将"佛法"与"王法"联系在一起的提法,但是10世纪末期已经出现了相同

[1] 《平安遗文》一,275号。
[2] 同上,二,353号。
[3] 同上,二,436号。

的理念：东大寺等各大寺院要求停止对于寺领庄园的收公和征收不正当的苛捐杂税（佛法的庇护），以更好地承担镇护国家（实现王法安泰）的重任。

那么，为何从 10 世纪后期起各个寺院开始频繁主张佛法王法相依论呢？

2. 形成背景

一直以来各寺院在古代国家的全面庇护之下延续着，伴随着律令国家的变质和解体，10 世纪起寺院渐渐地很难得到封户、寺田等传统的国家供给，甚至面临着严重的存续危机。在这样的状况下，各寺院不得不寻求新的财政基础来取代国家的援助，那就是经营庄园。10 世纪末期，国家开始逐步取消对寺院的直接援助，各寺院竞相圈地形成自己的庄园，努力完善庄园的支配体系和收取机制。东大寺的学僧说道：

> 凡本愿之昔，天平之古，寄万町之水田，被宛众僧之供新，割分五千户之御封，致诸会兴行，而敕施皆颠倒，御封殆如无，学徒失资缘，寺院忘兴隆，而自中古以来，诸院家建立之后，有诸庄之寄附，覆一寺之学侣。[1]

这也很明显地表现出这个时期寺院经济的转变。诸寺院的努力终于有了成果，它们不仅完成了各自土地支配机制的构建，也成功完成了向中世寺院的转变重生。

然而，从作为国家寺院的古代寺院向以庄园制大地主所有为基础的中世寺院的转变历程，绝非平坦无阻。其中最大的难题是如何排除被委任支配权并不断强化权势的国司国衙势力的干涉。

国司利用庄园整理令没收寺田，打着各种各样的名号对寺院征收苛捐杂税。寺院上书了大量要求停止这些赋税的奏状，这如实地反映了它

---

[1] 《东大寺学侣连署起请文》，《镰仓遗文》十四，10504 号。

们受到的来自国司的威胁和压迫是多么残酷。

上文宽弘元年的金刚峰奏状中提到,近来第二、第三任国司没收寺田,征收过重的劳役,甚至乱闯寺院堂舍,寺院方面对此大加指责,认为造成了寺院佛法的衰微。长和三年(1014)的筑前国符案中所提到的观世音寺牒文中也有如下记载:[1]

> 今近代牧宰常致寺愁,或破四至入勘,或勘益本田如公田,杂役触事差烦,因之微力作人,不堪公责,不叶本寺役,悉以外亡。

各寺院努力向以庄园制土地统治为基础的中世寺院转变,对于它们来说,最重要的是摆脱国司以及国衙不正当的压迫,从而实现稳定的庄园统治。

由此我们可以了解佛法王法相依论产生的历史背景。佛法王法相依论主张停止对寺领庄园的没收以及征收临时杂役,实现寺院经营的稳定局面(佛法的兴隆),最终也能够促进统治权力的安稳(王法的长久)。之前完全依靠国家援助的寺院,在古代国家解体所带来的存亡危机之中,试图转型为以庄园土地所有制为基础的中世寺院,就必须排除世俗权力对自领庄园的干涉,以稳定自身经营。因此大肆宣扬佛法王法相依论,以实现自己的想法。

一般认为,中世社会成立的起点在 10 世纪后期,此时佛法王法相依论已经出现,在与国司的对立中,寺院方面不断要求庄园的不输不入以及排他的统治权,到 11、12 世纪,佛法王法相依论的理论被固定下来并被频繁使用。

值得一提的是,佛法王法相依论并不是全新的理论,而是继承了古代佛教镇护国家的思想传统。

在古代律令体制下,寺院得到国家财政援助,作为报答,寺院必须举行各种各样的法会和修法会,为国家祈福。从延历二十四年(805)太政

---

[1] 《平安遗文》二,467 号。

官符上"攘灾殖福,佛教尤胜"[1]这句话可见,从古代起统治者普遍认为,实现国家繁荣,佛教起了相当大的作用。也正因如此,统治者广建寺院举行护国法会。另外,最澄和空海为使自己从中国带来的新的佛教得到国家的公认,也不得不强调自己的宗教是"镇国道场"[2]"镇国利人之宝"[3]。

中世初期,许多寺院寻求国家对寺领庄园的保护,自建立之初就祈求王法延续和国家安稳,由此可见,佛法王法相依论从形成初期就继承和延续了镇护国家的思想。

例如上文提到的永延二年(988)的粉河寺奏状[4]中,寺院方面极力主张自创建以来一直祈求"国王圣朝宝祚",并以此为由要求免除临时杂役。同样,天平胜宝元年(749),东大寺也引用了"圣武天皇诏书铜板"[5]中的一句话——"以代代国王,为我寺檀越,若我寺兴复,天下兴复,若我寺衰弊,天下衰弊",承担着"天下兴复"重任的东大寺以此为据,成功停止了对寺领庄园的收公以及杂役。

佛教对于国家的安定不可或缺。这样的镇护国家的思想,成为佛教界和统治者的共同理念,也正因为此,佛法王法相依论从形成初期就对统治者具有一定的说服力,进而得以迅速被统治者所接受。

我们不能否认佛法王法相依论秉承了古代以来的思想体系,其中包含"无佛法则无王法"的主张,且"佛法"与"王法"有着各自统治的世界。但与此同时,我们也必须对两者进行区分。在律令国家的背景之下,佛教团体没有自己的经济基础和统治领域,完全被纳入国家机构之中,绝对服从王法。与之相比,我们可以清楚地看到中世佛法从王法中相对独立出来,地位不断上升。[6] 排除国家机构的干预,确立寺领庄园的一元化统

---

[1]　《平安遗文》八,4322 号。

[2]　《僧最澄佛具经典奉纳状》(《平安遗文》八,4342 号)。

[3]　《僧空海请来目录》(《平安遗文》八,4327 号)。

[4]　《平安遗文》二,353 号。

[5]　《圣武天皇诏书铜板》,《宁乐遗文》下,第 979 页。

[6]　黑田俊雄《日本中世的国家与佛教》,第 456 页。藤井学《近世初期的政治思想与国家意识》,第 139 页。

治体系的强烈意志并且取得了一定成果,这就是佛法王法相依论形成的基础。各个寺院逐步开始脱离对国家政权的全面依赖,保存能够与世俗王权相抗衡的统治区域和武装势力,成为庄园领主。从此以后,各寺院努力为佛法王法相依论构建与之相适应的社会基础。

佛法王法相依论产生于 10 世纪后半期,并在 11 世纪中叶定型。传统的寺院向着与中世社会(庄园制社会)相适应的中世寺院转变。在这样激烈的动荡之中,佛法王法相依论应运而生并且被理论化。因此,佛法王法相依论绝非古代理论,毋庸置疑是一个中世概念。

3. 初期理论特质

前一节我已论述,佛法王法相依论形成于 11 世纪,与各寺院庄园制统治的进程相适应,是一个中世概念。本节将在此基础之上,对初期的佛法王法相依论的思想特质略加分析。

首先有必要确认"佛法""王法"这两个词的具体意思。

先来看"佛法"的概念,如果考虑到这个概念形成于各寺院要排除国司等势力的干涉,要建立排他性的寺领庄园统治体系时,那很明显,"佛法"指的是主张佛法王法相依论的各寺院以及在寺院之中所传播的教法。换言之,东大寺以及东寺在主张佛法王法相依论时,这里的"佛法"与"王法"相对,具体指的是东大寺和东寺以及其传播的学问。嘉成元年(1106)官宣旨[1]所收的东大寺奏状中,提到了上述圣武天皇诏书中的一句话——"若我寺兴复则天下兴复","皇朝之泰平偏在伽蓝之保护,尤可钦仰者,其唯当寺矣",并指责了国司对于"寺领庄园"的侵犯。

从以上"皇朝之泰平"这句话中可以窥见,通过"佛法"保护的"王法",指的是以天皇、国王为顶点的现有的政治统治体系。以下史料可以充分体现这一点。

大治四年(1129),《东大寺所司解文》[2]中提到,白河上皇能够"宝算遥遥,久治送八旬星律",是因为"修营大殿"的功德,如果能停止对黑

[1] 《平安遗文》四,1662 号。
[2] 同上,九,4693 号。

田庄为首的寺领庄园的收公入账,就是祈福现天皇的"金轮久转"。此外,应保二年(1162),《东寺门徒申状》[1]中提到,若禁止纪伊国司源为长的非法行径保护金刚峰寺及寺领庄园,遵从"佛法依王法繁昌,王法依佛法以康宁"的原理,寺院也将"以德高望重之僧侣,祈君王宝算繁昌"。

从以上例子中我们可以得知,"王法"指的就是当时的统治秩序,尤其指位于其顶点的国王个人。

佛法王法相依论的第二个特点是片面强调王法拥护佛法能从中得到的益处,而反过来并没有对若无佛法的情况进行具体阐明。

"若我寺衰弊,天下衰弊",圣武天皇诏书中的这句话被反复引用。宽弘四年(1007)发现的《四天王寺御手印缘起》中提到,若"佛法灭尽",将出现"国王后妃,其数满国,宫物灭亡,王臣相共恒乏饥渴"[2]。从这充满警告意味的话语中可以窥见,若佛法衰微,王法也将受到沉重打击,这一说法不仅已经成为广为人知的理念,也经常运用到实际讲法中。但是,12世纪以前,初期的佛法王法相依论真正谈到王法危机的少之又少,即便是言及也难以超越佛教经典的表达,大多只是抽象表达为"天下衰亡"。而且大多数情况下,佛法王法相依论都是先控诉国衙势力对寺领庄园的侵犯以及寺院的窘境,并沿用了停止干预寺院、复兴寺院之时,就能使王法繁盛的言论。

但值得注意的是,进入12世纪以后,有记载国司因其对寺领庄园的野蛮行径而受到惩罚。

天永三年(1112),东寺的解文[3]中记载道,国司藤原敦宗没收了寺领大山庄,"没过多久,其身便逝"。永历元年(1160)《广隆寺所司申文》[4]中记载,"右卫门督""枉顾是非,行事作孽",将寺领庄园没收充为国领,并最终因为自己的行径招致了"夭亡"的恶果。

---

[1] 《平安遗文》,七,3235—3236号。
[2] 《大日本佛教全书》——八,第63页。
[3] 《平安遗文》四,1774号。
[4] 同上,七,3100号。

但是不可忽视的是,它们只强调国司的非法行为是造成寺家＝"佛法"衰微的直接原因,应该受到惩罚,但没有意识到以天皇为首的统治秩序＝"王法"的动摇甚至灭亡才是造成寺院衰微的最大原因。这是因为在当时,寺院所面临的最大课题,是如何在王朝统治的前提之下,排除国司、国衙的排挤,实现独立的领土统治。佛法王法相依论的目的就在于向国家政权诉说并排除寺院面临的来自各方势力的压力。在这样的逻辑下,自然与寺院对立的并非是能够禁止国司非法行为的天皇,而是地方上与寺院直接对峙的国司,正是它们妨碍了佛法王法相依的理想关系的形成,是应该受到惩罚的不正当势力。

二、佛法王法相依论的发展

1. 寺院联合的形成

伴随着古代国家的变迁,各个寺院失去了国家政权的直接保护,在这种情况下,创造出独立的土地统治体系、确立财政基础就显得迫在眉睫。因此 10 世纪后期起,各寺院就开始积极探索方案。这时,佛法王法相依论就成了它们反对国司压迫、实现庄园一元化统治的思想依据。

但是,作为庄园领主的各寺院如若只追求自身的利益,最终也必然会围绕某种权益产生各大寺院之间私党对峙的局面。承安三年(1173),延历寺与兴福寺关于多武峰的问题产生了纷争,延历寺夺取了近江的兴福寺领庄园。对此,兴福寺提出了奏状,指责延历寺的行为企图造成"我寺的磨灭",希望流放天台座主明云,监禁山门恶僧,使"众人合掌欢庆,祈万代繁昌"。[1]

兴福寺请求国家政权保护自宗寺,并将自身从"磨灭"的危机中拯救出来,作为代偿,寺院也将祈求王法的繁荣昌盛。其中可以看到"佛法""王法"等概念的出现,而且基本上与佛法王法相依相即的理论如出一

---

[1]《平安遗文》七,3637 号。

辙。因此,在中世初期的寺院抗争中,各寺院极力标榜佛法王法相依论,以拥护自身权益和扩张为目的,排除敌对宗教势力。加之朝廷的态度优柔寡断,造成了宗教界各个寺院竞相主张佛法王法相依论的混乱局面。

然而,平安末期随着武士势力进入统治阶层,政治权力结构发生了极大的改变,加上在地领主势力的抬头与农民斗争的加剧,作为庄园领主的寺院势力也开始有了深刻的危机意识。特别是平氏作为新兴的武家势力,无视之前惯例专权,治承四年(1180)平重衡对南都寺院烧杀抢夺,给旧佛教界以很大的冲击。加之不久之后法然的专修念佛爆发式流行,使旧佛教依赖的既成佛教整体地盘下沉的危机进一步加剧。现在对于权门寺院而言,不是追求各自私利、任意扩大斗争,而是必须认真摸索拥有同样利害关系的旧佛教团体如何协调一致,延续自己生存的紧要关头了。

在这样的事态之中,给旧佛教界以最初的冲击,促使有权势的寺院联合起来的直接契机是与平氏一派的对立。

处于中央政权的平氏专权,围绕在地统治,寺院一派与平氏一派对峙,使得各权门寺院的反平氏气氛高涨。治承四年三月,平清盛决定让刚刚让位的高仓上皇在严岛神社举行第一次神社参拜。各权门寺院以平清盛无视首次参拜都是在石清水神社、贺茂神社的先例,进行了激烈的抗议。另外,以园城寺的僧众为中心,兴福寺与延历寺联合起来,发起了从平氏手中夺取后白河法皇与高仓上皇的运动。[1]

关于形成三寺联合的意义,田中文英给予了积极评价:

> 多年来经常相互反目与争斗,即使起义也一直是各自为政的三大寺院联合起来,提出夺取法皇、新院的口号,反对平氏,开始进行现实的政治行动,这在大众起义的历史上具有划时代的意义。[2]

这个计划最终没有实行。同年五月,以仁王逃到了园城寺,表明了与

[1] 《玉叶》治承四年三月十七日条。
[2] 田中文英《后白河院政期的政治权力与权门寺院》(《日本史研究》250号)第41页。

平氏全面对决的态度,此时,园城寺与南都各寺之间结成了真正的反平氏同盟,三大寺院的联合也就融入其中了。[1]

在寺院势力与平氏的对立中,12 世纪末开始的专修念佛的流行,促使各寺院之间的联合进一步加速。

目睹了法然的专修念佛在都市与乡村、贵族与平民之中迅速走红,南都北岭的各大寺院,感到这是断送它们存在的基础,破坏它们在宗教界特权地位的危险行为,它们有了强烈的危机感。特别在专修念佛者之间经常能够看到,他们对现存的显密佛教、对神佛进行诽谤与攻击,他们与农民斗争相结合,给庄园领主、旧佛教徒以沉重的打击。于是 13 世纪初期开始,打击念佛的运动越发高涨。

元久元年(1204),延历寺众僧徒因座主生病被迫停止念佛修行。为此法然制定了七条戒规命门徒签字,敦促座主谢罪。但是,次年兴福寺众僧徒也不满于此,提出奏状要求施行更严厉的念佛禁令。

这个"兴福寺奏状"非常有名,是由贞庆起草上书给后鸟羽上皇的。值得注意的是,其中要求停止念佛是打着"八宗"(既成佛教总体)的名号。"兴福寺奏状"中写道"呜呼佛门随分之翳陶古来难多,八宗同心之诉讼前代未闻"[2],表明既成佛教联合起来共同批判抵制新佛教。

大宗寺院克服私党对立,形成寺院联合,具有划时代意义。从此以后,八宗作为正统佛教批判抵制新宗教并排挤新佛教的理论体系逐渐形成。

2. 危机感的形成

上文所论述的大宗寺院联合并不是 12 世纪后期突然出现,而是从古代孕育而生。从社会背景来看,大宗寺院之间反目抗争不断,但从理念上、制度上都将既成佛教整体视为正统佛教。并且其中之一就是作为镇护国家的佛教诸宗并存这一自古代以来的既成事实。

在古代日本,官寺以及官僧受到国家的全面保护,而另一方面又通过"僧尼令""官度制""僧纲制"严加管制。换言之,只要服从统制,所有的宗

---

[1] 《平家物语》四。
[2] 日本思想大系《镰仓旧佛教》,第 315 页。

派都可以成为正统。而且僧纲制度自身也不断变化,到中世仍旧延续着其命脉。镰仓时期举行国家法会和受戒仪式时,通过僧纲制度各寺院都互相进行了多次僧员调配。[1] 因此,各寺院即便是在领地统治上有着激烈的抗争,在其他方面也集结在僧纲制度之下,举行法会,一起为国家加持祈祷。

　　在这样多年的既成事实背景下,所有与国家关系密切的传统佛教都被尊为正统。这样的思想即使到了院政混乱期也是当时僧人、俗人广泛公认的理论。天台座主慈元的弟弟九条兼实听说平氏政权攻击了园城寺,悲叹道"园城寺佛法灭尽之时将至"[2],又听闻南都被烧,叹道"佛法王法尽灭"[3],这正是基于将传统佛教视作正统的理念。

　　诸宗派教法与由来虽不尽相同,但却能够共存并依赖于国家。其原因在于,释迦佛法是以资质不同的人为对象进行说法,因此即使内容有着高低之差,都应该被视作正法,存在着诸宗派之间的"融合理论"[4]。延历二十五年(806)正月的《僧纲等上表文》中提到:

　　　　仰惟无上世尊是大医王,随类设教,拔苦与乐,八万法藏,有权有实,始虽似殊,终皆一起,众生之病既异,所与之药不同,欲济有情,废一不可。[5]

这段话从不同的救济功能的角度明确表达了"融合理论"。这一理念通过平安后期开始流行的绝对集会等思想而不断得到强化,不问宗派,到了中世愈发强化。

　　到了 11 世纪后期,旧佛教面临各宗派的共存和确立宗教界秩序的问

---

[1]　伊藤清郎《关于中世僧纲制度的考察》(《山形史学研究》15 号),《中世僧纲制研究——以镰仓为中心》(《历史》53 号),《中世僧纲制度与延历寺》(《日本中世的政治与文化》);森川英纯《法务、惣在厅、威仪师》(《历史》93 号);牛山佳幸《僧纲制度的变质与惣在厅、公文制的成立》(《史学杂志》91 编 1 号)。

[2]　《玉叶》治承四年五月二十一日条。

[3]　同上,十二月二十九日条。

[4]　请参照本书第二部第一章。

[5]　《平安遗文》八,4321 号。

题,各宗派重视并高举上述的传统理念,在不断抗争的洪流中,企图再次整顿寺院秩序。此理念作为大宗寺院集结的理论得以实际运用,这一点在兴福寺的信中便可略知一二。该信是回应园城寺的援助请求。园城寺拥护以仁王,反对平氏,要求兴福寺给予援助。兴福寺的回信内容如下:

> 玉泉玉花,建立两家宗义,一代教文金章金句,南京北京皆如来弟子,自寺他寺相互和谐。[1]

3. 八宗意识的高涨

至此我们分析了旧佛教的寺院联合及其历史背景。在旧佛教历经动乱的年代,为再整顿佛教秩序,单纯高唱诸宗教融合是不够的。究其原因,是因为当时佛教方面面临的问题,不仅在于克服各宗的私党对立,达成和平共存。另一方面,旧佛教徒为了守护自身在宗教界的特权地位,就不得不将在其他地方形成的新兴佛教各派排除在共存体制之外。即旧佛教标榜"融合理论"并谋求各宗和谐的同时,又将专修念佛的特定宗教排除在秩序之外,并对其行为进行教理上的正当化,因此,新旧佛教的对立逐渐成为一个难以解决的问题。

为了解决这一难题,旧佛教在"融合理论"的基础之上,肯定一切教法,但在宗教界中将正统佛教限定在"八宗"之中。[2] 标榜"八宗同心的上诉"——"兴福寺奏状"中记载道:

> 夫佛法东渐后,我朝有八宗,或异域神人来而传授,或本朝高僧往而请益。于时上代明王敕而施行,灵地名所随缘流布。其与新宗开一途之者,中古以降绝而不闻。[3]

---

[1] 日本古典文学大系《平家物语》上,第300页。
[2] 关于旧佛教的八宗,有以下相关研究。田村圆澄《镰仓佛教形成的问题点》(平乐寺书店,1969年),高木丰《镰仓佛教史研究》(岩波书店,1982年)等。
[3] 日本思想大系《镰仓旧佛教》,第312页。

此外,贞应三年(1224)的山门解文中也陈述道:

> 谨检旧典,建教建宗,有法有式,或外国真僧归化而来朝,予知一朝之根机,已张八宗之教纲。[1]

以上史料都是站在以八宗为正统的立场,要求停止正统八宗之外的专修念佛。从镰仓初期就将正统佛教限定为八宗的基础上,将新兴各宗派视为导致八宗衰微的恶法("八宗佛法之怨敌"[2])进行攻击。这一理论不断被人们接受。

在上述引文中我们也可以得知,八宗的正统性基于继承正法的高僧得到"敕许"然后成为镇护国家的佛教。所谓的"敕许"具体是指平安初期,在原来的南都六宗的基础上,承认天台、真言二宗每年剃度的人数。旧佛教将八宗与其僧侣定为"护国诸宗"[3]"镇国高僧"[4],并且断言,除了获得"敕许"的八宗之外,没有任何宗派能够承担镇护国家的重要职责。

旧佛教依据救济功能分化论,极力主张将一切行法都视作正法,保持各个宗派的融合与和平共存,并且通过"敕许"和护国的滤镜将宗教界中的正统限定为既有八宗,将其他宗派排除在体系之外。

当然,中世时期,八宗并没有成为独立的教团体系,像俱舍宗[5]和成实宗[6]这样拥有独立组织的自立宗派已经不复存在。此外,其他宗教的

---

[1] 《镰仓遗文》五,3234 号。

[2] 《念佛者追放宣状事》(《昭和定本日莲圣人遗文》三)第 2269 页。

[3] 《镰仓遗文》五,3234 号。

[4] 同上。

[5] 俱舍宗:汉传佛教十三宗之一,属小乘说一切有部,以俱舍论为主要经典。与成实宗同属汉传佛教中的小乘传承。成实宗被称为小乘空宗,俱舍宗则被称为小乘有宗。日本学僧道昭、智通、智达、玄昉等先后来华,从玄奘和智周学习《俱舍论》,归国传授,建立日本俱舍宗,虽然多依附于法相宗之下,但历代研习的风气仍然极盛。(译者注)

[6] 成实宗:成实宗即以成实论为所依之宗派。又作成论家、成实学派。为中国十三宗之一,日本八宗之一。宗祖为中印度之诃梨跋摩(梵 Harivarman),约生于佛陀入灭后七百至九百年间,初于究摩罗陀处修学小乘萨婆多部(说一切有部)教义,继而研习大小诸论,乃撰述成实论,批判有部理论,未久即震撼摩揭陀国,王誉称为"像教大宗"。其后于印度之弘布情形不详。(译者注)

教学和教团组织也有了很大变化,其内情也与创立之初有了很大差异。当时的教团组织与其说是各个宗派倒不如说是个别的权势寺院,从这一点来看,八宗概念与当时宗教界的实际情况已经有了两重、三重内涵,差别很大。

然而,"八宗"这个概念对于旧佛教徒来说是个便利取巧的用语。与势力急速增长的新佛教势力相对,正统佛教从古代以来就与统治权力相依附,承担着镇护国家的重任,其中也包括了以宗教领主为首,在国家政权中占有一席之地的中世大宗寺院。因此,面临着旧佛教寺社势力的共存和排挤新佛教的课题的旧佛教徒,再次着眼于"八宗"这一话语的利用价值,并赋予其生命,让它在中世逐渐复苏。

4. 佛法王法相依论的展开

上一节论述了院政时期社会动荡,寺社权门之间斗争激化,并且新宗不断兴起,旧佛教的危机感不断提升,开始探索各宗的融合共存,八宗意识不断高涨之事。至此,中世初期大宗寺院私党对立不断,各寺院伸张自身权益,也不得不对之前所主张的佛法王法相依论进行修正。因此我认为,本章开篇提到的元久二年(1205)的"兴福寺奏状"是与之前不同的新型佛法王法相依论。

"兴福寺奏状"中新提出的佛法王法相依论,与之前相比有着怎样的特色呢? 我将结合以下奏状部分加以分析探讨。

第九乱国土失。佛法王法犹如身心,互见其安否,宜知彼盛衰。当时净土法王始兴,专修要行尤盛,可谓王化中兴之时矣。但三学已废,八宗将灭。天下理乱,亦复如何。所愿,只诸宗与念佛宛如乳水,佛法与王道永均乾坤。而诸宗皆信念佛虽无异心,专修深嫌诸宗不及同座,水火难并,进退维谷。若如专修志者,天下海内佛事法事,早可被停止矣。(中略)

望请天裁仰七道诸国,被礼改沙门源空专修念佛之宗义者,世尊付属之寄,弥和法水于舜海之浪,明王照临之德,永拂魔云于尧山之风矣。[1]

上述史料中,值得注意的是"所愿,只诸宗与念佛宛如乳水",诚如这句话所说,旧佛教并非否定念佛本身,这种认知已经成为中世旧佛教界的共有理念,是以前文中提到的"融合理论"为基础的。因此,旧佛教不得不因压制法然宗门所带来的念佛信仰的衰微而感到忧虑。

但是,它们绝不是承认专修念佛与旧佛教处于同等层次并与之共存。奏状开头宣言道"夫佛法东渐后,我朝有八宗",可见自创立初期八宗就是敕许,作为正统宗教与王法相辅相依,并承担着护国重任,念佛融入八宗体制之内,只有无法忍受显密佛教实践,作为"方便"[2]的修行,才允许其存在于社会。因此原则上来说,即便念佛作为诸行之一被认可,若有想要树立与八宗并列的"一宗"或是有导致八宗衰微的行为,必须马上被禁止。

由此可见,佛法王法相依论中,八宗承担着护国重任,作为其代偿,王法给予其敕许权力,确立八宗的正统性和在宗教界之中的特权地位,并承担着保护八宗的职责。与此同时,八宗要求禁止其他无敕许权的新兴宗教。因此,这里与"王法"相依的"佛法",并不是像初期的佛法王法相依论那样指的是个别特定寺院,而指的是八宗,即正统佛教的既成佛教总体。佛法王法相依论到了院政时期,背负着克服诸宗私党对立、排除新兴佛教的使命。诸宗在"融合理论"和"八宗意识"的基础上构建新的秩序,这一点已经十分明确。

针对上述观点,可能会有人反对,认为"兴福寺奏状"的佛法王法相依论,是由"八宗同心的诉状"的特殊性所规定的,不可以将此类型的理论作为一般性论述。但是,这并非特殊的理念,兴福寺的最大对手山门大众要求停止专修念佛,而于贞应二年(1224)兴福寺上奏的解文中,有以下记载:

---

[1] 日本思想大系《镰仓旧佛教》,第315页。
[2] 同上,第316页。

可被停止一向专修滥恶,兴隆护国诸宗事。

右,佛法王法互守互助,喻如鸟二翅,犹同车两轮,(中略)

望请恩裁,被停止一向专修,兴隆八宗教行者,佛法王法,成万岁之昌荣,天神地神,致一朝之静谧。[1]

从佛法王法相依论的立场来看,"佛法"的振兴是"王法"昌荣的前提,这里的"佛法"指的是八宗,谋求"八宗教行"的兴隆是拥护"佛法"的具体内容。这种佛法王法相依论在之后的中世也一直存在,旧佛教徒在既成佛教遭遇危机的时候反复提倡。尤其是在镰仓后期,念佛、禅宗急速发展的日莲各宗,不断接近公武政权,侵蚀着佛法王法相依的既有秩序,在这种情况下佛法王法相依论作为阻止其发展的论据被频繁使用。

举个例子来说,应安元年(1368)的山门奏状中[2]称"八宗之外,私立禅宗号,称净土宗""杂行徒类,放逸邪禅",要求禁止其发展。天台宗元信在批判日莲宗的《破日莲义》中提到:

凡弘宗宗法门事。为王体安稳宝祚延长。为天下太平海内静谧也。故诸宗悉蒙敕许弘传之者也。若无敕许者。何成国家镇护之一宗耶。日莲所立法门、(中略)不蒙一仁敕宣。并下辈之妄说也云事。遍将之旨既明白也。[3]

这些都在强调,只有八宗也就是既成佛教是得到敕许建立起来的正统佛教,并批判未经敕许就建立起来的新宗派,试图守护自身在宗教界以及世俗界的权利。

因此,佛法王法相依论原本是个别寺院向国家政权要求保证不干涉寺家以及领土统治的理论,但从 13 世纪初期开始,有着共同阶级利益的

[1] 《镰仓遗文》五,3234 号。
[2] 辻善之助《日本佛教史》四,第 301 页。
[3] 《大日本佛教全书》九七,第 37 页。

权门寺院全体携起手来排除异端,保全自身权益。

下文中,将前者的佛法王法相依论称为第一型,后者则称为第二型。

三、中世国家与佛法王法相依论

1. 两种类型的佛法王法相依论

我在上一节中论述道,第一型佛法王法相依论原本是从个别寺院立场出发的理论,但从 13 世纪初期开始,取而代之的是包括"八宗"在内的传统佛教总体、主张与国家相辅相依的第二型佛法王法相依论,并逐步在旧佛教界确定下来。但是,即便是第二型佛法王法相依论形成以后,镰仓以及中世初期第一型佛法王法相依论也并没有完全消亡。

贞应元年(1222),太政官符所收的传灯法师良印奏状[1]中提到,以前对高野山领属庄园进行没收和限制,这是触犯了"地主明神"之怒,必定引起"玉体之不予""天下不净"。相反,若归还寺领、修缮大塔,则"国土安稳、人民丰乐"。因此主张"朝家之为朝家,是我山卫护之力也,我山之为我山,亦朝家崇重之故也",强调高野山与统治阶级不可分割的关系。此外,13 世纪 60 年代,围绕建立园城寺戒坛而产生的延历寺与园城寺的纷争中,山门一方站在与王法相辅相依的立场上,主张"若夫被弃山门之人法者,其奈国家之安否"[2],要求停止建立园城寺戒坛。对此,园城寺认为当寺为"镇护国家之灵城""百王镇护之胜地",并引用《智证大师御记文》:"予之法门,附属国王大臣于此法门,若忽诸者,此寺破坏,灌顶断绝,寺破法灭,国土衰弊,王法减少。"[3] 推测形成于镰仓后期的《延历寺护国缘起》[4]中也认为"天子本命道场者独在我山""镇护国家道场者偏留睿岳灵崛",而保元之乱、承久之乱等

---

[1] 《镰仓遗文》五,2959 号。
[2] 同上,十二,8869 号。
[3] 同上,十二,8869 号。
[4] 《大日本佛教全书》一二六。

对于山门大众来说是"无法之禁制",并引用了假托最澄所撰《山家本记》中的一句话,呼吁尊崇山门:

> 王城事家光土。山门理家光土。事理和融持佛法王法。设城与山。如车二轮。如鸟二翅。一欠所(不)可。

这里我们所看到的佛法王法相依论并不是主张既成佛教与国家权力之间关系的第二型佛法王法相依论。金刚峰寺、延历寺等个别有权势的寺院排挤别家寺院维护自身利益,很明显是属于第一型的佛法王法相依论。并且,这种理论在整个中世频繁出现。

上文中我提到以 13 世纪初期为转机,出现了与第一型佛法王法相依论有着不同特质的新型理论——第二型佛法王法相依论。但是,在第二型佛法王法相依论定型的镰仓时期以后,第一型佛法王法相依论依然存在。我们从延历寺的例子中可以得知,即便在同一个寺院中,这两种理论也可以并存且区别使用。

那么,我们又该如何解释这样的历史事实呢?

2. 中世理论的佛法王法相依论

如上所述,诸官寺在失去了国家的直接财政援助后,努力建立新的经济基础,强化一元统治。但是,在这一过程中,国衙为确保官物,阻止庄园的发展,各个寺院也不得不与试图扩大庄园领地的近邻领主产生激烈的斗争。尤其是山门与南都之间,不仅在领地支配权的问题上争斗,对佛教界盟主地位的争夺也是异常激烈。在这样的背景之下,各寺院极力标榜佛法王法相依论,主张自身承担着护国的重任,为了自己宗派的利益不断地进行着抗争与上诉。

从平安末期开始,这样动乱的社会局势就给各个宗教领主带来了深刻的危机感。加之平氏的专权以及权门对既有宗教秩序的反对,其后兴起的法然宗与禅宗,都对积极追求自身利益的权门寺院造成了极大的冲击。旧佛教徒,不仅仅是庄园领主,同时也是国家的精神支柱。他们此时深刻体会到各寺院作为正统护国佛教有着共同的利益,应站在同一立场之上,重新认识到了各个寺院团结应对危机的必要性。至此,佛法王法相依论也发展成了与反映个别寺院直接利益的第一型佛法王法相依论相对的、主张既成佛教与国家权力之间关系的第二型佛法王法相依论。

但是,不论各寺院如何强调诸宗的融合,私有权力的各寺院之间存在的基本对立是不可能完全消解的。旧佛教只有在既成宗教秩序中的领头位置以及其自身庄园体制受到威胁时,诸宗才为确保自身权益而联合起来。在庄园体制之下,它们仍旧为了自己的利益而进行着激烈的斗争。

换言之,各个有权势的寺院既是独立进行领域支配的宗教领主,同时也作为国家全体的精神支柱祈祷着国家安宁,并且在统治体系中占有一席之地,构成了国家权力的一环。因此,在中世期独立宗教领主为确立其基础而奔忙,试图扩大自己的领地。至 12 世纪后半期,有权势的寺院间的对立凸显,体制存亡的危机不断加强,又开始强调寺院的护国功能,并向着相互融合协调的方向迈进。但是无论如何强调后者的护国与融合,前者的私有领主这一面绝不会消失殆尽,而只是一种潜在的存在,可能视状况而时常浮现出来。

这样看来,我所提出的两种类型的佛法王法相依论,与上述中世权门寺院的两面性,恰恰是相对应的。各个寺院作为以庄园制大地主所有制为基础的宗教领主,背负着强化支配体系和追求私有利益的宿命。但是这些寺院想要在庄园体制下持续自身支配、追求自身利益,若是没有了意识形态的支撑,则一定会造成八宗体制、显密体制的崩坏。因此,各寺院竞争不管多激烈,为了防止造成体制破坏的残局,仍然极力强调着各个宗派之间的和谐。12 世纪末期,各寺院摸索存续之路,即便是第一型佛法王法相依论消失了,第二型佛法王法相依论取而代之强调诸宗共存,但其后第一型佛法王法相依论仍然会偶尔出现,这是由庄园体制下权门寺院的两面性所决定的。

综上所论,我们可以得出以下结论——第一型、第二型佛法王法相依论是一个中世的理论,它与各寺院彼此既有矛盾又保持着动态的紧张关系、两者并存的庄园体制相适应。因此,这两种佛法王法相依论即便有时一方被潜在化,但是从国家与宗教结合的原理来看,这两种理论在整个中世时期是并存的。

结语

以上我对中世佛法王法相依论的形成和发展进行了考察,并且论述了这项理论于 11 世纪定型,伴随着庄园制社会的发展,不断向中世寺院转变,由各个显教与密教的寺院提出并且理论化。因此,依据我在序言中提到的关于这个理论的两种说法,我认为诚如黑田俊雄氏所说,这是一个中世性概念。

进入镰仓时期之后,其内容与机能都发生了新的变化,并与之前的佛法王法相依论并存。这两种类型的佛法王法相依论正如上文所论述,并不能只重视其中一方,或者片面论述其变化甚至变迁轨迹。而应该重视这两种不同的佛法王法相依论的并存之中私人宗教领主的存在。同时,应该看到该理论的宿命在于,能够使寺院在统治体系之中占有一席之地并且作为意识形态的支柱而存在,也应该看到此时各个权门寺院的生存独立的样态。

以前的研究,无论将佛法王法相依论视为一个古代理念还是中世理念,都没有完全从这个理论自身的多样性来进行考察。我认为引入这样的观点,就能够比较充分地了解其特质与历史定位。

上述两种类型的佛法王法相依论,作为中世的概念,在进入中世后期以后,随着政治权力的变化以及宗教界秩序的变动而极大动摇了,其中衍生出了多样的理论,基本上都是在国家政权与权门寺院联合的原理之上存续的。到了战国末期,延历寺、高野山等权门寺院屈从于统一政权,失去了其存在的社会基础,并且最终消亡殆尽。此后,即便是有谈及佛法王法的言论,其内容也与中世的佛法王法相依论截然不同。

第三章　废佛毁释的历史意义

序言

著名的《方丈记》作为中世时期隐士文学的代表,其中的"无常观"至今时常被人提及。《方丈记》的前半部分,为了表现现世价值的虚无、短暂、无意义,列举了当时世上种种不可思议(即末世)的乱象。其中,记载了养和(1181—1182)时代的如下事件。

> (身份卑微的农夫和樵夫也都尽了力,)连木柴也开始渐渐缺乏。无依无靠的人就把自家房屋摧毁,将木头拿到市场上去卖,据说一个人拿去卖的钱都不够活一天。还有更荒谬的事,因为在这些木柴中,有涂着红色颜料,还有金箔银箔的木材混杂其中,经调查发现,据说是一些走投无路的人去古寺庙偷了佛像,将佛堂中的佛具破坏后拿走,切割打碎后卖出。[1]

此外,在《玉叶》文治元年(1185)十一月十六日条,[2]以及文治二年的后白河院厅下文[3]中,也可以看到与之相同的记录。从这些记录中可以得知,在平安末的内乱时期,有一部分人肆无忌惮地破坏佛像和堂舍,并将其作为木柴售卖。而且,这种"毁佛"的行为在中世以后的史料中也曾多次出现。

---

[1]　日本古典文学大系《方丈记 徒然草》,第30、31页。
[2]　国书刊行会编《玉叶》三,第115页。
[3]　《镰仓遗文》一,85号。

关于平安末期盛行这种"毁佛"行为的原因，以前的解释认为，伴随着古代律令制国家的衰亡，奈良兴福寺和比叡山延历寺的护国佛教（古代佛教）也开始颓废、世俗化，丧失了其宗教权威。而所谓的"僧兵"扩张和大寺院之间斗争的激化，以及寺院的荒废、全心修学的衰退等类似现象，增长了人们对既成佛教的不信任感，渐生轻视佛教之风，便有了如此行径。

但是，最近的寺院研究史已经明确，11 世纪时，作为国家寺院的古代寺院迎来转机。这个时期，它已经转变为以庄园制的大土地所有制为主要经济基础的中世寺院。[1] 各个官寺（社）在律令国家的消亡所带来的国家供给断绝的危机下，努力收集可确保新的财政来源的寺院领地庄园，同时也在逐步完善贯彻其支配的统治体系和收取机构。甚至以"寺奴理论"与"严禁杀生的意识形态"为代表的宗教意识形态正当化对居民实行统治。[2] 而且，这些寺院并非各自进行独立的庄园统治，而是通过以庄园体制为基础的"职业体系"和僧纲制、佛法王法相依论等媒介，在制度、思想层面达成相互共存以及与国家的和谐状态。[3] 平安时代后期，也有言论称佛教与国家权力完全结合并形成强调其正统性的宗教体制。[4]

---

[1] 相关论文较多，请参考网野善彦（《中世东寺与东寺所领庄园》东京大学出版会，1978 年，第 3 页）与细川凉一（《中世唐招提寺的律僧与斋戒众》，《历史学家》89 号，第 1 页），另外，虽然论述了作为中世寺院存在基础的庄园其他的劝进活动与交通体系，然本章未论及其中的问题。

[2] 关于庄园领主"寺奴的理论"等的意识性束缚，可参考以下文献资料：石母田正《中世世界的形成》（东京大学出版会，1957 年）；河音能平《中世形成期的农民问题》（《中世封建制形成史论》东京大学出版会，1971 年），同《王土思想与神佛习合》（《岩波讲座日本历史》古代四，1976 年）；平雅行《中世异端的历史意义》（《史林》63 卷 3 号）；黑田日出男《庄园制的神祇统治与神人、寄人集团》（《庄园制社会与身份构成》校仓书房，1980 年）等。另外，关于作为庄园制统治意识形态的本地垂迹思想，可参考以下文献资料：黑田俊雄《庄园制社会与佛教》（《日本佛教史》二，法藏馆，1967 年）、岛田锐二《封建制形成期的意识形态》（《讲座日本史》二，东京大学出版会，1970 年）。关于禁止杀生的意识形态可参考以下资料：小山靖宪《围绕庄园制领域统治的权力与村落》（《日本史研究》139、140 号），同《初期中世村落的构造与作用》（《讲座日本史》二）；伊藤清郎《对石清水放生会的国家地位的考察》（《日本史研究》188 号），同《中世前期的石清水八幡宫的权力与机构》（《文化》40 卷 1、2 号）。

[3] 本书第一部第一章，第 16 页注 2 伊藤清郎的论文。

[4] 黑田俊雄《中世显密体制的发展》（《日本中世的国家与宗教》岩波书店，1975 年）。

梳理以往的研究，必须要从根本上重新审视目前佛教史研究界的定论，这种定论将平安末期的旧佛教教团视为极度衰颓的古代寺院的末路，终将被新佛教取代。然而这个时期，古代以来的大多数寺院，已经作为中世寺院获得了重生，它们一边极力标榜强大的暴力装置和宗教意识形态，一边凭借压倒性的权威在民众前威风凛凛。[1]　不管怎样，必须对以以往的研究结论为前提构筑的中世"毁佛"的历史意义相关学说重新进行彻底的研究。

本章将以上述问题意识为前提，依据以上的先行研究，考察"毁佛"行为在中世，特别在中世前期具有怎样的意义。同时，通过这项工作，探讨所谓镰仓新旧佛教的终极思想是怎样被当地居民接受，又具备什么样的历史作用。

一、庄园制统治与神佛

从 11 世纪开始，国家几乎废除了对寺院的直接援助。各个寺院竞相"圈地"扩张自己的庄园，努力完善与之相对应的统治体系与收取机构。这项尝试获得了成效，依靠成功构建独立的土地统治机构，中世的寺院神社得以重生。再看看以庄园为主要基础的中世权门寺院与民众的关系，它与完全依靠国家支配、几乎与民众没有联系的律令体制下的寺院不同，中世权门寺院的特点就是不经过国家权力，与居民直接联系。换言之，古代寺院所需的必要费用是经由国家征收、再通过国库发放给寺院。而中世的寺院僧侣已经不能只在寺院专心修学，他们必须作为庄园领主，直接从自己领域范围内的居民手里征收各种费用。

因此，各寺院由古代向中世的转变过程中，都不得不采取各种对策，以实现稳固安定的庄园居民统治。应对这一难题，它们所想到的解决方法就是构建宗教意识形态，给自己的统治赋予意义，以掌控统治下的庄园

---

[1]　黑田俊雄《中世寺社势力论》(《岩波讲座日本历史》中世二，1975 年)，同《寺社势力》(岩波新书，1980 年)。

居民。

在中世成立期，很多寺院制定了记载它们由来的"缘起"，强调佛是其领地的主权者、守护者，并在这些佛的名义下圈划邻近土地，倡导其土地统治的正当性和俗世权力的不可侵犯。[1] 此外，规定将庄园居民上交的年供、赋税作为对寺院本尊的佛、菩萨等的供奉。因此，在为其掠夺行为赋予宗教意义的同时，反抗寺院也被视为对神佛的敌对行为而受到惩罚，这种"佛奴""神奴"的相关理论，自石母田正以后也有几篇先行研究。[2]

本节拟在先行研究的引导下，思考实现庄园制统治的神佛的意义。

永历二年（1161），纪伊国中从事国衙实务的地方官僚陈状所记载的高野山大传法院所司诉状中，叙述了高野山是"日本第一佛土"的由来，指责当任的国守代理人和地方官僚们非法率领大量军兵闯入寺院领地的山崎庄园内，"损毁大量农田，掘毁永代佛领"[3]。如上所说，中世的寺院将佛神作为领地主权者、守护者，其统治领域被视为神圣不可侵犯的"佛土""神土"。中世寺院神社领地的庄园将它们寺院神社的本尊和守护神、祭神等命名为"菩萨化身之神的领地"[4]（熊野本宫）、"大明神之领地"[5]（高野山）、"大佛之领地"[6]（东大寺）、"明王领地"[7]（近江、葛川庄）等称呼，这也明显反映了它们的理念。并且由于这些庄园是神佛君临的圣地，所以规定居民的年供、赋税不仅仅是上缴给领主，也是供奉神佛的宗教行为（"供养大佛"[8]东大寺）。

因此，基于这样的理念，如果庄园官吏和农民等人企图对抗寺院，或是有各种不合理行为，则被视为是对守护寺院领地之神佛的敌对行为。

---

[1] 参照本书第一部第一章，第 13 页注 2。
[2] 参照第 58 页注 1。
[3] 《平安遗文》七，3153 号。
[4] 《熊野本宫古记》（《续群书类从》三下）第 585 页。
[5] 《纪伊国大传法院住僧等解案》（《平安遗文》九）第 3720 页。
[6] 《东大寺五师解案》（《镰仓遗文》二）第 386 页。
[7] 《僧贤秀陈状案》（《镰仓遗文》四）第 301 页。
[8] 《心阿弥陀佛书状》（《镰仓遗文》三）第 63 页。

延久四年(1072),确定石清水八幡宫寺领庄园的太政官牒中有关于宫寺一方的记载,以下为其引文:

> 检旧记,别宫国家镇护之砌,奉安置大菩萨御体,奉修神事,爰旧司寄人他行之后,无相传庄严之人,然间乡中比年旱魃病患以已无绝,仍住人等祈祷之处,去治安三年六月五日,御托宣言,我是八幡垂迹别宫,而住人不成其勤,因之我所致之,祸难也云云,其后住人奉显御体,造立神殿之后,五谷成熟,乡土安稳。[1]

元应二年(1320),针对不断侵犯寺院领土的行为,东大寺的定忠写道:

> 三宝物互用尚依违施意,得无量罪,何况于为底下卑贱之凡人,犯用佛陀施入之断物哉,罪定沈深底报宁免无间乎,见闻之缁素谁不恐乎。[2]

基于这种理念,对侵占寺院领土、拒不上缴年供与寺院作对的居民,领主恫吓其行为是"无视神之旨意"的暴行,会受现世和来世惩罚的"五逆之同类,无双之罪业"[3]。对仍不放弃反抗的农民,在他们的住宅和田地立上神木,拉起界绳进行封锁、扣押,同时还念咒,祈求神佛惩罚这些"佛敌",甚至由巫女代替神佛对其执行刑罚。

由此可知,神佛作为中世拥有寺院神社领地的庄园主权者、守护者,对隶属于其庄园中的全部交清年供、赋税的人,给予极大利益和保佑,反之,对企图反抗寺院神社的人进行严酷的惩罚,展示其绝对权力。权门寺院神社借神佛的名义,为它们的统治和掠夺赋予宗教性意义,努力将居民

---

[1] 《平安遗文》三,1083号。
[2] 《东大寺要录》(《续续群书类从》十一)第31页。
[3] 《圣舜书状案》(《镰仓遗文》六)第204页。

们控制在庄园制统治的底层。

平安末期出现在民众面前的寺院神社，早已不再是古代的佛教末路，如上所述，各寺社已经建立了独立的统治体系和收取机构，完成了中世寺院神社的蜕变，成为作为独立的宗教权贵而重生的强大统治者。因此，各寺院神社的主佛和守护神们，不仅是被信仰的对象，也因为有着极大的奖罚权而支配着居民的精神和肉体，在民众中大行其道。

以宗教权威为背景的统治，不仅见于寺院神社领地的庄园，在天皇家和摄官家的庄园中也屡见不鲜。南都北岭的奈良兴福寺和比叡山延历寺，以及敕愿寺、氏寺等领家庄园中这种例子也屡见不鲜。除此之外，庄园的中央也一定附设有保护庄园的镇护寺院神社。另外，权门寺院与天皇家、摄关家通过人际交往等方式相互保持密切联系，根据佛法王法相依论，王权依附神佛的权威，将两者共同构建的庄园制统治秩序，视为应该被神佛之威力镇护的对象。[1]

诚然，庄园制统治即为宗教统治。

二、农民战争与神佛

领主们企图通过拥立神佛权威贯彻领地统治，而居民们绝不会顺从地接受领主的理论，也不会心甘情愿地隶属于权贵的寺院神社、服从其不断强化的掠夺行为。他们从庄园制成立时开始，便再三请求减轻负担并进行各种斗争。此时，对抗庄园领主宗教统治的反抗理论和形态，我认为可大致分为两个方面。

其一，承认君临庄园的神佛权威的同时，反向利用其权威来阻止领主的肆意掠夺，甚至想进一步达到减少年贡及赋税负担的目的。

元久元年(1204)，东大寺领地内伊贺国黑田庄的百姓们，向寺院提交了一纸诉状，要求修改非法公文。诉状指出，公文中夺取名田、不处理

---

[1] 黑田俊雄《中世显密体制的发展》(《日本中世的国家与宗教》岩波书店,1975年)。

公务的行径,不仅让百姓苦不堪言,也是"寺院的损失""大佛的怨恨"。此外,还表达了他们的决心,即如果他们的反对意见不被采纳,便会"挟持要员,在大佛前进行集会,罢农",并放弃田地移居他处。[1]

大约十年后的建历三年(1213),由于寺领伊贺国玉龙山被信乐庄住民非法侵入,东大寺在其诉状中如此写道:如果信乐庄不停止其"残暴"行径,居民就会"将斧头木锛扔在大佛前,立刻停止一切寺院赋役","可能会导致寺院领地灭亡"。[2] 该诉状为五师三纲联署,采用了向上级禀告的文体形式。由于同时进呈了庄园方面的诉状,可以推测上述理论也参考了玉龙庄民的要求。

从这些例子中可以看出,庄民们在承认对领主东大寺所负担的年贡和赋税是对大佛的宗教性供奉之外,也说明了正因如此,代官的非法掠夺和近邻领主的非法入侵给维持神圣的供奉的庄民们带来了贫困,无法完成寺院赋役,最终导致寺院退转,并请求东大寺给予他们保护和认可。庄民的这些主张乍一看,是全盘接受东大寺极力标榜的"大佛领有"和"寺奴理论"的宗教束缚,并且完全沉浸其中。但我们应该注意到,在以此为前提时,他们并非接受"寺奴"全身心隶属于如同领主的大佛即东大寺的理论,而是已经强烈地意识到,他们自己才是接受大佛的祝福、支撑寺院继续存在的主体。他们向统治者要求必须首先保证他们的土地。这一点值得我们关注。[3]

中世成立时期的农民们,通过提出如此理论并利用神佛权威,抑制了寺院的不正当掠夺,或者说是在对抗居住地领主的非自由民化=下人化的同时,动摇了庄园领主的统治,排除了邻庄居民对农业生产不可或缺的山野用水的干涉行为,确保了使用和收益权。最终,在各地形成庄家的起

[1] 《镰仓遗文》三,1477 号。
[2] 同上,四,2033 号。
[3] 关于这个问题,丸山幸彦在《庄园领主的统治构造变质》(《日本史研究》74 号)中指出,近江葛川的居民"为了守护自己的权力,把身为明王的'奴'作为自己的盾牌,并积极强调这一盾牌",意识到"奴"并且将其视为对自己有利,这种态度是否定"奴"、脱离这一地位的第一步。

义暴动时，农民们在庄园统治的宗教象征——庄镇守前，一齐以签署誓约书、饮神水的形式宣誓，确定了一致团结不退缩的决心。[1] 从中同样也可以看出，寺院积极利用现有神佛来使自己的行为正当化。

农民们并非仅仅利用领主们以神佛强化统治的理论进行反击。他们也常常积极主动地与这些神佛建立联系，通过成为佛奴、神奴来扩大自己的权益。

在《中世世界的形成》一书中，石母田正描述了伊贺国黑田庄的东大寺和国衙之间的对立。石母田正认为国衙以居住地为基础，对农民实行统治的"领地的法理"和"中世的理论"密切相关。与之相反，他认为东大寺企图直接进行人格统治的"寺奴理论"是"古代的理论"。于是得出了东大寺从本免田二十五町的庄园里侵略了约三百町公田，实现一元统治的过程是"古代的胜利"这一结论。

这里重要的一点是，石母田氏指出，公领地的居民主张公地归东大寺管辖，拒绝国役，还有公民以与庄民的"因缘"为理由摆脱公民身份，这样的农民运动体现了那个时期东大寺和国衙的斗争趋势。[2] 公领地居民为了逃离国役，成为东大寺的寄人＝寺奴。另一方面，黑田庄的农民们也主张自己是东大寺的寄人，去公领地耕作，拒绝国衙要求的各种赋役。这样一来，他们主动地将权门寺院寄人化，在利用庄园和公民对峙的同时，企图"借庄家的权威"减轻负担和扩大权利，不仅仅是黑田庄，这一形式是中世成立期农民斗争中最具代表性的形态。

而且，这种斗争形态并不仅限于农民。

建久七年（1196），大江良永向东大寺提交的誓约书中有以下记载：

> 右，大江良永立申（誓约书的）意趣者，南都昼夜往反之间，于道路不虑外僻事出来之故，为妨其难，兴福寺西金堂寄人罢入事候，然

---

[1] 小山靖宪《围绕庄园制领域统治的权力与村落》（《日本史研究》139、140号），千千和到《中世民众的意识与思想》（《一揆》四，东京大学出版会，1981年）。

[2] 石母田正《中世世界的形成》，第80、81页。

而此条东大寺御方颇无谓之由,有御沙汰云云,承警即后悔,辞退彼寄人毕。[1]

良永从很早以前就受到所属东大寺的严格批评,最后辞了西金堂的寄人,但此时为了获得寄人在交通上的特权,有助于营业,因此又主动申请成为寄人。如网野善彦指出,被叫做"散所"的人中,也有希望通过缔结与神佛之间的"主奴"关系获得特权的人。[2] 正是因为中世民众有如此广泛的动向,所以对国家权力而言,如何阻止拥有权门势力背景的"庄民暴行"和"反对国务"行为,限制"神人""神民"的人数,成了一个非常重要的课题。

但是,上述利用神佛权威的民众斗争,基本上还是国家承认的合法行为,不可能对其进行全面禁止。即使在誓约文上签名、提交申请书后又毁约,只要交完年贡,履行正当手续,就会得到允许。[3] 而且,即使是对权门寺社的寄人化,只要人数在一定的范围内,也可以得到允许。

关于允许这种形式的农民运动存在的原因,我认为在于中世百姓的"来去自由"理念广泛流行,也与中世国家提倡的"抚民""公平"理念有关。[4] 由于标榜这样的理念,中世的统治权力限制了个别领主的肆意强压性统治,保证了农民阶层再生产的维持。

但显然,只要农民斗争以统治者采取的"抚民""公平"理论为前提,以现有的神佛权威为基础,无论斗争看上去如何的扩大化、尖锐化,也不会否定神佛的宗教权威和既成秩序。[5] 也就是说,这样的斗争,不过是在以神佛的威势为背景的庄园制统治的前提下,在其秩序内的经济斗争,不可能会发展到推翻体制本身。事实上,中世前期的毁约式反抗运动的

---

[1] 《镰仓遗文》二,858 号。

[2] 网野善彦《中世前期的"散所"与给免田》(《史林》59 卷 1 号)第 27 页。

[3] 入间田宣夫《逃散的方法》(《日本中世的政治与文化》吉川弘文馆,1980 年)。

[4] 羽下德彦《领主统治与法》(《岩波讲座日本历史》中世一,1975 年),吉良国光《庄园制统治的特点与变质》(《九州史学》59 号),入间田宣夫《中世国家与一揆》(讲座《一揆》五,1981 年)。

[5] 吉良国光上揭论文。

目的,仅仅是为了更换非法代官和减免年供等,当取得一定成效时,农民们又会重归旧庄园制秩序。即使是对权门寺社的寄人化,因为在庄民中设定了特权阶层,某种程度上也有助于领主分而治之。从这种意义上来说,不可否认,以现有的神佛权威作挡箭牌的农民运动,保证了庄园体制的存续。

如上所述,除了合法抵抗宗教统治的运动以外,中世还有另一种形式的斗争。与肯定现有神佛的运动不同,这种斗争是破坏佛像、放火烧佛堂佛塔,切断界绳、拔掉神木的斗争行为。这是和前者形成鲜明对比、已经不是局限于既成理念和秩序范围内的斗争,而是攻击、否定由庄园体制构建的宗教统治本身。因此,这种行为被当权者视为彻底的非法行为,遭到严格禁止。

关于这种形态的斗争,我想在下节探讨。

三、专修念佛与诽谤诸佛

上节指出,农民对抗庄园体制下的宗教统治的斗争,有两种手段,一是利用现有神佛的权威,一是正面否定神佛的权威。但是,对于中世的民众来说,神佛的重要性过大,不可能简单地否定其本身的存在。因此,中世时期特别是在其成立初期,主要是以前者的斗争形式为中心,后者只是偶发行为。

尽管如此,农民阶层获得了成长、发展,随着他们不断加强团结,其斗争也逐渐扩大化、尖锐化,斗争的矛头也从所在地代官转向中央的庄园领主本身。在这种情况下,无法否定神佛存在的中世民众,反抗庄园领主借宗教权威做挡箭牌实施其统治。为了获得最大的成效,最重要的是必须寻求某种精神支柱,取代领主赖以生存的旧有神佛权威。农民们采取的方法就是放弃镇护庄园的神佛,皈依于新的宗教权威。借此,他们才能从君临寺院神社的神佛诅咒中完全解放。

在此我想起了旧佛教对法然专修念佛的批判。

藤原兼长日记《三长记》建永元年(1206)六月条,内容如下:

> 专修念佛事,源空上人门弟等一向劝进之间,还诽谤诸宗,于余行者非出离要之由,遍称之,因兹佛法可及衰微。[1]

该内容记载了兴福寺信徒们以此为理由要求停止念佛。日莲的《念佛者追放宣状事》引用了念佛者的以下主张:

> 净土三部之外可弃置众经。称名一行之外可废退余行。矧于神祇冥道之恭敬哉。[2]

这些都是皈依专修念佛的人们排斥阿弥陀佛和净土三部经以外的诸神佛和诸经,将它们视为应该"弃置"的无意义之物,这最终将导致人们放弃信仰现有神佛。据此,反对者批判法然宗为"诸宗教衰微之基"[3]"佛法的怨敌"[4]。基于这样的理论来排斥念佛的例子,在镰仓时期不胜枚举。

这种情况下我们必须注意,旧佛教对专修念佛"诽谤诸佛诸经"[5]"蔑视神明威德"[6]的批判,绝非仅仅指念佛者对其他佛、其他教的理论批评。

无住的《沙石集》在"净土门的人轻视神明而受罚之事"标题下,收录了以下一则有名的故事。

镇西的一个地头皈依了净土宗,在其领地内对某神田进行土地调查,没收多余田地。社僧、神官对此十分气愤,威胁、诅咒地头必须返还没收

---

[1] 《史料大成》二十五,第284页。
[2] 《昭和定本日莲圣人遗文》三,第2258页。
[3] 同上,三,第2267页。
[4] 同上,三,第2269页。
[5] 《史料大成》二十五,第250页。
[6] 《昭和定本日莲圣人遗文》三,第2258页。

的土地。但地头却公开说:"随你诅咒去吧,净土门的修行者,神明等人随你怎么想。"根本不予理会。当社僧、神官开始诅咒,地头不一会儿就染上恶疾,狂癫致死。[1] 在《沙石集》这本书中,还记载了念佛全盛期时,"别佛别经都是荒诞,不是将法华经付诸东流,就是用地藏菩萨的头磨蓼草"的故事。[2]

包括旧佛教徒在内的当时的统治者们认为,专修念佛不仅使皈依之人失去对旧神佛的信仰,也鼓动信仰者们做出毁佛毁神的行为。这就意味着,权门领主将反抗自己宗教统治正当化的专修念佛当作极其危险的思想。

我想通过具体地分析庄园领主的念佛批判理论,来明确旧佛教一方的危机意识。

建保五年(1217)的山门解状中,曲解了教义的专修念佛人认为,无论怎样的恶人都能往生,因此,他们到处宣扬"如果想生活在净土,就应该适当地做一些恶行",受其教化的人,掀起"丢弃多年铭记的经卷,不再拿起,一生侍奉的佛像,忌讳而不再拜"的风潮,因为各地频繁发生"农夫田人"的暴行,因此诉状中谴责他们为"佛门怨敌""国家的盗窃者"。[3] 贞应三年(1224)的奏状中写道,皈依念佛的人公然说"即使诽谤诸经诸佛,并非是净土的业障,只要一声十声地唱经,就一定能实现往生",并做出"对释迦、药师等的尊容不使用恭敬语,把法华、般若等经卷夺来投进猛火"等的行为,指出这种念佛者的言行会招致"凌辱诸宗,我朝衰微"。[4]

此处旧佛教所说的念佛者攻击的诸佛诸神,不仅仅是信仰的对象,也是上一节论述过的君临庄园、统治庄民、行使奖罚的寺院神社的主权者、守护者。因此,对这些神佛的"一生侍奉",不仅意味着精神上的皈依,更是指作为"佛奴""神奴"住在神佛统治下的圣地,上交年供和赋税的

---

[1] 日本古典文学大系《沙石集》,第83—89页。
[2] 同上,第86页。
[3] 《镰仓遗文》四,2315号。
[4] 同上,五,3234号。

行为。

但是,皈依专修念佛,农民们不仅失去对神佛的崇高敬意,甚至产生了敌对行为。这对于旧佛教者来说,无疑是对一直侍奉着神佛的拒绝＝对抗行为。同时,他们认为农民信徒们不惧神佛的行为,是对以神佛权威为意识形态的庄园制统治的正面对抗。对念佛者是"佛门怨敌""国家的盗窃者"的谴责,如实反映了庄园领主对专修念佛者废佛行为的理解。

13 世纪初期开始,旧佛教团和专修念佛者之间反复发生的激烈斗争,不只停留在思想层面上的对立,对旧佛教来说,是关系到自己处于顶层的既有统治体系存亡的重大问题。[1] 正因如此,专修念佛者才会受到旧佛教鼓动国家权力的严酷镇压和迫害。

四、作恶无碍的历史意义

上节已经论述过,在皈依于专修念佛的农民中,有依靠阿弥陀佛的权威,诽谤其他诸佛诸神的倾向。如果将这种行为仅仅当作因皈依于特定佛门而否定其他神佛的表面现象,显然不行。为了明确专修念佛的历史地位,首先必须明确新旧佛教在思想上的差异。

如前文所言,旧佛教排挤专修念佛并非依据各宗的教义对专修念佛者进行思想上的批判,而是批判专修念佛者在肯定既成所有教行和神佛的立场上,只对一佛执着、排斥其他神佛的狭隘性。这种理念以及在此立场排挤念佛,是由于各大寺院神社同时是掌控国家权力的庄园领主,这是由中世时期权门寺院神社特有的存在形态所决定的。

---

[1] 关于这一点,黑田俊雄有言"因为(庄园制)社会的所有机构是被神佛加护的,所以一切反抗都是与神佛的对决",平安末期,"一向专修"是经法然理论化的念佛,与旧佛教对立。(《恶党与其时代》,《日本中世封建制论》东京大学出版会,1974 年);北西弘认为,真宗农民对神祇的否定与根据真宗教义的思想性否定不同,他们对寺社领地请来的神祇,采取拒缴年贡形式的"在政治经济关系上否定诸神事例很多"(《中世的民间宗教》,《日本宗教史讲座》三,三一书房,1959 年)。另外,最近有文献从这一视角考察专修念佛与旧佛教的对立:平雅行《法然的思想构造与其历史地位》(《日本史研究》198 号),同《中世异端的历史意义》(《史林》63 卷 3 号)。

中世时期,各寺院神社以独自的统治体系进行土地统治,大家都在努力扩大自己领地内的庄园和强化领土统治,必然会出现彼此之间的利益对立。事实上,寺院神社权门之间的激烈争论和冲突反复发生,在院政期达到顶峰。尽管如此,总体来看,中世时期各大寺院神社和天皇家、摄关家一样,官方保证了其拥有广阔的土地,作为肩负统治权力之一翼的宗教领主,他们与天皇、摄关家一样统治民众。这是无可争辩的事实。加之这些寺院以佛法王法相依论、僧纲制度等为纽带,实现了互相联合以及与王权的结合,它们超越了个体教团的利益,团结一致祈求统治体制的长久。另一方面,它们将其统治赋予宗教意义,肩负着作为整个国家精神支柱的使命。因此,无论各寺院神社怎样争斗,只要是在庄园体制内部,就绝不会否定敌对教团的存在根基。与其说这是为了调停个别领主之间的矛盾,不如说它们必须要从理念上极力强调作为正统宗教的各宗派的共存和融合。

在此意义上,旧佛教强调的诸佛并存的"融合之理论"[1],在庄园体制下发挥了重要作用。第一,让统治居民的不同宗派的寺院神社,拥有作为庄园领主=统治阶层的自觉,从而抑制了彼此的对立,促使其团结一致,顺利完成对民众的统治。同时,像专修念佛和禅宗、日莲宗等兴起,威胁到旧宗教的总体利益之际,该理论将旧佛教各宗团结在"八宗"旗下。另一方面,极力宣扬只有既成佛教"八宗"才是和"王法"密切融合、镇护国家的正统佛教,也依据这一理论要求国家禁止和废除新兴佛教。

第二,旧佛教倡导的"融合之理论"在不同的教行中设置了优劣次序,通过设定修行后获得不同的救济,将信奉称名念佛等"易修行"的民众纳入自己构建的多重宗教秩序中,将民众置于这一秩序的最底层。[2]

> 彼帝布政之庭,代天授官之日,贤愚随品,贵贱寻家。至愚之者,
> 纵虽有凤夜之功,不任非分之职,下贱之辈,纵虽积奉公之劳,难进卿

[1]　参照本书第二部第一章。
[2]　平雅行前揭论文(第 69 页注 1)。

相之位,大觉法王之国,凡圣来朝之门,授彼九品之阶级,各守先帝之德行,自业自得,其理之必然。而偏凭佛力不测涯分,是则愚痴之过也。[1]

如同在世俗界,低贱愚钝之人无论怎样精进也无法加入公卿行列中一样,往生净土的世界里,只信奉称名念佛的人也无法企及上等净土,只能甘于下等净土。上述《兴福寺奏状》中的内容,明确叙述了当时社会体制下该理念所起的作用。旧佛教模拟现实社会的身份结构,解释宗教的救济结构,借以说明称名念佛的作用是拯救处于宗教界下层众生的权宜之计。反过来,它们又强调只会念佛的无知下贱之辈在宗教界也只能处于下层,又从宗教层面将专修念佛信众在当时体制下只能处于底层这一事实进行合理化说明。

于是,旧佛教的"融合理论",从横向来看,权门寺社信奉不同的神佛、领有不同庄园而各自独立,该理论是统合权门寺院神社的原理。纵向来看,将信奉称名念佛等"易修行"的民众纳入自己构建的多重宗教秩序中,将他们置于最底层,为现实中阶级统治赋予宗教意义。在这样的理念下,无论形式如何,只要是诽谤神佛的言行,都被视为不可原谅的罪恶。

与此相反,法然和亲鸾都否定末法中诸神佛的存在意义,号召皈依于弥陀一佛,他们的思想蕴含了反对这种多层神佛体系的最激进理论。

法然和亲鸾倡导,在与此土有缘的唯一佛陀——弥陀面前,众生平等,无论任何身份、任何阶层的任何人,都可以通过唱颂弥陀本愿经而获得救赎。这种理念将所有宗教权威集于弥陀一佛,将借诸神佛权威统治居民的权门寺院神社所披的宗教权威的外衣剥脱下来。同时,向民众宣传在至高无上的弥陀面前众生平等,让处于社会底层的人们,意识到自己人格的独立,在他们想要脱离既成阶层的宗教、世俗秩序时,这一理念成为他们的精神支柱。

[1] 日本思想大系《镰仓旧佛教》,第314页。

但是,法然和亲鸾虽然倡导放弃诸佛、皈依弥陀一佛,专注于专修念佛可以让众生获得平等救赎,但这归根结底只停留在个人层面的宗教信仰,严禁信徒在现实社会中用这样的理论批判既有佛教、改革体制。因此,如何理解他们对其他宗派的"排除"和"容忍",以及如何使两者共存,现在观点不一。这些也并非本章要讨论的问题。

我想指出的是,第一,他们的思想,至少可以说是包含否定其他诸佛诸神的因素。第二,当该思想被接受时,否定诸神诸佛的因素被放大化,尽管祖师反复阻止,还是在各地发生了多起过激行为。第三,也是更重要的,皈依于专修念佛、诽谤神佛和造恶无碍之人,大都是在庄园体制下的被统治阶层,是被蔑称为"农夫田人"[1]"田夫野叟"[2]之人。

这些事实体现了专修念佛对于多数农民而言,是他们同实际阻碍他们的庄园制统治进行对决的精神支柱。镰仓时期盛行的诽谤诸佛和造恶无碍的言行,是农民们反对旧佛教教团的行为。旧佛教教团将供奉守护庄园的神佛行为视为"善",与之敌对的行为便是"恶"=罪业,以此维护既有的统治秩序。而农民们通过皈依专修念佛,从神佛的思想统治中解脱、获得自由,他们破坏象征庄园制统治的诸神诸佛,大力宣扬要为自身的解放开始新的斗争。[3]

镰仓时期的神佛诽谤和造恶无碍的言行,在专修念佛的门徒中,主要是农民等被统治阶级在进行。不仅是旧佛教,连他们的祖师法然与亲鸾也一直制止与谴责他们。可以看出,这些言行被视为无知民众对教理的曲解,或者说是伦理的颓废,它的历史意义并没有被充分承认。[4] 但是,尽管祖师制止,农民门徒们将念佛皈依作为精神支柱,奔走于毁神毁佛的

[1] 《镰仓遗文》四,2315 号。
[2] 《峰相记》(《大日本佛教全书》一一七)第 271 页。
[3] 古田武彦在其著作中认为,亲鸾所言"恶人",是指"以末法为根据的三时教的众生群体",尤其以"耕作农民"为主体,使其靠近具体的阶级。古田武彦的观点批判了旧佛教规定的"恶"的概念,在思考亲鸾思想方面,富有启发性(《关于亲鸾的恶人正机说》,《日本历史》95 号)。
[4] 赤松俊秀《关于亲鸾的情况》(《镰仓佛教研究》平乐寺书店,1957 年)第 49、50 页,笠原一男《亲鸾与冬国农民》(山川出版社,1957 年)第 318—319 页,北西弘《一向一揆的研究》(春秋社,1981 年)第 505 页。

行动中,我想这不是他们的无知和对教义的曲解,而是他们接受了祖师的思想中不拜别佛、不拜神祇的部分,并将其作为自己的思想武器。他们的这种主体性才值得我们挖掘。

这个问题与法然、亲鸾在宗教历史上的意义问题密切相关。

一直以来的观点认为,与轻视民众的国家佛教旧佛教不同,法然和亲鸾的"镰仓新佛教",是把百姓作为救济对象主体的"民众性"[1]宗教。但正如第一节的论述,伴随着古代国家的解体,面临财政危机的南都北领的各寺院神社,院政时期已经渐渐变成拥有庄园制土地的中世寺院神社。在该过程中,寺院通过僧人积极开展对逐渐独立的领主层和农民层的布教,把他们编为神人和寄人,并通过减罪生善名义奖励捐赠,将其编入自己的地盘中。如何将一直与自己无缘的民众纳入自己的地盘,在中世初期,对旧佛教而言,是关系到其存亡的重大课题。只有以某种形式解决这一问题,才可以实现旧佛教在中世的重生。旧佛教团体努力的结果,没有等新佛教出现,在平安后期就将佛教化为与普通百姓密切相关的存在,还影响了他们的宗教意识。这在平安后期的各种佛教故事及往生传说中可见一斑。

但不可忽略的是,包含僧人在内的既成佛教所提倡的"民众化""庶民化",本质上就是让民众和自己结缘,是将他们编入其宗教统治的一种手段。对民众来说与既成佛教结缘,无非就是在家守戒、供养神佛,或者将田地和一纸半钱捐给寺院。但如果剥去这种行为的信仰外衣的话,显而易见,是旧佛教让下层民众协助寺院确立与强化庄园制统治。而且,一旦服从于庄园体制下的宗教统治,想要从中脱离或者对抗,便被视为与神佛作对而受到诅咒和胁迫。

对此,法然、亲鸾的宗教思想中,有对这种形式的宗教统治最有效的对抗理论。皈依专修念佛的民众们,不顾祖师的制止坚持诽谤神佛,源于

---

[1]　田村圆澄《法然的宗教的成立》(《日本佛教思想史研究・净土教篇》平乐寺书店,1959年),藤井学《中世宗教的成立》(《讲座日本文化史》三,三一书房,1962 年),户顷重基《镰仓新佛教与其宗祖们》(《历史公论》1 卷 11 号)。

他们敏锐地察觉到在专修念佛理论中隐藏的变革现实社会的理论。通过皈依其中,他们看到了无论在世俗社会还是宗教社会都处于最下层的自己,以及获得解放的可能性。在此之前,民众只有无条件接受宗教教团同时也是庄园领主的寺院神社自上而下的统治,才能与佛教结缘。但他们通过专修念佛,首次获得与庄园制统治斗争的思想武器。镰仓时期毁佛和造恶无碍行为的流行,显示出用此思想武器奔赴战场的人数之多。

换言之,对中世的民众而言,旧佛教给予的信仰只不过是用来限制他们的宗教性束缚工具。而专修念佛的思想反而为民众提供了切断束缚的理论依据。近年来,有些论文指出不仅是新佛教,镰仓旧佛教中也存在"民众性"。[1] 但是,无论旧佛教怎样推进自己宗派的"易行"化和向民众布教,法然和亲鸾的"民众性",同旧佛教的"民众性"之间存在本质区别,这一点不容忽视。

结语

本章围绕中世的"毁佛",以中世前期为中心进行了考察。最后,我想简单梳理一下本章的论点。

首先,平安末期至镰仓时代流行的毁佛废释,人们认为是沿"旧佛教的颓废—信仰的衰落—末法思想的流行"这个轨迹进行的。但是,这一时期的佛寺几乎已完成了从旧佛教寺院到中世寺院的重生,建立了稳固的统治机构,作为绝对性的宗教权威,一方独大的权门宗教出现在居民面前。因此,毁佛作为末世的必然现象,仅仅作为社会性认知——尽管无法认同——来把握,无法明确其意义。神佛沉重的诅咒、敌视毁佛的思潮在当时占据绝对优势,只有在这种紧张对立关系中,对这种行为的意义进行探讨,才能明确其历史意义。本章序言引用的《方丈记》也是通过该视角,并非是描写古代末期的混乱和颓废,而是从中发现民众虽处于神佛的

---

[1] 盐龙义一《镰仓宗教思想的基调与专修念佛》(《鹰陵史学》2 号)。

强烈束缚磁场中,却仍然不甘束缚、坚毅不拔、充满朝气的身影。

第二,在中世的思想状况下,思考法然和亲鸾在宗教史上的地位。他们怀疑既成神佛的救赎能力,将诸佛的权威集中于弥陀一佛,这一行动的意义就十分明显了。同时,他们的行动必然会遭到迫害,对其进行迫害的,并非只是延历寺、兴福寺等个别寺院,而是旧佛教总体,甚至是动用国家权力对其进行大规模的迫害与弹压。法然和亲鸾必然受到排挤的理由也一目了然。通过这些考察,可以知道专修念佛门徒的诽谤神佛行为,并非是由于蒙昧无知、对教理的曲解而导致,而是可以看作民众首次拿起思想武器并熟练运用这种武器主动发动的斗争。

第三,基于以上考察,通过对旧佛教与专修念佛的思想进行比较与考察,将旧佛教教义的历史地位与专修念佛作对比。

一直以来,新佛教与国家佛教的旧佛教=古佛教相比,其特征常常被认为是"民众性""庶民性"。但是,旧佛教也是在转化为中世寺院的过程中,通过"圣"等的活跃,对佛缘较浅的当地领主和农民进行积极布教,意图将他们编入自己的地盘中。在此意义上的确实现了向"民众性"的转变。因此,"民众性"的意义,如果单从将庶民作为救济对象这一角度来看,两者的差异就变得不明显了。不单要指出旧佛教有"民众性",广泛传播的宗教对庶民自身而言,有怎样的意义? 是导致了他们的思想解放,还是束缚他们的理论? 这一点才是必须解决的问题。通过这一点比较毁佛行为,民众依据既成佛神所进行的斗争的意义与局限才得以显现。

最后,第四点,基于上述的问题意识,探究毁佛的意义,也能发掘出中世成立期农民斗争的一种新的形态。

庄园领主暴动频发之前的镰仓初期,被视为农民斗争的低迷时期。即使发生一些暴动,一般认为,那也不过是庄园制统治下的经济斗争而已。

但是,在庄园制的宗教统治下,毁佛行为自身具有从根本上否定庄园制统治的积极意义。而且,如果接受专修念佛的多数农民在各地进行有目的的斗争,那么在农民斗争史料并不丰富的时期,应该会成为提供重要事例的线索吧。而且,通过探讨可知,中世后期,农民集结在净土真宗旗下,终结了庄园制统治的力量,在这个时期的各种运动中,培养起来的农民的力量不断壮大。

但是,民众的毁佛行动是建立在自立和解放愿望的基础上,但中世前期既成神佛已经拥有强大的权威,事实上民众的行为并没能成为撼动历史的潮流。即使有毁佛行为,大多数情况下也并非从无神论立场否定神佛本身,而是如同专修念佛,通过皈依新的信仰,将它作为精神寄托,诽谤既有神佛。即使这种形式的毁佛,在严格的宗教统治下都会被视为异端,还会被孤立和扼杀,作为无知的土著居民的"暴行",直到今天也不得不沉淀于历史的底层中。

想要从根本上动摇体制,必须要有频发的大规模农民运动,必须要农民与当地领主都深感庄园体制对自己的桎梏,加入这一破壁斗争的潮流。这要等待室町时代的到来。在庄园体制稳固的时期,专修念佛只能是经常被冠上异端之名,作为少数派遭受排挤。只有进入室町时期,专修念佛得到当地民众更深入、更广泛的接受,成为支撑他们撼动统治秩序的基础、支撑他们斗争的理念,这样的客观局势,到那时才开始成熟。

15世纪后半期,本愿寺派的真宗大为流行,莲如的人格魅力和他卓越的能力自然功不可没,但接受真宗教义的客观状况发生的重大改变也不可忽视。事实上,以各地的总组织为单位宣传真宗的教义,得到农民阶层和土豪阶级的广泛认可。尽管莲如反复阻止,皈依真宗的"土民"们,"或者烧毁佛像经卷,蔑视神明和光"[1],或者一边"毁灭佛像经卷,推倒神社佛阁"[2],一边对各宗进行激烈攻击,夺取庄园,"杀守吏"[3],拒绝上缴"土贡地利"[4]。最后,庄园制在一向宗起义中断送了自己最后的性命。

但是,在发动一向宗起义的人们之后,和权门寺院真正对立的,是不断否定神佛、具备新的毁佛理论的近世权力,它正逐步展现它巨大的身姿。

---

[1] 《金森日记拔》(《真宗全书》六十九)第93页。
[2] 佛光寺文书(井上锐夫《一向一揆的研究》吉川弘文馆,1968年,第365页)。
[3] 《翰林胡芦集》(《五山文学全集》四)第6页。
[4] 《官知论》(日本思想大系《莲如·一向一揆》)第241页。

第二部

正统与异端

第一章　中世纪佛教的正统与异端

序言

听到"镰仓佛教"这个词,大家会在脑海中描绘出怎样的形象呢? 大概大多数人都会想起由法然、亲鸾、道元、日莲等祖师在镰仓时代相继创立传播的所谓"新佛教"诸宗。因此,"新佛教才是镰仓佛教的主角"这一看法,是具有代表性的社会观念。

其实在镰仓新佛教成立之前,日本已存在被称为"平安八宗"的天台、真言、法相等诸宗。根据以往的说法,平安佛教以为国家消灾增福为第一要义,本质上与古代国家密不可分,是"镇护国家"的佛教。因此,在平安后期随着古代国家的变化与解体,平安佛教也日趋没落。

另一方面,平安后期,随着战乱和古代国家没落所带来的社会混乱,末法恶世的观念迅速地在社会中传播开来。与此同时,被排除在佛教救济对象之外,包含普通百姓在内的国民各阶层寻求灵魂救赎的呼声四起。然而,原本以"镇护国家"为使命的"贵族佛教"——平安佛教,却因为所谓的贵族立场,对渴望得到心灵救济的民众的呼声置若罔闻。

总而言之,正因为平安佛教(古代佛教)与古代国家休戚相关,其教条反而被束缚和僵化,没能适应平安末期到镰仓时期的古代国家的解体和中世国家的形成这两个层面的社会变动。在这种情况下,以法然为先驱的新佛教的祖师们,为了拯救渴望心灵救赎的民众,提出了与末法时期相应的新的信仰。因此,他们的新佛教随着旧佛教(古代佛教)的凋落而迅速被镰仓时期的民众所接受,确立了作为镰仓佛教中流砥柱的这一不可动摇的地位。

家永三郎提出，标榜着镇护国家的"古代的"贵族佛教随着古代国家的衰退和武士阶层的崛起而形骸化，不久又被"民众的"新佛教即"中世纪佛教"所取代。这一说法至今一直是"学术界的共识"，家永三郎[1]之后，井上光贞[2]等人又进行了完善。但针对这种说法，近年来开始出现一些要求重新对其进行根本性探讨的异议。其中，最重要的便是黑田俊雄提出的"镰仓佛教的主角不是新佛教而是旧佛教"这一问题。

在《日本中世的国家与宗教》[3]所收录的《中世显密体制的发展》等稿中，黑田一贯强烈主张在社会势力、思想影响力、宗教的权威等各个方面，中世显密佛教（旧佛教）具有压倒性优势。根据黑田的说法，延历寺、兴福寺、东大寺等自古以来以传统著称的权威寺院，并不是按照学术界的一般说法，从平安后期开始走向单方面衰亡的。虽然以前的后盾——古代国家解体，但在 11 世纪左右它们找到了新财政基础——庄园。而各大寺院在镰仓初期就已经成为巨大的庄园领主（权门寺院），获得了比以往更为强大的权力，重获新生。其权力不仅影响到世俗界，在佛教界也占据了支配地位。而且，这些权门寺院并不是单纯作为个别领主互相对立，它们以"显密主义"的共同理念为媒介，创造共存秩序的同时，又与国家权力以新的形式勾结，在统治体制中发挥了自己的作用。

黑田将这种以显密主义为基调，各宗与国家权力相勾结而巩固宗教形态的体制命名为"显密体制"。而且，他指出这一包含"独特的社会集团和国家体制所证实的世俗间的实际状况"的显密体制才处于中世佛教的支配地位。与显密佛教相比，一直以来被人们认为是中世佛教主角的新佛教诸宗其实是非常微弱的存在，它不过是从正统佛教界的秩序中被排挤出的异端而已。

---

[1] 《中世佛教思想史研究》（法藏馆，1947 年）。
[2] 《日本净土教成立史的研究》（山川出版社，1956 年）。
[3] 岩波书店，1975 年。

受黑田理论的影响,人们开始注重考察有关东大寺、东寺等个别古代国家寺院向庄园领主的中世寺院转型的过程。同时,中世纪权门寺院的存在形态也逐渐得到了实证性的解读。权门诸寺都是庄园领主,有着共同的阶级利益,各大权门寺院超越了独立的立场相互共存,并与国家秩序相辅相成。由于这一点最近在制度和思想等方面得到了证实,进而黑田"占据中世佛教支配地位的是显密佛教"这一说法越来越稳固。[1]

因此,对镰仓佛教一般说法的批判,首先是围绕"旧佛教=古代佛教,新佛教=中世纪佛教"这一公式性认识,在中世史研究者之间展开的。研究者指出中世佛教的主流是新佛教这一认识的错误。基本认识的谬误,必然会导致人们重新对镰仓佛教的传统定论整体进行根本性的审视。

以往的研究把新佛教视作镰仓时代宗教界的主角,并认为旧佛教不过是古代佛教的延伸,对新佛教意义的考察也仅通过和古代护国佛教的对比来进行。然而,如果镰仓时代的旧佛教并不是已经结束了其历史使命的古代佛教的延续,而是经过复杂的自我变革,重新作为中世佛教的主角而重获新生的话,那么仅在研究新佛教的独立性方面,与古代佛教相比较的做法也是有失妥当的。其实,"与当时兼具绝对性权威的国家权力难以分割的旧佛教——显密佛教相比,至今为止被人们笼统地视为'新佛教'的各宗派在思想上占据了怎样的位置,承担了怎样的历史作用",这样一个新的问题视角才是人们应该去关注的。

本章基于这样的问题意识,选取了以法然的专修念佛为首的新佛教诸派作为研究对象,从"正统与异端"的观点来探讨其在思想史与历史上的意义。

---

[1] 高木丰近年也认为,在镰仓时期的佛教界占据"主流、正统"地位的是既成佛教,新佛教不过是从中自立出去的"旁流、异端"(《镰仓佛教史研究》岩波书店,1982 年)。另外,平雅行将法然、亲鸾的思想与正统佛教显密教的理念对比,突出其异端性(《法然的思想构造与其历史地位——中世性异端的成立》,《日本史研究》198 号;《中世性异端的历史意义——异端教学与庄园制支配思想》,《史林》63 卷 3 号。以上均收录在《日本中世的社会与佛教》塙书房,1992 年)。

一、法然与反法然

1. 旧佛教的念佛抨击

法然宗教的传播，在山门延历寺、南都兴福寺等旧佛教势力之间掀起了强烈的谴责和抨击风暴。结果，建永二年（1207）法然被流放到四国，其弟子或被处以死刑，或被流放到各地。而且，对法然教团的镇压，在他死后也持续了很久。那么，为什么法然和教团受到了这种动用国家权力的残酷迫害与镇压呢？

当时，"一向专修"经常被用作对法然教团的称呼。在镰仓时代，人们眼中法然教团的特色，就是一直专修称名念佛。然而，很难想象这一称名念佛的专修却成了旧佛教方面镇压的借口。

法然离开比叡山归入到专修念佛是在安元元年（1175）左右。如果念佛专修本身被旧佛教者视为难以容忍的罪恶，那么该如何解释从归入专修念佛到镇压开始的二十多年岁月呢？而且，法然在文治二年（1186），与之后就任天台座主的显真等显密的硕学一起，进行了大名鼎鼎的大原谈义。在席间，法然提出了将专修念佛作为与末法时期相应法律的观点，出席者不置可否。

另一方面，法然并不是第一位皈依阿弥陀佛然后专修念佛的僧人。我们不能忘记先学所指出的，早在他之前的平安时代，圣和在家沙弥之中就已经有人这样做。[1] 从平安后期到镰仓时期，处于念佛镇压中心的比叡山别所黑谷、大原等地聚集了许多念佛高僧，进行着盛大的活动，这其中也有专修念佛的人。[2]

如此看来，从 13 世纪开始的对法然教团的迫害、镇压，并不是针对专修念佛的实践与主张本身的。那么，法然的宗教究竟有什么问题呢？归根结底，在于它否定阿弥陀佛和念佛这一佛一行以外的所有佛神和修行

---

[1]　家永三郎前揭书（第 80 页注 1）第 42—43 页、井上光贞前揭书（第 80 页注 2）第 250—251 页。

[2]　从《本朝新修往生传》中，可以看到在院政期有"唯称佛名"的快贤与定秀等念佛者。

的积极价值的排他性格。根据旧佛教徒的说法，念佛者们否定诸佛诸行并将称名念佛作为符合时宜的修行来宣传的根据如下。

时过正像，世及浇季，显密渚教无验于薰修，弥陀一教才堪于利物。[1]

释尊灭后星霜眇焉，设致归命，有何之验，去圣而远之故也，又时人末法，余经已灭，弥陀念佛之外，更无法而可信，是以人师释云，末法万年余经悉灭，弥陀一教利物偏增云云。[2]

众所周知，在日本，从平安中期开始正像末三时一说（末法思想[3]）开始流行，永承七年（1052）是入末法的第一年。以这一年为界，人们相信只有佛的说教（经典）会残留下来，而修行的人和开悟证果的人都会消失，末法的恶世到来了。

念佛者以正像末三时说为根据，强调在末法之世，传统的显密佛教已经丧失了其效力。另一方面，他们还主张只有弥陀为了救济末法的众生而选择的念佛才是唯一的救济之法，提倡专修口称念佛。

综上所述，旧佛教的谴责并不是针对法然门徒专修念佛一事，而是反对念佛者公开表示在末法之时称名念佛以外的教行皆无价值，甚至还建议人们放弃诸佛诸行的主张。

2. 法然的显密佛教观

念佛者的祖师法然，一直反对徒弟们对诸佛诸教的诽谤言行。法然在念佛排斥运动逐渐高涨的元久元年（1204）承认了两封誓词，在向南都北岭辩白的同时，也敦促门徒要自重。

---

[1]　《镰仓遗文》四，第 256 页。
[2]　同上，五，第 273 页。
[3]　参考寺崎修一《日本末法思想的历史考察》（《文化》1 卷 4 号）、数江教一《日本的末法思想》（弘文堂，1961 年）、田村圆澄《末法思想的形成》（《日本佛教思想史研究·净土教篇》平乐寺书店，1959 年）、高木丰《末法意识的样相》（《平安时代法华佛教史研究》平乐寺书店，1973 年）等。

但是，我们不能否认，实际看到法然著作《选择本愿念佛集》（以下简称《选择集》）的高弁和日莲等圣道僧因认为其文否定显密佛教而愤慨。

那么，专修念佛者破佛破神的言行和法然的教说到底有怎样的关系呢？为了究明这一点，首先，我们将以《选择集》为素材来具体探讨一下，法然视为念佛对峙的圣道佛教和净土门中的诸行在其心中是何定位。

《选择集》开篇引用了道绰的《安乐集》一节，"一切众生皆有佛性。远劫以来应值多佛。何因至今仍自轮回生死不出火宅"。对于这个疑问，道绰说，其圣道一种，今时难证，一由去大圣遥远，二由理深解微。当今已无法在"圣道"的实践中给予救赎。然后，引用了《大集经》中"我末法中，亿亿众生，起行修道，未有一人得者。当今末法是五浊恶世，唯有净土一门，可通入路"作为其根据。

在此引文之后，法然指出正如道绰所说，净土宗是将一切佛教分为"圣道""净土"两门的，那么为什么要立两门呢？因为如今圣道的"难行"很难显示证果，所以出现了"弃圣道入净土门"的情况。接着他又引用先师说明末法中苦行（圣道门得脱的困难）和易行（与净土门时机相应的佛法）的内容，写道："设虽先学圣道门人若净土门有其志者须弃圣道归于净土。"

此外，他还以昙鸾、道绰等"上古贤圣"也离开圣道归入净土为例，指出"末代愚鲁宁不遵之哉"，劝导当时处在末法恶世的众生也效仿此事。[1]

从《选择集》第一章的整体框架可以看出，法然根据正像末三时[2]说指出当代是"有教无行证"的末法之世，同时提醒能意识到这一点的"有志"者，应舍弃即使修行也得不到成果的圣道之难行归入净土门，这些观点显然是援引了老师的主张。

以上，法然在《选择集》第一章中以末法思想为根据，表达了对圣道得道的否定态度。但是，这样的论法仅可以成为舍圣（圣道佛教的废弃）的理

[1]　《昭和新修法然上人全集》，第311—313页。
[2]　正像末三时，包括正法、像法和末法三个时期。（译者注）

由,对归入净土门,尤其是专修念佛这一点的说明尚不充分。于是,法然接下来提出了"选择本愿念佛说"。法然在《选择集》第三章中说,弥陀选择抛弃诸行,仅以念佛一行作为一生的本愿。然后指出了弥陀选择念佛的两个理由,"念佛是胜,余行是劣""念佛易修,诸行难修",以此强调无论是从优劣的观点还是从难易的观点来看,念佛在诸行当中都是卓越的。[1]

法然强调,因为念佛胜过其他诸行,所以弥陀选择了念佛作为本愿之行。而又因为念佛是弥陀所选之行,因此具有超越其他诸行的绝对权威。可以说,念佛在双重意义上具备了权威性:念佛在弥陀认定之后,又被西方净土的权威阿弥陀佛认定为救济众生之本愿的唯一真实往生之行。因此,念佛成为了超越其他诸行的"极善最上之法"[2]。人们"无论聪明愚钝"[3],都需抛弃对其他教门的执着之心,相信弥陀的本愿,选择"废诸行而只念佛"[4]与"一向专修"。

法然在《选择集》第一章中将佛教划分为圣道门和净土门,且法然排斥圣道门,认为圣道门不顺应时代。至此,法然明确批判净土门中除念佛以外的诸行也是非本愿之行。

以上,《选择集》中法然的教论,可以理解为以念佛一行为是,而余行、圣道佛教为非。当然,法然所涉及的理论,说到底只可用于念佛者个人的信仰纯化,绝不能作为显密佛教折伏的理论而对外使用。但无论法然对旧佛教做出怎样的辩解,无论对门徒的言行如何加以制止,也决不能忽视他让显密圣道门徒抛弃其教义而选择专修念佛的主张。

以下,笔者将法然《选择集》中仅以一佛一行为是,否定其他教行的宗教思想称为"选择之理论"。

3. "选择之理论"和"融合之理论"

另外,笔者这里想指出南都北岭的念佛攻击理论的特质,这是一个非

---

[1] 《昭和新修法然上人全集》,第319页。

[2] 同上,第337页。

[3] 同上,第502页。

[4] 同上,第323页。

常重要的问题。

否定传统显密佛教存在价值的法然,理所当然地引来了旧佛教方面的强烈反对。然而,在这种情况下,旧佛教徒的念佛抨击并没有按照各宗固有的教义以独自的理论对念佛进行教理性的批判。每一个宗派的人都千篇一律地抨击念佛者只执着于一佛一行并弹劾其他佛神的观点。即最让旧佛教徒视为眼中钉的正是法然宗教所具有的"选择"性。

在这一过程中,与念佛者的主张完全相反的末法观,也成了旧佛教徒的攻击对象。即法然等专修念佛者认为,"抑三乘四乘圣道,正像既过,至末法,但有教无行证故,末法近来无断惑证理"[1],他们视当时为缺少"行""证"的末法之世,对传统显密佛教的宗教价值持否定的态度。旧佛教徒在批判法然时,首先从正面攻击了这种末法观。贞应三年(1224),延历寺的解状中有名为"舍诸教修行而专念弥陀佛广行流布时节未至事"的一节,而且列举念佛者常常引用的"末法万年余经悉灭,弥陀一教利物偏增"一文对"余经悉灭者即指末法万年之后也(中略)岂以末法万年之内,更为经道灭尽之期乎"及其解释进行了批判。在此基础上,还主张"设虽入末法中,尚是证法时也,若立修行,盍得胜利"[2]。另外,慈圆在《愚管抄》中写道:"在弥陀一教利物偏增无法成真的世界里,也有罪孽完全消失而到极乐世界去的人。在还没有达到真言止观的全盛时期,却没有遵从顺魔之教而得到解脱的人。"[3]

旧佛教徒认为念佛者时常强调的"余经悉灭,弥陀一教利物偏增"是在遥远的末法万年之后,抨击弥陀念佛是当代唯一佛法的说法。与此同时,强调了在佛灭后充其量不过两千年的当代,释迦牟尼的圣教依然存在,其益处也十分灵验。因此,他们主张即使在与正法相比很难得到证果的像末或末法的世界,也可以通过释迦的遗教立志。反复进行如说的修行,便有可能在现世得到解脱。

---

[1] 《昭和新修法然上人全集》,第 68 页。
[2] 《镰仓遗文》五,第 273—274 页。
[3] 日本古典文学大系《愚管抄》,第 259 页。

　　那么,在旧佛教徒的观念中,为了出离得失,应入哪个法门进行怎样的修行呢?

　　《摧邪轮》中写道:"应病投药,痼疾得除。是耆婆医王之秘术也。应机根设随宜法,是大圣善巧也。"[1]此外,睿尊曾说"一切教门之差别随机之浅深,其理唯一则不得意,即知佛法者也可知"[2]。旧佛教认为,释迦一代法门的真理是应对象而作出改变的,所以一切都是"出离的要道"[3],是值得尊崇的"正法"[4]。因此,在旧佛教界强调停止执着于自己所信奉的教门而产生的"是非偏执"[5],而从释迦八万四千法门中,选择与自己能力相称的"有缘妙行"[6]来进行修习的重要性。正如"虽为何法,以一行不能成就之。何者,无量众生根机不同故,机根多种,教法一种,不应理故"[7]这句话所示,旧佛教徒认为,要想没有遗漏地救助各种各样的根机,就需要与之对应的多种法门。

　　立足于这种理念的旧佛教者视彻底否定人自力修行的能力,不承认传统佛教的得脱可能性,只主张念佛的法然及其门弟是"天下诸人皆以为下劣根基"[8],"执着于一佛的名号而堵住了所有出离的要道"[9]。在末法时期,对于信仰坚定,承认自己脱离以前教行的旧佛教徒来说,称名念佛只应传授给与需要高度能力的显密佛教无缘的"劣根之类"[10],不过是"诱下机之便宜"[11]的行为罢了。

　　值得注意的是,上述旧佛教的主张以存在多种多样宗教素质的人们为前提,然后基于"要想将这些人一个不落地救赎出来,就必须树立一种

［1］　日本思想大系《镰仓旧佛教》,第385页。
［2］　同上,第194页。
［3］　《兴福寺奏状》(同上)第313页。
［4］　同上,第313页。
［5］　日本古典文学大系《沙石集》,第170页。
［6］　《摧邪轮》(日本思想大系《镰仓旧佛教》)第355页。
［7］　《镰仓旧佛教》,第38页。
［8］　同上,第387页。
［9］　《兴福寺奏状》(同上)第313页。
［10］　《摧邪轮》(同上)第387页。
［11］　《兴福寺奏状》(同上)第315页。

名为八万四千的释迦佛法中缺一不可"的共识而产生。本文将这种把变成旧佛教方面共同理念的诸经都视为释迦牟尼的正法,在末法中也承认其价值的立场的情况命名为与上述是一非诸的"选择之理论"相对的"融合之理论"。[1]

镰仓时期旧佛教和专修念佛之间的对立,不在于思想方面常说的"杂修"和"专修"之间,而是存在于"融合"和"选择"之间。事实上,即使旧佛教徒对于以"选择"为前提的"专修"有着那么强烈的抗拒,但对以"融合"为基础的"专修",即在肯定了一切佛经的基础上,将其中特定的一佛一行作为适合自己的"专修"这一点上,是从来没有责备和声讨的。旧佛教并没有否定称名念佛的"专修"本身,而是批判法然门徒忘记了自己的身份是需要拯救被圣道佛教疏远、游荡在社会底层的无智无学的恶人;抨击他们主张念佛才是末法中唯一真实的佛法的观点。

正因为如此,旧佛教徒在法然告诫门下停止对圣道的诽谤,并规定专修念佛为引导难行圣道门的"无法忍受研精""老后遁世之辈、愚昧出家之族"的"权宜之计"时,[2]表达了认同也停止了对念佛的批判。

那么,为什么旧佛教徒在抨击专修念佛时必须使用这样的理论呢?为探究这一理由,我们将视野进一步扩大到中世社会与那一时期佛教的存在方式。

二、庄园制社会与佛教

1. 中世寺院的形成和统治阶级的意识形态

11世纪左右,古代国家的解体和中世社会的形成加速,诸官寺竞相圈地,开始向庄园领主的中世寺院转变。以往依靠国家统治的律令体制

---

[1] 关于这种理论,笔者有机会进行接触(佐藤弘夫《初期真宗的末法观的演变——以存觉为中心》,《佛教学》8号)。镰田茂雄(《南都教学的思想史意义》,日本思想大系《镰仓旧佛教》)与大隅和雄(《镰仓旧佛教与其革新运动》,《岩波讲座日本历史》中世一,1975年)指出,镰仓旧佛教的特色在于"融合"主义。

[2] 《送山门起请文》(《昭和新修法然上人全集》)第795页。

下的官寺,与民众并无联系。但这些以庄园为主要经济基础的中世寺院,在没有国家权力中介的情况下,直接与自己统治下的居民联系。与由国家提供必要财源的古代官寺相比,中世的寺院已经无法依靠国家权力机构从庄园收取的钱财维持运转。所以那时候的僧人们不能只埋头于学问,还必须站在庄园领主的立场上,从寺领庄园的居民那里直接收取年贡,催缴税金。

为了达到这个目的,中世成立期的各寺家致力于完善和强化治理体系。另一方面,它们不是给自己的支配赋予含义,而是创造出强调自己领地的主权者、守护者——佛神的宗教意识形态。

结果,在日本的中世,各寺院独自推进了以各自的本尊和祭神为主导的宗教统治。如此说来,兴福寺把法相宗、延历寺把天台宗视为唯一无二的正法,它们应该也吸收了各寺院只选择自己供奉的佛神和教法,以此来否定其他宗教的生存模式。但是,旧佛教徒并没有这样做,而是坚持尊重一切佛圣、一切教法的"融合"主义。这是为什么呢? 现在,请大家回顾一下在"序言"中提到的有关研究史的记述。

在中世,各大寺院都有其固有的治外法权统治区域和武装势力,它们还建立了自主的统治机构。因此,以山门和兴福寺之间的争斗为例,基于自身为个别领主的利害关系,各大寺社相互争论、冲突不断。但是,各寺家并没有达到即使互相抹杀对方也要专心追求自己利益的地步。

从中世社会总体来看,大寺大院同天皇家、摄关家一样,可以拥有广阔的土地。同时作为权门领主阶级具有一定支配权,统治着民众。另外,作为权门的各寺社以及天皇家、摄关家,通过人际交流等,维持着相互之间密切的联系。这些各权门所归属的庄园制统治秩序本身被认为是应以佛神之威光保护的对象。

同时,对于如专修念佛、禅宗、日莲宗等有可能会威胁到旧佛教总体利益的宗派,各大寺院迅速在正统护国佛教的旗帜下集结。然后,提出了佛法王法相依相即的理论,强调既成佛教"八宗"才是能够履行镇护国家之任的正统佛教,要求国家权力禁止和排除新兴佛教。[1] 在中世,权门寺院一致为统治体制的长久祈祷,同时又有一种作为国家精神支柱的自负,想要给它们的统治赋予宗教意义而实现正当化。实际上,它们也的确承担了这个功能。因此,权门寺院之间的争论,无非就是以庄园体制为前提的,在统治阶级内部争夺权益的问题。

如黑田俊雄所说,"不仅仅在宗教界,在世俗界也拥有巨大的力量,与国家权力完全勾结,是统治体制的一分子"的这种权门寺院势力,可以被称为是日本中世的正统佛教。

但这里需要注意的是,与信奉一个神的罗马教会独占正统地位的西欧中世不同,日本中世没有哪一个教团或者寺院成为唯一的正统宗教。在日本,占据正统地位的是拥有不同教理体系、供奉不同佛菩萨且其社会存在孕育出相互矛盾和对立的权门寺院联合体。因此,无论权门寺院之间存在多么激烈的斗争,只要在庄园体制下维持着正统护国佛教的地位,就不可能从根本上否定他派的佛神及宗教。所以,与其说它们无法只宣扬自己信奉的佛圣和教行而否定其他"选择",倒不如说,为了掩盖寺院之间的矛盾,理念上正统佛教诸宗反而更需要和谐共存。

在寺院之间的争论迎来顶峰的院政时代,本觉法门、密教性思维增强了影响力,诸教的"融合"得到重视。这一现象看似矛盾,我们需要在认识日本这种正统佛教独特形式的基础上进行理解。在这样的理念下,诽谤佛神的言行本身当然会被认为是难以容忍的罪恶。

2. 中世的异端成立

法然的"选择之理论"否定末法中诸佛神的积极意义,呼吁皈依弥陀一佛,该理论是对以"融合之理论"为共同基础、将佛神置于表面的庄园制宗教统治体系最尖锐的抨击。

法然认为阿弥陀佛才是此土有缘的唯一的佛,弥陀之下众生平等。无论他们多么邪恶,只要坚持弥陀认定的念佛,就可以直接得到救赎。

---

[1] 参考本书第一部第二章。

这样的主张,将所有权威集中在有绝对权威的弥陀一佛身上,剥夺了作为庄园领主的寺社势力的宗教权威,还向民众提供了在至高存在的弥陀之下的平等理念,让他们在独立个体的自身尊严方面得到觉醒。在《四十八卷传》中,被邀请到九条兼实邸的追随法然的莲生(熊谷直实),因为在外面等候,对自己没能听清在殿中进行说教的法然的声音而感到遗憾,便说:"没有比尘世更令人感到悲哀的地方了,极乐世界是平等的,但我却听不到里面弘法的声音。"[1]虽然此事的真实性尚有待证明,但是我们可以看出弥陀之下众生平等的理念是多么的朴素。尽管这种理念仅限定于来世,但它确实曾被人们所接受,并打破了既存的社会与宗教秩序。

因此,中世的民众通过专修念佛,从显密佛教中获得了精神上的独立。而以往的显密佛教被宗教权威封存其主体性活动,始终处于被统治地位。同时,基于"自己是不亚于任何世俗掌权者的弥陀正客"这一自满的观念,专修念佛者在双重意义上从显密佛教的意识形态中解放出来。结果,在他们面前,出现了以提高自己身份和扩大权益为目的的,不畏惧任何传统佛教权威的一条积极斗争的道路。

对于具有这种意义的专修念佛的"选择"主义,旧佛教徒理所当然地视之为反抗自己宗教统治的危险思想来进行抨击。对此,他们的批判不仅停留在指出"选择之理论"所具有的潜在危险性,还进一步对念佛者频繁的反体制性行动进行批判。从 13 世纪初开始在旧佛教和专修念佛者之间展开的激烈讨论,没有仅仅停留在思想层面。对旧佛教来说,这一论战也关乎他们能否维持自身权威与支配地位。正因为如此,专修念佛才持续遭到来自国家权力的残酷镇压。

但是,法然并没有意识到自己的思想和当时的体制是不相容的。

如前所述,法然始终不赞成门徒直接将"选择之理论"作为对外批评的理论。

然而,尽管法然一再制止,旧佛教教团及国家权力也不断镇压,镰仓

---

[1]　《昭和新修法然上人全集》,第 167 页。

时期法然门徒中还是出现了过激的显密佛教批判者，他们最终也没有停止对佛神的抨击。这一事实十分重要，因为这意味着，以在家的民众为核心的专修念佛者中，不只是单纯地接受法然的未来救济说，而是察觉到他思想内部的变革现实社会的理论。因而他们归入专修念佛，希望将无论在世俗社会还是救济构造上都位于最底层的自己解放出来。

一般认为，法然净土宗将"对现实生活中的不公保持一种隐忍态度"作为获得来世平等救赎的代价，因此是"创造适合封建社会的前近代被隶属者"的教派。[1] 但是，在这样规定法然宗教本质的同时，如果将公然批判显密佛教而受到镇压的念佛者视为肆意解释法然教说的异类，[2] 就会忽视法然思想中重要的一个侧面。我们不应该只看到门徒们无视祖师的制止，把念佛视为精神上的杠杆，朝着破佛破神的行动奔跑时的无知和误解，而应关注到他们从老师的教说中只取出不拜他佛、神祇这一要素，将其放大后接受，化作自己思想武器的主体性。

3. 正统理论和异端理论

排除传统的诸佛诸神，"选择"弥陀一佛视为超越性人格神后，提倡弥陀念佛一行专修的法然教论，与旧佛教（正统佛教）方面的理念互相对立。与此同时，从以上内容可知，这与以该理念为背景的中世庄园制宗教统治在本质上是不相容的。因此，具有"选择之理论"的法然宗教的出现意味着中世异端的成立。

日本中世的异端派不仅仅是法然的专修念佛。亲鸾说"教主世尊如是说，末法五浊之众生纵令修行圣道门亦无一人可得证"[3]，完全否定了显密诸宗的得脱可能性，并谴责执着于此的人们是伪善者。亲鸾的立场

---

[1] 田村圆澄《日本佛教思想史研究·净土教篇》（平乐寺书店，1959 年）第 181 页。其他如永田广志（《日本封建制意识形态》法政大学出版局，1968 年，第 80 页）、户顷重基（《日莲的思想与镰仓佛教》富山房，1965 年，第 93 页）中可见同样论述。

[2] 赤松俊秀《镰仓佛教研究史》（平乐寺书店，1957 年）第 49—50 页、笠原一男《亲鸾与东国农民》（山川出版社，1957 年）第 318—319 页、北西弘《一向一揆的研究》（春秋社，1981 年）第 505 页。其中值得注意的是，松野纯孝指出"初期真宗教团中的造恶无碍意识，不仅不是颓废的风潮，甚至是健康的行动"（《亲鸾》三省堂，1959 年，第 444 页）。

[3] 《净土高僧和赞》（《定本亲鸾圣人全集》三，和赞篇）第 150 页。

使师父法然的"选择之理论"更加清晰。因此,如果只看教理方面,如著名的"四个格言"所示,其宗教主张是比法然还要过激的异端。另外,以"当今若不入末法余经法华经皆不能存,唯有南无妙法华莲经"[1]为基础,以《法华经》经题为正法,不断攻击其他一切教法为"邪义""邪教"的日莲宗教具有比法然更彻底的、毫无妥协余地的"选择之理论"。因此,这种宗教对于正统佛教而言,有可能成为较专修念佛更具威胁的异端。

另一方面,禅宗大体倾向于"融合之理论",但道元提倡只管打坐拘泥于经文,纯粹禅一派主张的"不立文字""教外别传"常常被解释为否定禅以外的教法而受到旧佛教的批判和镇压。

中世时期,旧佛教反复发声,对日莲宗的"诸宗之怨敌"[2]"轻毁余经,诽谤他宗"[3]"大骂诸宗"[4]等进行指责,以及对禅宗的"诸宗诽谤"[5]"以教外别传为号藐视诸经"[6]等进行批评,都是基于"融合之理论"而攻击两者"选择"主义的独善性。

另外,笔者在这里还想说一下先行于新佛教的圣之活动,以及镰仓时期旧佛教界开展的改革运动。

在伴随中世寺院的转型而展开的教团世俗化的进程中,想保持真挚的求道者离开现有大寺院,然后在更加清静的地方寻求修行场所,这种风潮逐渐盛行了起来。因此从平安时代后期开始,出现了所谓二重出家(遁世)的流行和离开现有寺院的人(圣)爆炸性增加的现象。

关于这个圣,一直被认为是基于对原有教团的庸化和颓废的批判意识而离开本寺的佛教者,其民众教化者的定位在镰仓新佛教的先驱中得到了高度评价。[7] 但是,我们不能忽视圣的信仰和法然等新佛教祖师的信仰之间存在着一个决定性的差异。那就是圣即使进行特定一行的专

---

[１]　《上野殿御返事》(《昭和定本日莲圣人遗文》二)第 1492 页。
[２]　《龙华秘书》(《日莲宗宗学全书》十九)第 130 页。
[３]　《山门楞严院众徒申状》(《大日本史料》八篇之二)第 890 页。
[４]　《山门申状》(辻善之助《日本佛教史》四)第 435 页。
[５]　《山门奏状》(同上)第 302 页。
[６]　《野守镜》(《群书类从》二十七)第 504 页。
[７]　井上光贞《日本净土教成立史的研究》(山川出版社,1956 年)是其中代表。

修,他们也决不否定此外的显密教行的存在意义。即在法然出现之前,圣没有站在"融合"的对立面上。

而且,这些圣们向权贵和民庶传教,将庄园和土地捐赠给原有寺院,兴建堂塔。[1] 不仅如此,他们所开发和居住的别所不久也被视为大寺院的附属领地。因此,圣绝对不是与原有教团对立并毁掉其基础的体制外存在。作为官寺的古代寺院将有独立苗头的当地领主和农民也纳入圣,圣成为以庄园和劝进为基础的中世寺院转型时不可或缺的存在。

在这样的群体中不久出现了法然,他公开了专修念佛的信仰。在与其弘通并行的旧佛教方面,贞庆、高弁等高僧也推动了改革运动,这一点值得关注。

旧佛教改革通过引入光明真言强化其实践性,通过标榜易行实现民众化,这一点已经有许多先行研究。[2] 改革强调谁都可以实现的易行,推进民众化。这一点与法然的专修念佛目标极为相似。当然,我们也不能否认改革受到了专修念佛思想的影响。但是,改革运动与否定原有的宗派和教法以创建符合末法的新教的法然、亲鸾、日莲等人不同。这种运动是在传统佛教权威的前提下,企图把以往忽视的旧佛教最重要的救济对象——民众,置于原有教团(正统佛教)之下。因此,旧佛教的改革运动与促进原有统治体制和宗教秩序解体的法然主张完全相反。客观地说,和圣的运动一样,通过将民众引入传统佛教,并将其纳入存在基础,反而起到了强化原有体制的作用。

结语

权门寺院(旧佛教)通过强大的宗教权威影响中世国家的统治形态,

---

[1] 中之堂一信《中世"劝进"的形成过程》(《中世的权力与民众》创元社,1970 年),同《东大寺大劝进职位的成立——对后乘房重源的再探讨》(《日本史研究》152 号)。

[2] 圭室谛成《显密诸宗的复兴》(《日本佛教史概说》理想社,1940 年)、盐龟义一《镰仓宗教思想的基调与专修念佛》(《鹰陵史学》2 号)等。

并作为庄园领主支配民众。本章在将权门寺院作为日本中世正统佛教的基础上，考察阐述了以法然的专修念佛为首的改革运动的历史意义。

这种运动是以体制内的改良主义结束，还是作为异端而转到教团外？这个分歧在思想上可以归结为是站在"融合"的立场，还是舍弃它走向"选择"的问题。在这里进行总结的同时，我会对这一点稍作补充。

日本中世佛教史研究界通常致力于从与平安佛教相对的镰仓佛教，特别是新佛教的特性中找出"选择""专修"的特性。[1] 但被各先学视为判断是否是新佛教指标的"选择"与"专修"的意义，不同的论者有不同的观点。

如前所述，本文将这种否定自选"专修"之外教行的宗教价值的思想命名为"选择之理论"。而将即使同样进行"专修"也不否认自己选择之外的东西，还认同其功效的思想命名为"融合之理论"。在笔者看来，中世佛教正统与异端之间最根本的理念对立不是"专修"与"杂修"，而在于这一阶段背后的"选择"与"融合"。乍一看，在"专修"这一实践形式中似乎站在同一立场上的念佛圣与法然及忍性和日莲在引入"选择"这一视角时，他们各自的立足点是完全不同的。

另外，不可忽视的是，从"融合"主义的立场攻击异端排他性的旧佛教理论不单反映了教理层面的问题，还强烈地反映了它们所处的社会、政治立场。在正统眼里，"选择之理论"不仅从根本上与旧佛教的多层佛神体系不相容，还通过削弱原有佛神的权威与庄园制统治秩序本身正面对决。法然、亲鸾、日莲等会受到来自正统佛教乃至国家权力全方位的残酷迫害和镇压的原因就在于此。

因此，对于那些祖师去世后，以建立教团和得到社会公认为目标的门徒们来说，如何处理"选择之理论"就成了无法避免的重要课题。对此，很多继承人放弃了"选择"主义，试图在旧佛教的"融合之理论"和以此为基础的宗教秩序中重新定位念佛。法然的门流中，弁长和长西等流派就

---

[1]　关于这一研究，参考北西弘《专修佛教的成立》(《历史公论》2卷11号)。

是如此。但是，如弁长的镇西义派等想要以重新定位念佛获得社会地位，就不仅要放弃"选择之理论"，还必须要把进一步完善了其理论的一念义派的门徒、其他宗派的异端者及将其作为反抗的理论而使用的在俗门徒作为异端而告发，以向权威请求镇压行动。[1]

文永八年(1271)，镇西派的良忠以及行敏向镰仓幕府控告日莲的诉状中有如下言论："右八万四千之教乃至是一非诸理岂可然哉"，"日莲偏执法华一部诽谤诸余大乘。"[2]

旧佛教曾加给专修念佛的这些惩罚，在我看来才是通过接受"融合之理论"而实现体制内佛教转换的专修念佛的存在方式的最好证明。

在这种情况下，想要坚持祖师"选择"主义的门徒集团必然会走上孤立化的道路。同时，结合了"选择之理论"的民众破佛破神行动也注定会被彻底压制，然后淹没于历史长河。

---

[1] 平雅行《关于嘉禄法难的史料——关于安居院圣觉的念佛弹压要求》(昭和五十九年度科研费补助金研究成果报告书《中世寺院组织的研究》，之后被《日本中世的社会与佛教》著作收录)。

[2] 《昭和定本日莲圣人遗文》一，第497—498页。

第二章　中世佛教徒的正统意识

序言

　　笔者在前章中将日本中世的佛教各流派分为"正统"和"异端",并探讨了两者所担负的历史意义。区分正统和异端的标志在于思想上是坚持"融合",还是舍弃"融合"采取"选择"的立场。以这一标志来看,念佛圣与法然、忍性、日莲因同样进行"专修"这一实践,所以经常被一概而论,但显然他们的立场各不相同。虽然念佛圣和忍性立志进行一佛一行的专修,但他们还是认为"融合之理论"才是正统。与此相对,法然和日莲正因为越过"融合"的界限,明确坚持"选择",即异端的立场,所以被迫受到正统佛教(南都北岭)和国家权力两方面严重的迫害和打压。

　　反观之,虽然笔者将法然和日莲等佛教徒视为"异端",但他们没有一人自命为异端。他们在主观上抱有强烈的自负心,认为自己才是继释迦牟尼之后正统佛教源流的继承者,这种正统意识与笔者视为"正统"的旧佛教徒不相上下。

　　究竟是什么支撑着他们的这种正统意识?其与既成佛教的正统意识又有何不同?

　　如果从历史角度对正统和异端加以区分,并深入佛教徒内部来分析该问题,那么我们眼前必然会浮现出更为立体的镰仓佛教形象。本章将根据以上问题,通过与传统佛教的对比,对前章被视为异端的法然和日莲的正统意识及其特质进行考察。

一、法然的正统意识

1. 圣道和净土

法然作为"镰仓新佛教"的开山祖师而闻名于世,我们在对其思想进行探究时,不能绕开其主要著作《选择本愿念佛集》(以下简称为《选择集》)。《选择集》成书于建久九年(1198),一般认为是法然六十六岁时所著。全书共十六章,第一章的标题为"道绰禅师立圣道净土二门,而舍圣道正归净土之文"[1]。

法然在第一章的开端引用了中国唐代僧人道绰所著《安乐集》中的一节自问,"问曰:一切众生,皆有佛性,远劫以来,应值多佛;何因至今,仍自轮回生死,不出火宅?"对此疑问,道绰认为人们至今无法出火宅、踏入涅槃世界的原因在于"良由不得二种胜法,以排生死,是以不出火宅"。何谓"二种胜法"?一谓"圣道",二谓"往生净土"。其中所谓"圣道门",即"于此娑婆世界之中,修四乘道,得四乘果也",真言、天台、法相等传统佛教的各宗正是如此。所谓净土门,即舍弃今世的成佛,而追求净土的往生。

但是道绰认为,圣道因"去大圣遥远""理深解微"二由,即便当下修行也已无法领悟。如今"二种胜法"中圣道已失去作用,唯有净土门才是最符合时代的救世之道。

法然引用了《安乐集》中的"私云:窃计夫立教多少,随宗不同"[2],以华严五教、法华宗的四教五味以及真言宗的显密二教等为例,指出各宗派通常会在立宗时建立各自的教相判释,[3]并对释迦牟尼的圣教进行分类。之后法然又论述道,"今此净土宗者,若依道绰禅师意,立二门而摄一

---

[1] 《昭和新修法然上人全集》,第 311 页。

[2] 同上,第 311 页。

[3] 教相判释。依据释迦说法的顺序和教义内容的深浅,对多数佛典进行分类并做出评价。如天台宗的五时八教、华严宗的五教十宗等。(译者注)

切",即"净土宗"具备上述的圣道、净土二门,能辨一切经书。

之后,法然再次自问:"问曰,夫立宗名本在华严、天台等八宗九宗,未闻于净土之家立其宗名。然今号净土宗有何证据也?"对此,他引用元晓和慈恩等先学的著作,以中国和朝鲜早已存在"净土宗"的名称为由,证明这绝非是自己的随意命名。

由《选择集》第一章可知,法然并不主张修行形态单一的称名念佛是契合末法时机的教法。他明志要建立与天台宗和真言宗处于同等地位,并以净土门为根基的"净土宗"。于是,《选择集》为立宗提供了理论根据。

2. 本愿念佛和相承理论

法然在《选择集》第一章中主张净土宗是设立圣道和净土二门教判的宗教,接着又在该章节中论述道:

> 凡此集中立圣道、净土二门意者,为令舍圣道入净土门也。[1]
> 设虽先学圣道门人,若净土门有其志者,须弃圣道归于净土。[2]

法然在别处也反复论道,因为净土门才是契合末法时代的教法,所以应当舍圣道归入净土。

那么,法然为何认为净土门是契合末法时代的教法呢?关于此点,法然引用了《安乐集》的部分内容,其中写道:由于"去大圣遥远",今世即便是修行圣道也不能证果。永承七年(1052),正像末三时说(末法思想)宣称当下即将进入"但有教而无行证"的末法时代,该说法深得人心。法然以三时说为依据,对道绰"当今末法,五浊恶世。唯有净土一门可通入路"的言论给予肯定,认为末法时代是传统佛教即圣道门丧失效力的时期。并且,他主张在圣道门失效的末法时代,净土门才是唯一的救世之道。

---

[1] 《昭和新修法然上人全集》,第312页。
[2] 同上,第313页。

然而,法然创立净土宗之际并非仅以净土门为依据,还参照了专修念佛的教义。在法然生活的时代,祈求往生净土的信仰中有多种实践方法备受认可。[1] 人们相信只要通过造像起塔、持戒、读经、书写等行将功德转入净土就能成为往生的因。那一时代认为诸行都能往生,念佛不过是通往净土的诸多道路之一。并且在念佛中,称名念佛不过是包含观想念佛和理观念佛在内的诸多实践方法之一。

在那种背景下,法然以三时说为根据提出的圣道门的否定之论虽能成为劝诫人们舍圣道而入净土的理由,却无法充分解释为何净土门也必须称名念佛。对此,法然究竟如何考量?

《选择集》第三章本愿章中揭示了答案。法然在此章论述阿弥陀佛舍弃一切祈求极乐往生的诸行,只取念佛作为往生的本愿。[2]

法然如是说,极乐世界中的阿弥陀佛为救众生,只取念佛作为人们往生净土的条件,因此人们只要相信本愿并称名念佛,就能乘着弥陀的誓言往生;反之,因为弥陀没有选择念佛之外的诸行,所以无论人们怎么实践都是无用。此外,法然还列举出弥陀选择念佛的两个理由,即"念佛胜,余行劣"和"念佛易修,诸行难修",强调无论从胜劣还是难易的角度来看,念佛都优于其他诸行。

该理论通常被称为"选择本愿念佛理论"。法然结合正像末三时说,运用"弥陀施予的至高念佛"的理论,主张本愿念佛及以此为依据的净土宗是末法时期最佳的、唯一的得救之道。法然认为自己开创的净土宗的正统性在于其以佛祖选择的真正教法为依据。

当然,法然主张净土宗具备正统性的根据不止如此,《选择集》第一章末尾处强调净土宗的一脉相承也为此提供了一个论据。

问曰,圣道家诸宗各有师资相承。(中略)而今所言净土宗有师资相承血脉谱乎? 答曰:如圣道家血脉,净土宗亦有血脉。但于净

[1] 井上光贞《日本净土教成立史的研究》(山川出版社,1956年)等。
[2] 《昭和新修法然上人全集》,第319页。

土一宗,诸家不同。所谓庐山慧远法师,慈愍三藏,道绰、善导等是也。今且依道绰、善导之一家论师资相承血脉者。此亦有两说:一者,菩提流支三藏、慧宠法师、道场法师、云鸾法师、道绰法师、善导法师、怀感法师、少康法师。(已上初唐宋两传)[1]

但显而易见这仅仅介绍了中国的学说,并且由于其中没有揭示宗法传入日本的系谱,该主张在那时的佛教界中终究没有说服力。而且,这部分内容完全偏离《选择集》的整体论旨,即便从记述的简单性来看,笔者也很难理解法然置"相承理论"和"选择本愿念佛理论"同重的原因。

二、南都北岭的正统意识

1. 旧佛教的念佛批判

当法然的专修念佛广泛流传于世间,传统佛教对其的批判高涨。元久二年(1205),兴福寺的众教徒要求禁止专修念佛,以"八宗同心诉讼"为名向朝廷递交一纸诉状,即为人熟知的《兴福寺奏状》。据说其起草者是南都的代表学僧解脱房贞庆上人。

该奏状长达九条,列举了念佛的过失,第一条为"立新宗失",具体如下:

夫佛法东渐后,我朝有八宗。或异域神人来而传受,或本朝高僧往而请益。于时上代明王敕而施行,灵地名所随缘流布。其兴新宗开一途之者,中古以降绝而不闻。盖机感已足,法时不应之故矣。(中略)今及末代始今建一宗者,源空其传灯之大祖矣。岂如百济智凰大唐鉴真,称千代之轨范,宁同高野弘法叡山传教,有万叶之昌荣者乎。若自古相承不始于今者,逢谁圣哲面受口诀,以畿内证教诚示

---

[1]《昭和新修法然上人全集》,第313页。

导哉。纵虽有功有德,须奏公家以待敕许。私号一宗甚以不当。[1]

立宗通常具有一定的规范,此处对法然无视规范而立新宗提出了批判。奏状表明立新宗有两项必不可少的条件,一是正法相承,二是天皇的批准(敕许)。日本自古以来就存在满足该条件的"八宗",但法然却完全无视该规范,企图在没有相承和敕许的情况下开创新宗"净土宗"。法然之举实为不妥,于是该奏状言辞激烈地抨击了法然。

此批判最终惊动了朝廷,建永二年(1207)法然被流放至四国地区。不久后法然被赦免,于建历元年(1211)再次返京。然而未待安定,第二年法然便离开了人世。

法然逝后,其门徒在各地积极布教,因此经常与视专修念佛为眼中钉的旧佛教教团发生激烈的碰撞。在这种情况下,嘉禄年间(1225—1227)发生了一起法然逝后规模最大的镇压念佛事件,史称"嘉禄法难"。

那时,山门延历寺成了攻击念佛的中心阵营。贞应三年(1224),山门大众向朝廷递交解状,要求禁压专修念佛。

该解状共有六条,山门首先提出的条目为"不可以弥陀念佛别建宗事"。解状的内容分条如下:

> 右,谨检旧典,建教建宗,有法有式,或外国真僧归化而来朝,或吾朝高僧奉敕而往咨,予知一朝之根机,已张八宗之教纲,论其祖宗,无非贤圣,寻其滥觞,皆待敕定,相承有次第,依凭无忤误,爰顷年有源空法师,卜居于黑谷之初,未有博学之实,移栖于东山之后,频吐诳惑之言,猥以愚钝之性,欲追贤哲之踪,私建一宗,还谤三宝,思生于袖衿,敢无师说之禀承,言任于胸臆,不依经论之诚说。[2]

---

[1] 日本思想大系《镰仓旧佛教》,第 312 页。
[2] 《镰仓遗文》五,第 271 页。

立宗有明确的规范,只有高僧在继承了中国正法的血脉并获得敕许后,其宗派才能被认可——该主张认为只有血脉相承和敕许才是立宗必不可少的条件,并阐明了"八宗"是日本现存的被公认为满足该条件的宗派,由此可看出该主张与超越了法相宗和天台宗等宗派差异的《兴福寺奏状》有着共通的理论。

对传统佛教徒而言,教义的正确与否虽是立宗的必要条件,却非充分条件。在讨论教义的正确与否之前需提供与其相关的客观证据,即相承。而且即使是继承了正法血脉,倘若没有获得国家的正式许可,仍不会被视为正统宗教。从世人对宗教的此般见解可知,将佛所选的行作为立宗主要根据的法然教义显然与此截然不同。

当然,法然也在《选择集》第一章中表示"净土宗"具有独立的血脉。但正如前文所述,法然创立的净土宗的相承系谱只不过是学说的介绍,并没有显示从中国传入日本的路径。旧佛教所说的血脉必须如同水从一个瓶子转移到另一个瓶子一般嫡嫡相传,一刻也不能中断。而法然主张的相承并不满足该条件。

或许法然是在意识到旧佛教界的相承理论之后提出了净土宗的血脉理应彰显本宗的正统性,但从客观上看这并不能应对旧佛教的批判。法然所说的相承并不重视嫡嫡相传,相比于从未中断的宗教系谱,它更接近于列举那些领悟本愿念佛、从真实信仰中醒悟的人们,如亲鸾的"七高僧"[1]。为说服旧佛教,法然提出了相承理论,却不料最终也只是突出了两者对"宗"的不同见解而已。

法然认为教法是宗派正统性的基础,是宗派本身优劣与否的标准,而旧佛教则将形式上的相承和敕许摆在第一位,两者之间存在着难以逾越的隔阂。

2. 正统的条件

笔者在前节论述了立宗之际旧佛教视形式上的相承和敕许为宗派正

---

[1]　七高僧,将阿弥陀佛的本愿正确地传承下来的印度、中国以及日本的七位高僧。日本净土真宗祖师亲鸾圣人尊称他们为"七高僧"。(译者注)

统性的保证,而法然认为各宗所依据教理的优劣与否才是鉴别其正统性的标准。因此,旧佛教在进行教理批判前,以"不蒙公家处分,恣建新议之邪宗"[1]的形式对法然进行攻击。

旧佛教徒虽重视制度和形式,却不认为本宗的教学和实践输于别宗。《兴福寺奏状》中有一节内容彰显了法相宗的传统及其教理的优越性,即"爰我法相大乘宗者,源出释尊慈尊之肝心,详载本经本论之诚文。印度则千部论师十六菩萨立破有空执,晨旦亦三藏和尚百本疏主相承无谬"[2]。此外,同样被视为由贞庆起草的《南都叡山戒胜劣记》中,将南都东大寺的戒坛和比叡山的大乘戒坛进行了对比,如"今延历寺戒坛者。出最澄之新仪。不见释尊之正说。(中略)爰知以南都为本戒坛。以叡山为末戒坛云事"[3],极力主张前者相比于后者具有优势地位。另一方面,镰仓时代由山门僧人所著的《延历寺护国缘起》记述了天台宗的法华一乘的法门胜过权教法相的法门,如"谨案勘旧记云。夫兴福寺者正为藤家氏寺。傍募皇之御愿。而案寺内所学教法。如来方便之教门。法相偏门之权宗也。寻灵场建立之根元。未闻天子本命之由绪。闻法相弘传之宗要。未尊教王护国之本德。伺寺院兴隆之圣迹。未为镇护国家之灵崛矣。凡彼寺虽有六宗。以法相宗为宗要,但此等宗非成佛之本怀。非顿觉之直道。故皆名权宗"[4]。

法相宗和天台宗的众教徒都主张自宗才是建立在佛教的真正教义之上的宗派,其他宗派与其相比不过是低级简单的教派。

这种本宗至上的主张看似与法然宣扬念佛是弥陀选择的最优佛法的做法相同,然而尽管法然与南都北岭的旧佛教教徒都主张本宗教法至上,但两者之间却有着决定性的差异,即法然斥责念佛以外的诸佛诸行,认为那些皆无价值,明确地否定了其存在的积极意义,而旧佛教虽极力主张本

---

[1] 《延历寺大众解》(《镰仓遗文》五,第271页)。
[2] 日本思想大系《镰仓旧佛教》,第315页。
[3] 《日本大藏经》戒律宗章疏二,第496页。
[4] 《续群书类从》二十七下,第333页。

宗的优势地位,却未曾全面否定余教和他宗的存在意义。

如上所述,法然将一切佛法分为净土门和圣道门,主张末法时代依靠圣道门并不能得道,并且在净土门中,除弥陀选择的本愿念佛之外,其他皆为无用。即法然认为在那个时代只有念佛一行能够救济世人:如今其他教行都已失效,念佛才是独一无二的正统佛法。

但旧佛教徒并不这么认为。《兴福寺奏状》中有这样一段话,即"凡恒沙法门待机而开,甘露良药随缘而授。皆是释迦大师,无量劫中难行苦行所得正法也"[1]。正如医师因病施药一般,释迦也是根据众生的资质阐明教义,教义之间虽有高低之差,但都是值得尊崇的"正法"。

《选择集》中法然肯定一佛一行,否定其他教行和佛祖菩萨的宗教价值,前章中笔者将这一观点表述为"选择之理论"。另一方面,笔者将旧佛教主张的理论取名为"融合之理论",即世上存在着各种各样素质的人,为将这些人毫无遗漏地解救出来,八万四千条释迦佛法缺一不可。

法然的"选择"观点认为同时代的教理中唯有念佛一行称得上"正统"。与此相对,"融合"的观点认为,释迦一代的教行皆为"正法"。

接下来笔者将以上述教理层面的正统意识为根据,探讨以此为基础建立的宗教层面的正统观念。

首先,法然主张净土宗以唯一的正法念佛为根基,是末法时期唯一的正统宗教。然而,旧佛教认为虽然一切教法皆为正法,但在宗派的层面上并不是所有宗派都无条件属于正统,因为它们认为在日本称得上正统的宗派只有既成佛教的"八宗"。

此前谈到该八宗的正统性有两点要求,一是由血脉相承的高僧开宗,二是获得敕许后开宗并守护国家的佛教。教理层面上,旧佛教根据救济功能分化论,认为一切教行皆为佛祖首肯的正法,通过设定相承和敕许的条件,在宗派的层面上将正统佛教限定为既有的八宗。

[1]　日本思想大系《镰仓旧佛教》,第 313 页。

八宗虽存在相互矛盾之处,但它们都属于庄园领主阶级,且都与国家相依相存,作为护国佛教负责国家的意识形态。对于恰好归纳所有共命运的传统佛教、促进彼此的团结和融合,八宗是非常方便的概念。而且,将正统佛教限定于八宗,有利于排斥专修念佛等新兴势力和提请国家对其进行压制。将正统等同于八宗的这一理论发挥着融合和排斥两种不同作用,一是可以促进八宗各方的协调和共存,保护传统佛教的既得权力,二是使排斥新宗正当化。[1]

三、法然正统意识的特质

1. 佛施予的正法

法然在教理和宗教层面上提出了不同于传统佛教的新正统观,这在思想史上有着怎样的意义?

旧佛教根据"融合之理论"这一共通的理念,从教理层面上肯定释迦的一切法门皆为正统,但立宗则另当别论。

只有正法血脉相承的高僧才能立宗,而且并不是只要相承连续谁都可以立宗,在获得敕许之前,开宗者的资格受到严格制约。

此处再次引用前文提到的兴福寺和山门的奏状:

> 其兴新宗开一途之者,中古以降绝而不闻。盖机感已足、法时不应之故矣。(兴福寺)
>
> 谨检旧典,建教建宗,有法有式,或外国真僧归化而来朝,或吾朝高僧奉敕而往咨,予知一朝之根机,已张八宗之教纲。(山门)

旧佛教主张,虽然释迦佛法皆为正法,但在实际立宗时要考虑当地的风土和人们的能力等,正如医师对症下药一般,立宗也需要从众多法门中

---

[1] 请参照本书第二部第一章。

选取最适合的,而日本八宗是先德在充分考察国家情况后开设的宗派,人们只要追随八宗之一就一定能得救,其他宗派日本并不需要,其证据是中古以后的日本很久都没有立宗。对它们来说,只有具备良好的洞察力,能够在相承的基础上考虑时机并选择最佳教法的人才能被给予立宗的特权。

正如"讵以凡庸之性,得定正教之宗"[1]所述,除旧佛教的高僧外,圣职者无法自己选择佛法立宗。况且,在俗的一般民众只能被动地接受以上旧佛教僧授予的教法,除此之外别无选择。

旧佛教的此番理论与那时传统佛教界的立场并非毫无关系。

中世时期,南都北岭的大寺院不仅是宗教团体,还是强大的封建领主,因此继承法脉并成为寺院最高统治者的高僧代表着作为统治权力的寺院。他们自称为宗教高僧,欲与被统治的民众严格区分开来,很明显这一理论主张将世俗社会的阶级秩序原封不动地搬到宗教和开悟的世界,位于特权地位的僧人无论今世还是来世总是处于最高位。

但法然并不这么认为。末法时期,念佛和以此为依据的净土教是唯一称得上正统的佛法。并且在他看来这并非自己所选,而是佛授予的。法然认为人类无法诠释和判断佛法的是非优劣,只被允许无条件遵从佛的指示。

佛的教义并非只能在相承等"封闭"的法门中相传,只要放弃随意和己见而遵从经典,任何人都能直接听到佛的声音。如此,设立"开放"法门的法然使宗教高僧失去了立身之地。

《叹异抄》中收录了一段亲鸾从法然那里听闻的话语,即"源空(法然)之信心,如来所赐之信心也;善信之信心,亦如来所赐之信心也,故全然同一也。不同信心之人,恐不能往生源空所生之净土"[2]。法然认为,在唯一的救主——佛的面前,所有信仰者都是平等的。

显然,法然的理论包含了对传统佛教界秩序和理念的根本性批判。

[1]　《延历寺大众解》(《镰仓遗文》四,第256页)。
[2]　岩波文库《叹异抄》,第67页。

由于旧佛教的相承理论反映了当时世俗的阶层秩序,因此法然对此理论的否定并没有停留在教学批判层面,而是对当时宗教界的秩序和以旧佛教为意识形态基础的既有体制进行了尖锐的批判。

2. 敕许的作用

另一方面,法然主张提高与世俗权威相对的法和宗的宗教权威并确信其占据了绝对优势地位,而将佛设定为宗法正统性的保证则为此主张提供了根据。

绝大多数旧佛教认为释迦的一切法门皆为正法,而人师的作用是从众多教行中选择最合适的教行开宗,因此,旧佛教认为由于人师的介入,各宗主张的正统性必然具有相对性。

并且,关于各宗正统性主张的相对性,旧佛教认为还有一个影响因素,即有无敕许。敕许本就与佛法属于不同层面,是不同于佛法性质的世俗原理,旧佛教将其作为保证宗派正统性必不可少的条件,使得正统性的标准更具相对性。

在中世南都北岭的常套理论——佛法王法相依论中能够找出揭示该相对性的直接论例。旧佛教经常把佛法和王法比作鸟之两翼、车之两轮,极力呼吁两者相互依存、共同繁荣。

该理论并没有将佛法和王法置于同位,而是认为佛法占据着原理地位。[1] 然而,尽管该理论承认佛法的存在意义及其正统性并不由其原理决定,而是由与佛法原理完全不同的王法所保证和规定,但不可否认的是该理论对高举佛法至上的旗帜起到了严重的阻碍作用。

另一方面,由于法然主张除弥陀施予的念佛和净土宗外再无得救的途径,于是将旧佛教诸佛诸经分散的宗教权威集中为一佛一经。因为念佛和净土宗是弥陀规定的唯一真法,所以它们和敕许等其他一切条件都无关,其本身就是正统。由于旧佛教的正统性受到人的判断和佛法之外的原理介入,因此它必须采用相对性论法,即通过与他者的比较和鉴于状

---

[1] 黑田俊雄《中世显密体制的发展》(《日本中世的国家与宗教》岩波书店,1975 年)。

况来论证自身的正统性。与此相对,法然的正统论认为佛法本身存在普遍的正统性,它超越了与他者的一切比较,是建立在绝对性的基准之上的。

在记录法然上人的传记《法然上人行状画图》中收录了法然的一段话:"此法弘通者,人止法更不可止,诸佛济度之誓深,冥众护持之契勤也。"[1]这句话直接表明了法然对法和宗的独立性的思考。

四、日莲的正统意识

1. 日莲的念佛观

至此,笔者对法然和旧佛教的正统意识进行了考察。接下来,笔者将在对比两者的同时,分析第一章中提到的日莲的正统观,日莲与法然的专修念佛系谱并称为中世异端的代表。

日莲通常与法然、亲鸾、道元等并称为镰仓新佛教的祖师,但日莲对天台宗等传统佛教的态度与其他祖师明显不同。日莲自称"天台沙门"[2],怀有正统天台宗复兴者的强烈使命感,并且日莲强烈抨击法然的专修念佛,因为其摧毁了天台宗的根基。在日莲思想形成的初期,他曾明确表明自己继承了南都北岭对念佛的批判。

尽管日莲继承了旧佛教对念佛的排斥,但其批判理论与旧佛教全然不同。日莲对念佛进行批判的初期代表作有《守护国家论》和《立正安国论》,两本书中完全没有提及旧佛教批判念佛的论点,即前文提及的"敕许"和"相承"。

那么,日莲究竟以何种立场来批判念佛呢? 其实,日莲是通过比较其所信奉的《法华经》和念佛在教理上的优劣来批判念佛的。

日莲在《守护国家论》的开篇论述道,就现状来看,即使碰巧免入恶

---

[1] 《昭和新修法然上人全集》,第226页。
[2] 《立正安国论》的日兴书写本中,题号下方有"天台沙门日莲勘之"的记名。

道而生于人世间,来世也必定会再次堕入恶道。[1] 日莲认为其根本原因在于人们无法辨别"佛法的正邪和师门的善恶"。对于日莲来说,法然的专修念佛是妨碍人们接触真正的教义的"恶法",而他的《选择集》正是"谤法"的根源,其关闭了"法华真言的直道",开启了与"教权"时机不符的教派——"净土三部经之隘路"。

《守护国家论》是日莲根据对现状的认识、为"阐述《选择集》谤法的由来"而著成的。日莲为达成此目的,将正文分为七章,从各个角度来论证《选择集》为什么是恶法。尽管日莲和旧佛教都将念佛视为最大的法敌,但两者的立场有着决定性的差异:旧佛教将敕许和血脉放在第一位,而日莲则优先教理层面的批判。

当然,日莲并不完全无视世俗权力的存在。《守护国家论》中记录着"大文第四出对治谤法者之证文,此有二:一明以佛法付嘱国王大臣并四众,二举谤法人居处王地应予对治之证文者",即主张由于佛将佛法委任于国王,所以国王无论怎样都有责任禁压恶法和宣扬正法。[2] 其中,《立正安国论》是针对那时禁止念佛的实权者北条时赖提出的,因此闻名于世。然而,对日莲而言,决定佛法正邪的本质问题并不是国家认可与否,佛法的价值归根结底由其自身优劣决定。因此,即使被统治者认定为异端,日莲也毫不动摇地相信着自身佛法的至高性。

2. 法华至上的根据

日莲主张《法华经》至上的根据是什么呢?他在《守护国家论》的开篇设有"明于如来经教定有权实二教"这一章节,通过列举天台教学的五时说等主张《法华经》才是"如来出世之本怀"和至高的经书,并对此提出以下根据:

法华经是如来出世之本怀,故说"今者已满足""今正是其时"

---

[1] 《昭和定本日莲圣人遗文》一,第89页。
[2] 同上,第114页。

"然、善男子！我实成佛已来"等。但于诸经之胜劣，佛自举"我所说经典，无量千万亿"后，复说"已说、今说、当说"等时，多宝佛从地涌现，赞称"皆是真实"，分身诸佛，现高达梵天之舌相。如是明定诸经与法华经之胜劣。[1]

日莲认为释迦自身道出了《法华经》至上的理由。正如"而对法华经、论实义时，法华经以外四十余年诸大乘经亦皆为小乘，唯法华经为大乘"[2]，与阐明佛真实感悟的《法华经》相比，其他经书都不过是小乘佛法。

日莲接着在第二章以"明正像末之兴废"为题批判法然的末法观。法然主张只有阿弥陀佛择取的本愿念佛才是末法时期唯一的往生之道，而日莲则加以反驳，认为《法华经》才是末法时期人们的真正福音。

日莲在《守护国家论》中明确主张法华是释尊出世的本愿，拥有至高无上的地位，但并未全面否定其他经典的价值。从这一点来看，可以说日莲并未摆脱旧佛教"融合之理论"的影响。[3]

然而不久后日莲被流放至伊豆，并在伊豆提出了"妙者，绝也，绝者，法华经起，已前诸经断止"[4]，明确否定了其他经典。另外，与其说日莲信仰整个《法华经》，倒不如说他更关注"重要"的经题。此处"今入末法，余经、法华经皆无益，唯南无妙法莲华经是也。如是作言，非出于私义，释迦、多宝、十方诸佛、地涌千界之所定。此南无妙法莲华经，倘杂余事，则是大误矣"[5]。规定唱诵《法华经》经题之外的一切教行皆为有害无益的邪法。另外，经题作为正法，其根据在于它是佛祖怀着慈悲之心为救苍生而施予的正法。

---

[1]　《昭和定本日莲圣人遗文》一，第94页。

[2]　同上，第94页。

[3]　佐藤弘夫《日莲早期的国家观》（《日本思想史研究》10号）。

[4]　《昭和定本日莲圣人遗文》一，第446页。

[5]　同上，二，第1492页。

"佛起大慈悲,为不识一念三千者,裹此珠于五字之内,悬于末代幼稚之颈。四大菩萨,守护此人,与太公、周公之辅佐文王、成王,四皓之侍奉惠帝,无有异也。"[1]如今,末法时期的人们通过吟诵佛祖择选的题目就能切实得救。

对日莲来说,只有《法华经》的重要经题和其信徒组成的教团称得上末法时期的正统之名。观察日莲的正统意识可知,日莲将一佛一行和自宗一宗作为唯一的正统,主张正统的根据并不在于敕许等形式层面世俗权力的保证,而在于佛祖施予。值得注意的是,日莲的此般观点与旧佛教截然相反,却和法然极为相似。之后,旧佛教同批判法然一样批判日莲宗,称其"没有三国的相承""不蒙一仁的敕宣"[2],该批判明确表现了日莲教的特征。

日莲立足于传统佛教观点,从排挤法然开始踏上了佛教徒的道路,并终生排挤专修念佛。但是,日莲的正统观却和法然有着共通之处。日莲同法然一样,否定"封闭的相承"和宗教特权阶级的存在,他认为佛祖之下万人平等,主张严格区分世俗与佛法的价值,规范并高举后者,这些都与他的正统观念不无关系。

结语

以上,笔者通过与旧佛教的对比探讨了法然和日莲的正统意识,尽管日莲始终敌视法然,但其正统意识与法然有着共通之处。相比旧佛教,他们在历史上都被列为异端,且都建立了各自的正统意识。

但是至少在教团教学层面上,他们的正统理论未能被其门下继承。自祖师死后,法然和日莲的宗教团体逐渐不再主张自宗及其所依存的法是佛祖选定的唯一正统,而诸教和诸宗的宗教价值却逐渐恢复。而且,他们并不正面否定传统佛教,而是在肯定它的基础上将自宗作为旧佛教八

---

[1] 《观心本尊抄》(《昭和定本日莲圣人遗文》一,第720页)。
[2] 《破日莲义》(《大日本佛教全书》九七,第37页)。

宗秩序之下的第九个正统教派,即以旧佛教的正统观为前提,宣告自身的正统性。于是,尽管祖师阶段否认国家权力的认可(敕许)是本宗正统性的保证,但在这一时期,敕许逐渐显现出它的重要作用。[1]

---

[1]　佐藤弘夫《早期日莲教团中的国家和佛教——以日像为中心》(《东北大学日本文化研究所研究报告》18 集)。

第三章　中世佛教的历史观

序言

　　一般认为日本的"中世历史观"是一种神秘的历史观,神是人类主体所无法企及的超越性存在。[1] 中世认为人类的主体性行为并不是创造历史的核心因素,凌驾于人的神佛所赐予人类不可预测的启示才是历史发展的根本动力,而人类只不过是一味遵从启示,被命运左右的渺小的存在而已。

　　自古以来,以日莲、慈元等人为代表的佛教者的历史观,被视为典型的中世历史观。[2] 道德历史观将人类自身可能带有的伦理性作为历史发展的主因,当道德历史观代替神秘历史观成为主流时,多数先学意识到中世历史观已经开始向近世历史观转变。可以说,人们普遍认可"从中世佛教史观到近世儒教史观"[3]这一转变。

　　宗教权威凌驾并支配一切事物的思想与上述观点密切相关,且这一

---

[1]　石田一良将承久、建武之间的时代作为过渡期,将日本史分为古代与近世两部分,对于历史观,两个时代在创造历史的主体是超越者还是人类方面有所不同(《〈愚管抄〉与〈神皇正统记〉》,日本思想史讲座《中世的思想》二,雄山阁,1967 年等)。玉悬博之在石田氏观点的基础上,除了将规定向神佛等超越性存在寻求历史原因的历史观作为"中世的历史观"外,还添加了关于其构造与特质的详细分析(《〈神皇正统记〉的历史观》,《日本思想史研究》1 号;《日莲的历史观——以其对承久之乱的评论为中心》,《日本思想史研究》5 号)。

[2]　玉悬博之上揭论文。

[3]　玉悬博之《从〈天证记〉到〈太阁记〉——近世历史观的诞生》(《日本思想史研究》4 号)。另外,尾藤正英指出,历史意识自"佛教的历史意识"向"儒教的历史意识"的形态转变(《日本历史意识的发展》,旧岩波讲座《日本历史》别卷一,1963 年);中世的理念向儒教的规范主义转换,石田雄以此作为立足点,对《神皇正统记》进行明确定位(《〈愚管抄〉与〈神皇正统记〉的历史思想》,日本的思想《历史思想集》筑摩书房,1962 年)。

114

思想中存在一种含有"中世"的理念或世界观的有力学说。[1] 日莲的
"释尊御领观"等思想以独一真神（超越者）观念为基础，最为鲜明地提出
佛法至上的观点，作为典型的中世理念而广为人知。神佛是绝对且真实
的存在，支配着全国且推动历史的发展——这正是中世的世界观与历
史观。

但是，我们必须承认这一事实，即在日本中世的佛教中广泛存在着与
这种观点截然不同的世界观与历史观。

假托最澄所著，但实际上是由天台僧[2]于平安末期完成的《天台法
华宗牛头法门要纂》中有《烦恼菩提》一节叙述如下：

> 夫以，心性者诸法，诸法者三谛一谛非三非一，非寂非照而寂而
> 照宛然也，一色一香无非中道，然烦恼菩提是我一心名，生死涅槃亦
> 指心体，凡厥由妄心时呼之名三道流转，归本心时呼之称四德胜用，
> 此心性本源凡圣一如无二如，此名本觉如来知此名圣人，迷此理号
> 凡夫。[3]

此处的佛并不是指在与今世不同次元的空间中，支配人类的外在性超越
神，或说佛脱离于人类且非实际存在。事实上，人们"心性的本源"便是
本来佛。凡夫与佛的差异只不过在于能否领悟自身内部的佛性（凡圣不
二）。当人们领悟自身与佛的不二一体之理时，便可抵达现实的国土与理
想的净土（此土即净土）。

如果将佛视为人的内在之物，那么又应如何看待作为传统意义上的
救世主释迦（释尊）等佛呢？《真如观》一般认为是由天台僧所著，所处时

---

[1] 藤井学《中世国家观的一种形态——以日莲的理论与释尊御领为中心》（《国史论集》一，
1959 年），黑田俊雄《关于思想史方法的札记——以中世的宗教思想为中心》（《历史学研
究》239 号）。
[2] 田村芳朗《天台本觉思想概说》（日本思想大系《天台本觉论》）。
[3] 同上，第329 页。

期与《牛头法门要纂》大致相同,其中有如下内容:

> 是如凡自他身一切有情皆真如则佛也。草木、瓦砾、山河、大地、大海、虚空,皆是真如佛物。(中略)此文之心,释迦如来名奉,一切处遍释迦如来体处。[1]

在天台教学中,释迦同样不被视为外在性的人格神。此处的普遍真理(佛性)森罗万象,将"释迦如来之体"比喻为世间万物。

"凡圣不二"与"此土即净土"的理念并非仅见于天台宗,它是全体中世旧佛教共有的理念。镰仓时代真言僧觉济在《迷悟抄》中写道:

> 都教深成随,佛性弥弥自身近付也。心外佛有国有思皆是迷前妄想戏论。[2]

法相宗贞庆也在《愚迷发心集》中写道:

> 云圣者云凡夫,不可远寻外。云净土云秽土,不可遥隔境。空我法称圣者,着我法名愚夫。所执境称秽土,如幻境名净土。[3]

另外,在记录律宗睿尊言行的《兴正菩萨御教诫听闻集》中也可见"即自心净即净土也,别无建立"[4]之语。这些均强调人与佛的一体性,以及主张净土应建立于现实而非谋求于他界。

正像末三时说[5]作为中世佛教历史观的重要要素之一,早已受到人

---

[1] 田村芳朗《天台本觉思想概说》(日本思想大系《天台本觉论》),第134页。

[2] 《真言宗安心全书》上,第47页。

[3] 日本思想大系《镰仓旧佛教》,第309页。

[4] 同上,第204页。

[5] 关于正像末三时说及末法思想的研究数量很多,其中与历史观相关的论述有松冈典嗣的《末法思想的发展与〈愚管抄〉的史观》(《日本思想史的诸问题》创文社,1957年)与高木丰的《镰仓佛教中的历史构想》(《镰仓佛教史研究》岩波书店,1982年)等。

们的关注。旧佛教立足于"乐观的"人类观,认为所有人均可通过感知内在佛性而易于成佛,其观念不仅与主张外在性超越神支配历史的世界观、历史观互不相容,而且也与作为三时说背景的"末法法灭""五浊恶世"的危机意识毫无关联。事实上,在中世旧佛教的相关史料中,经常可以看到类似于以下斥责三时说为生活教义的言辞。

于法华可否立正像末三时之事。是立。故立正像末三时之事,界内同居之仪式,免未无常权教之所谈。谓之法华,界外寂光之所说,出过三世内证之故,不可立三时之起尽。[1] (《文句略大纲私见闻》)

于经论判正像末次序之事,为小乘付傍之说。于大乘至极之实谈全无此义。[2] (《法华文句要义闻书》)

月藏经之说乃就释尊一代显教之机,分正像末三时,其时之说也。真言教之悉地非分别三时之不同。[3] (《密教修行念诵作法》)

自古以来,提到中世的历史观,人们强烈认为超越性的佛左右历史的发展,正如正像末三时的理法一样,历史的发展不是人力所为。但是,从以上所列事例可知,中世佛教中广泛存在着与此完全不同的理念。即否定外在性的神,强调凡圣不二。

因此,我们在就中世佛教的历史观与世界观进行考察时,首先应该做的并不是将某种特定理念轻易地判定为"中世的",而是要明确中世各种异质的历史观与世界观的具体构造与特质。然后据此以确定各理念在中世思想界所占据的位置,并追究其在该时代所负有的历史意义。通过该视角,我们必能发现更加丰富多彩的中世思想界。

---

[1] 《大日本佛教全书》一八,第 185 页。
[2] 《大日本佛教全书》一六,第 149 页。
[3] 《真言宗安心全书》上,第 15 页。

一、中世佛教的历史观

1. 世界观与历史观的多样性

笔者在前文已指出中世佛教中以天台宗为中心的旧佛教中两种理念并存，一种理念是日莲等主张的超越性的人格神为历史的主宰者，另一种是否定人类之外的超越者的存在，并强调凡圣不二与此土即净土。那么，看似对立的两种理念在中世思想界中各占据着何种位置，两者究竟维持着怎样的联系以及如何共存的呢？

13世纪以后，传统佛教界开始迅速公开反抗和批判法然及其宗教团体，最终南都北岭要求朝廷禁止念佛，并以此为由对法然团体进行镇压。在迫害念佛的运动中，旧佛教界首先指出法然宗教的排他性问题，即法然宗教否定阿弥陀佛与念佛之外其他诸佛诸行的救赎能力。那时，法然及其门徒将正像末三时说作为否定传统佛教效力的根据。

对于停止念佛的要求，建宝五年（1217）延历寺的解状[1]中提到念佛者的以下主张：

> 时过正像，世及浇礼，显密淆教无验于薰修，弥陀一教才堪于利物。

对其批判如下：

> 唯但愿信心之厚薄，不可疑时分之前后，鹤林日隐，遥虽隔二千余年之星霜，鹫岭风传，岂不拂后五百岁之尘垢，况于如来出世，聊有众典一同，若以众星降周池之祥，正为满月生西天之端者，尚在像法之终末入末法之初，既有昭王庄王之两说，难成像法末法之一途，彼

---

[1] 《镰仓遗文》四，2315号。

等不知大教流行之时节。

正如第一章所述,专修念佛者认为末法就是传统佛教湮灭时期,并否定末法时期既存教行的效力,认为当时的显密佛教早已失去其存在意义。与此相对,叡山众徒主张无论当世为像末还是末法,若人们以释迦的教义为缘认真发心修行,则凭借古来的方法终究能够参悟。

因山门等对念佛的弹劾奏效,法然及其主要门徒被流放各地,自此念佛教团经历了长期循环往复的严厉镇压。从上述研究可知,专修念佛的正像末三时说被旧佛教视为异端邪说,受到非难以及国家权力的镇压。

提起日本中世的佛教,大部分人定会联想到镰仓时代由法然、道元以及日莲等人相继成立的新佛教。但在中世,具有绝对性权威与势力的是统称为"南都北岭"的延历寺与兴福寺等旧佛教。[1] 这些大寺院作为庄园领主积蓄了大量财力,同时又与国家权力保持着密切关系,影响着国家统治。法然等新佛教派的教团与其相比不过是微不足道的存在,其理念同样也难逃被斥为异端思想的命运。另外,值得注意的是,围绕正像末三时说的解释,新旧佛教并没有明确的对立,传统意义上被纳入新佛教范畴的禅宗,实际上与旧佛教更为相近。

荣西在《兴禅护国论》中,对抨击禅不合时宜的观点,引用《法华经》等经典中的数篇文章反驳道:

> 此四行文,皆言后末世时也。然则案般若法华涅槃三经,皆说末世坐禅观行之法要。若末代可无机缘者,佛不可说此等也。[2]

据说道元曾说"尚谓大乘实教,不分正像末法,修则皆得道"[3](《辩

---

[1] 黑田俊雄《中世显密体制的发展》(《日本中世的国家与宗教》岩波书店,1975 年)、《中世寺社势力论》(《岩波讲座日本历史》中世二,1975 年)。
[2] 日本思想大系《中世禅家的思想》,第 19 页。
[3] 日本古典文学大系《正法眼藏·正法眼藏随闻记》,第 91 页。

道话》），还有梦窗也曾批判念佛"末代众生不可不行大乘，唯说应念佛修行之大乘经全无"[1]（《梦中问答》）。

从上文可知，中世佛教界的大多数人都不承认正像末三时说的末法＝法灭的观点。因此他们绝对无法容忍法然和日莲等人的主张，即正面提出三时说，认为末法＝显密佛教湮灭之时，并全面否定末法时期传统教行的效力。因此，法然等被视为异端，遭受到严酷的批判与迫害，不得已逐渐走上孤立化的道路。

2. 历史的发展与人类的作用

根据以上考察，我认为虽然法然、亲鸾、日莲的宗教及思想一直以来被视为中世思想典型，但在他们所处的时代，信奉者仍为少数，难以摆脱异端的地位。因此，有必要重新探讨他们的世界观、历史观以及其历史意义等。

如上所述，法然等人都以正像末三时说为根据，提出末法就是传统佛教灭尽之时，并强调在末法恶世的当代，既成的佛圣及教行已经丧失了救赎能力。另外，他们还提出末法时弥陀或释尊等一尊佛是唯一的救世主，以此取代对诸佛诸圣的信仰，劝诫人们进行相应的念佛、唱诵经题等特定的修行。

虽说法然、亲鸾和日莲都有着青年时期在比叡山修行的经历，但他们却立足于截然不同的教理系谱。尽管如此，在选择一行否定其他（"选择之理论"[2]），倡导对一佛的专修信仰（一佛至上主义）上，两者的思维有着共通之处。

他们的"选择之理论"与一佛至上主义将旧佛教在诸佛诸行中分散的宗教权威集中于一佛一行，最终使他们所信奉的佛的权威与救赎力大大增强，胜过以往的任何教说。此外，日本佛教传统中具有非常明显的泛神论、多神教的倾向，然而他们的宗教与此相反，带有鲜明的一神教特色。于是，一直备受注目的国土主权者、历史主宰者的绝对佛，开始以这种方

---

[1] 岩波文库《梦中问答》，第182页。
[2] 参照本书第二部第一章。

式登上历史舞台。

但此处需要留意的一点是,虽然人格神成为统治国土、左右历史发展的主体和超越人类的绝对性存在,但接受这一思想的人们,并没有采取放弃参与历史与迎合现状的态度。

法然、亲鸾以及日莲在设定救世主这一绝对性存在的同时,也敏锐地发现了人类自身能力的极限。另外需注意,他们不仅从抽象和普遍的角度讨论人类相较于佛的无力,而且还指出即便是处于现世权威与权力顶点的国王,同样也有着自身的局限。

亲鸾认为后鸟羽天皇在承久之乱中失势是由于上皇对专修念佛采取不当的镇压所致。[1] 在亲鸾看来,例如弥陀等诸佛菩萨作为超越性的存在,在守护念佛者的同时,也对迫害者施加惩罚。即便是拥有无上权势的后鸟羽上皇,也无法避免因迫害念佛而受到惩罚和失势的命运。

日莲从佛权至上立场,更加彻底地否定世俗权力。他认为释尊是君临于国土之上的绝对人格神。若违背佛的旨意:

> 轻贱过去现在之末法法华经行者之王臣国民,始于无事终于毁灭。[2] (《圣人御难事》)

即便是国王,也要承受佛罚,最终不得不步入灭亡之途。即便是统治者,如果违背佛的旨意,也可以毫无顾忌地被否定。该理论将特定的人格神视为高于国王的世间主权者,这种观点只有成功地将宗教权威集于一佛,并将政治权力作为弘通佛法的手段进行理论化的亲鸾与日莲出现之后,才能持续地、系统地发展起来。

另外不可忽视的是,他们还主张包括国王在内,众生在佛前平等:

> 告之净土之真实信心之人,虽此身乃卑鄙不净造恶之身,若内心

---

[1] 参照本书第一部第一章,第 10 页注 4。
[2] 《昭和定本日莲圣人遗文》二,第 1673 页。

同如来一般,则谓之与如来一同。[1] (亲鸾书简)

持有法华经之人若为男子,无论何种田夫,胜于三界之主大梵天王、释提桓因、四大天王、转轮圣王,乃至汉土日本之国王等。[2] (日莲书简)

并将佛的权威转化至自身及门下。在此,拥有"正法"者,身具佛的权威,受到佛的祝福与守护,成为神圣,能够不惧任何世俗的压力,走上自身的信仰之路,最终归向"无碍之一道"[3]。

人们至今往往认为日莲等人的历史观很"神秘",它消极地否定人类在历史形成过程中的作用。但其实,他们的思想在中世的实际历史意义与评价恰好相反。[4] 可以说亲鸾与日莲宗的信徒在绝对性存在的佛的观念下,首次找到了能够使他们独立于现世统治秩序,以及使他们超越权力的行动神圣化的理论。事实上,自祖师在世之时起,在俗门徒便将此理论作为支撑他们抵抗权力的精神支柱。[5]

3. 佛教的世界观与历史观

以下将探讨形成中世佛教正统的旧佛教界的世界观与历史观的构成,以及其所具有的历史意义。

如上所述,以天台宗为首的中世旧佛教和禅宗,并不认为佛是支配国土和主宰历史的外在性与绝对性的存在。它们认为佛的存在离不开人,因为人通过领悟自身内在的佛性而成佛。因此,正像末三时的理法并不能成为让开悟变得困难的理由。可以说不存在救世主的这种思想,意味着高度评价人类在得到解脱时所具有的能力。

但是,法然等人虽然设定外在的神和否定人类自身能力,但并非全然

---

[1] 《定本亲鸾圣人全集》三,书简篇,第 6917 页。

[2] 《昭和定本日莲圣人遗文》二,第 1139 页。

[3] 岩波书库《叹异抄》,第 52 页。

[4] 尾藤正英阐述"这是日莲与亲鸾首次意识到历史与自己的社会性实践的关联"(前揭论文,第 114 页注 3,第 47 页)。

[5] 本书第一部第三章。

否定现世民众的主体性行为。同样,旧佛教虽然肯定人自身的能力,但也并非全面肯定人在世俗中所发挥的作用。即在旧佛教的观念中,国土的支配者与历史的主宰者是外在的绝对神,人类只是历史的参与者,与绝对神并无直接联系。这是因为对人类自身能力的肯定仅限于以觉悟为目标的宗教性实践层面。

《法华辉临游风谈》摘文如下:

> 婆娑净土之外净土不可求之事。
>
> 问:婆娑世界有四种佛土净刹,为何释尊向诸教赞西方净土之往谒。答:广扇记有云。经曰:于恒伽河,众生惑见不同。鱼观恒河之水为宫殿;饿鬼观之为火焰;人观之为水;天观之为露珠也。六道凡夫见婆娑世界为秽土;见思断之七方便之圣人见之为方便土;尘沙断地住已上之菩萨见之为实报之净土;法华三昧之行者见之为初法性大虚之常寂光之宫。哀否,六道众生,生于本觉寂光之宫,然不见寂光土,观之寂光宫与婆娑,谓之秽土。众生之己乃妄想之咎,未有婆娑世界之咎。[1]

亦如标题所示,不可远离现实世界——婆娑,而在他界寻求净土。但是佛教中的理想王国——净土,并不是由现实社会的客观性变革而形成的。无论现实是秽土还是寂光土,都是没有差别的国土,若有差别则仅由观者的主观意识所造成。

因此,正如《真如观》中的一段话:

> 实相者真如之异名。是即地狱亦真如也。饿鬼亦真如也。畜生亦真如也。若真如名实相之佛,云自十界本为佛事明也。[2]

---

[1]　《大日本佛教全书》一四,第399页。
[2]　《天台本觉论》,第129页。

纵使现实如地狱般呈现悲惨之状,但在顿悟的佛的眼中,现实便是永远的净土。如果只能看到地狱般的情景,便是仍未达到洞悉真理的境界,其责任在于自身。

上述旧佛教界自力至上的观点,与世俗诸多领域中对人类作用的重视和信赖并没有关联,它只不过是宗教性的实践,而且只存在于信仰者内心。若一种理念将客观性的社会问题的概念偷换为一个人内心的问题,将现实的国土与理想的净土视为无媒介的一体,那么该理念也无法产生对现实的危机感与批判意识。而且他们的思想中缺乏超越神观念,即将现世的价值与权威相对化和将信徒的行动神圣化的观念。因此,其主张最终只是自己对现实的肯定理论。

事实上在中世,法然与日莲的宗教与各种民众运动相结合,但相关理念对此并未提供有关批判既成的政治体制和促进改革的观点与理论。而且,它最终也未成为民众斗争的精神支柱。

旧佛教的思想并不是要构造一个主宰历史的超越性神佛,另外,也并未突出人类作为历史形成的主体地位。"顿悟之言所观之处皆为净土"中"乐观的"世界观,与统一把握复杂的不可逆性的历史过程的尝试,即所谓的历史观的形成,在本质上不可调和。因此,当旧佛教徒想要从历史的角度明确自己的立场时,他们所信奉的本觉论佛教理念中却并没有构建历史思想的理论性素材。[1]

二、"天"思想的历史地位

1."命令神"与"应答神"

绝对性的佛统治国土、掌控历史这一理念没能成为中世佛教界主流的世界观与历史观。而且,相关的历史观并没有向信众展示其能力范围之外的固定的理法,也没有劝说信奉者放弃参与历史。相反,在绝对神的

---

[1] 值得注意的是,关于这一论点石田一良指出,天台僧慈元所著《愚管抄》的核心并非佛教思想,而是神道思想(前揭论文,第114页注1,第4页)。

照耀下,否定世俗权势的同时,赋予信众精神层面的权威,以实现佛意的名义,肯定其在现世的积极性行为。

人格神拥有强大的赏罚权,这一点会让我们联想到与此理念类似的"天"的思想。

天的思想形成于日本的南北朝时期。相对于日莲等人的"中世的"历史观,天之思想被视为"近世的"历史观,以此强调两者的不同。[1] 即天要求人拥有正确的为政之道与道德行为,并给予相应果报。这种历史观认为,人类能够在上天的果报作用下凭借自己的能力创造未来。可以发现其与近世主流思想的道德史观的关联性。与此相对,日莲等中世佛教的历史观是向神佛等寻求历史根源的"神秘性"历史观,它否定人参与历史,这与近世的历史观形成对照。

但此处必须记住的是,法然、亲鸾、日莲等人虽然认为佛是绝对性存在,主宰现实世界与历史,但绝不是深不可测的"神秘性"存在。佛要求人们笃信"正法"。纵然是出身卑贱、无权无势之人,如果能领会佛之旨意弘扬正法,便可得到佛的祝福与保佑,获得救赎。另一方面,即使位高权重的天皇或将军,若背离正法镇压信徒,则难逃佛的惩罚终至灭亡,死后堕入地狱的命运。尤其在日莲的学说中,人们信奉正法与否,已经超越个人的因果报应层面,成为决定国家"平安"或国家"灭亡"的关键性因素。

上述日莲学说中的佛被称为"应神",它要求人们铭记正法,并根据每个人的态度给予严格的因果报应。日莲有言"因此释迦佛为赏罚分明之佛也。上举三代之帝,并臣下二人,若为释迦佛之敌,今生为空,后生堕恶道"[2](《四条金吾殿御返事》),明确地表达了他的佛观念。对日莲而言,释尊绝非随意强加于人的"命令神"。

绝对的外在神实际存在,对人类的某些特定行为提出要求,并根据人类的态度给予相应的因果报应,这是推动历史的主要因素。人类的行为

---

[1] 玉悬博之前揭论文(第114页注1、注3)。
[2] 《昭和定本日莲圣人遗文》二,第1382页。

是儒教的道德性行为,抑或是佛教的正法性行为,但都可以撼动绝对性存在,使其成为历史发展的根本动力。在这一理念中,我们可以发现日莲等中世异端的历史观与天之思想在理论构造上的共通性。

2. 宗教一揆的历史观

天之思想与日莲等人的思想在历史上的发展有相似之处。

笔者在上文中已经指出,在同时代佛教界中,日莲等人构建的绝对性人格神的理念并未占据主流地位。不仅如此,祖师(指日莲等人)圆寂后他们的宗教愈发陷入孤立的境地。在南都北岭的不断打压下,大半门徒放弃其祖师坚持的(选择之理论)一佛一行信仰是唯一的救赎途径,是因为想寻求与既成宗教团体的共存。[1]

放弃"选择之理论"直接削弱了宗教性权威对俗权的优势。祖师们主张佛是绝对的人格神,在此观念下指出世俗权威的局限,事实上,在日莲宗的团体中,这种声音已经明显变少了。[2]

但法然与日莲的思想并未就此消亡。至中世末期的战国时代,该思想在宗教一揆的理念下伴随社会现实而再次复兴。在中世末期的一向一揆与法华一揆中,弥陀和释尊等一佛被视为本源的主权者,地位高于世俗统治者。佛是绝对性存在(应答佛),它根据人类的行为给予相应的赏罚。在一向一揆与法华一揆统治的地域,构筑了佛是最高统治者的独立宗教王国("佛法领""释尊御领")。[3]

曾经遭受排挤被孤立的日莲等人的理念,此时又开始盛行。其原因是曾将他们视为异端的庄园制统治体制开始解体,失去了强有力的宗教统治权。另一方面,对抗统治权力的民众组织不断发展,自日本南北朝时期起,各地形成广泛的地缘共同体(总以及町众)。在此基础上,15 世纪

[1] 佐藤弘夫《初期真宗的末法观演变——以存觉为中心》(《佛教学》8 号)、《早期日莲教团中的国家与佛教——以日像为中心》(《日莲圣人与日莲宗》吉川弘文馆,1984 年)。

[2] 佐藤弘夫《镰仓佛教中的佛陀观——以日莲为中心》(《神观念的比较文化论研究》讲谈社,1981 年)。

[3] "佛法领"的相关研究有黑田俊雄的《一向一揆的政治理念——关于"佛法领"》(《日本中世的国家与宗教》),与"释尊御领"相关的研究有藤井学的上述论文(第 115 页注 1)及《近世初期的政治思想与国家意识》(《岩波讲座日本历史》近世二,1975 年)等。

开始各地频繁发生土一揆的斗争。在这种动荡的社会形势中，当农民与在地领主想要摆脱既存体制的束缚，开展斗争时，他们需要的精神支柱并不是守护庄园的佛神，而是可以使中央权力相对化、拥有绝对性人格的佛。此时，能够响应其要求，从根本上动摇统治秩序，为在地的民众所接受的，只有亲鸾与日莲的佛教观。至此，这一理念也终于成熟。

另外，天之思想也在中世末期至近世初期迎来了高潮。在此时期，天作为绝对的人格神，要求统治者抚慰民众、施行仁政，如违背天道，天就会废掉统治者。天或天道思想流行的历史原因，是战国时期动荡的政治形势以及下克上的风气。[1]

中世末期，全国统治体制进一步解体，权力不断分散化、多元化。在此背景下盛行的天之思想与亲鸾、日莲等人的思想有着共通之处。一方面，全国政权分崩瓦解，另一方面，战国时期各种社会集团争权夺势，权力不断变换交替。在这种状况下，有人以天之名，有人以弥陀或释尊之名，试图在变幻莫测的社会中掌握主动权，使自身及其集团的行为正当化。

3. 中世历史观至近世历史观

战国时代的民众尝试以弥陀或释尊等绝对神之名，并不是将平等社会寄托于来生和观念层次，而是想通过打倒敌对的统治者，在现实社会中建立平等的社会。在这场运动中，各地形成了统治真宗门徒的"佛法领"，并且在京都诞生了以日莲宗门徒为核心的町众自治圈，即"释尊御领"。

16 世纪传入日本的基督教，在短时间内迅速壮大。基督教拥有绝对性存在的造物主，这与宗教一揆的神观念有着共通之处。而且，战国时期广为流行的天之思想(天道思想)，也有掌握赏罚权的绝对性人格神。在这一观点上，各个思想都有着共通的一面。于是，战国时期与日本一直以来的传统思想相反，超越人类的绝对性存在的观念在此时期取得了显著

[1] 石毛忠《战国、安土桃山时代的思想》(体系日本史丛书《思想史Ⅱ》山川出版社，1976 年)。

的发展。

这些人格神均非深不可测的神秘的"命令神",而是要求人类们有特定的行为,并给予相应的因果报应的"应答神"。这种理念能令信众确信他们的行为符合神的旨意,信众不受任何既存势力与规范的约束,这是正当的且具有意义。国家政权分崩离析,统治者更迭不断,民众斗争之声势浩大前所未有。在这种情况下,相信自身能力,并希望不断进步的人们,认为的确存在主宰国土和历史的绝对人格神,并将这一思想作为自己的精神支柱。

上述思想状况没有就此落下帷幕。自16世纪后半期起,开始统一天下的信长、秀吉以及家康,彻底镇压一向一揆等宗教一揆,以及比叡山等宗教势力。由于一揆的瓦解,宗教王国的理念终于丧失了其存在的社会根基。而且,中央集权担忧绝对神的思想再次与民众运动相结合,于是将其贴上异端的标签,试图除去仍残留这些思想的宗派(如日莲宗不受不施派等)。[1] 结果,近世时期,各宗派屈服于世俗权力,包括真宗与日莲宗在内各宗派的佛教观,逐渐统合为内在的、非人格的佛教观。[2]

外在性人格神观念的演变与消亡与天之思想的转变相通。外在性人格神的天之思想在战国时代十分盛行,但因其绝对性使世俗权威与权力相对化,随着幕藩体制成立与统治逐渐稳固,该思想不再适用于统治体制。因此,关于上述绝对性天之观念如何演变、解体,最终成为对权力阶级无害的思想,成了近世思想界的重要课题。林罗山等朱子学者们对此课题不断探讨。在这一时期,天之观念有了巨大的转变,即从外在的给予因果报应的绝对性存在,转变为在体制内部建立秩序的非人格性神。[3]

随着超越现世秩序的宗教性起源——外在性人格神(命令神)观念逐渐消亡,并统合为内在性神观念,中世世界观与历史观开始走向终结,而新的近世思想已经到来。

---

[1] 藤井学《近世初期的政治思想与国家意识》(第126页注3)。
[2] 参照本书第一部第一章,第34页注1。
[3] 参照本书第一部第一章,第32页注1。

结语

最后,笔者在此对本章的观点进行简要概括。

自古以来,一般认为日本"中世历史观"向"近世历史观"的转变,即为以绝对神为历史发展主体的神秘性历史观,转向以上天的因果报应为根本,将人类作为形成历史主体的道德史观。但笔者认为,从诸多方面来看有必要对此重新审视。

第一,绝对性的佛真实存在,其必然推动历史发展的理念,并未成为中世佛教主流的世界观与历史观。

中世,尤其是中世前期,与上述思想互不相容的"凡圣不二""此土即净土"的思想在佛教界占据中心位置。作为国土主权及历史主宰的外在性绝对神思想,虽然在中世末期流行一时,但终究不能摆脱被当作异端的命运。关于以上两种思想有着何种关联以及如何共存这一问题,今后需进行更加具体的研究。但正是在多数异质性世界观及历史观的共存中,更应该探究与西欧等地单一的基督教历史观所不同的中世日本的独立思想。[1]

第二则是关于中世的天之思想的地位问题,该问题可能已有定论。

天之思想以上天的因果报应为根基,肯定人类参与历史,强调近世的历史观不同于中世的异质性。但法然、日莲等中世的异端思想与天之思想在以下方面具有共通之处:第一,这些思想中的绝对神并非深不可测的神秘性存在(命令神),而是对人类的特定行为做出要求并给予相应赏罚(应答神);第二,这些思想都在战国时期开始逐渐流行并在中世末期迎来高潮。因此,应认识到世界观、历史观自中世向近世的转变并不是从神佛中心向以天为媒介的人类中心的转变,而是外在性绝对神(应答神)的思想失去其存在的社会根基,逐渐解体演变为内在性神的一元化过程。

---

[1] 多数异质的世界观与理念并存,这可以在中世日本的独立思想状况中看到。关于这一点的论述在之前有所触及(本书第一部第一章)。

第三,历史观所具有的历史性意义。中世历史观不承认人类参与历史,相反,近世历史观则已将人类作为历史形成的主体。但实际上,以上两种历史观在现实的历史过程中均未达到其主张的效果。

日莲等人的外在性绝对神的思想能够阻碍统治权力的神圣化,并成为民众反抗和脱离统治的精神支柱。另外,丧失绝对性人格神思想的近世道德史观,虽然看似全面肯定人类的道德可能性,但事实上它将发挥可能性参与历史的人(礼乐刑政的作为者)只限于部分当权者。创造历史的主体一般不包括民众,民众不过是单方面接受统治者施予的恩惠。而且与中世不同,他们被剥夺了超越世俗权力并使其相对化的全部观点与理论。

第三部

天 皇 观 诸 相

第一章 中世显密佛教的国家观

序言

　　根据家永三郎及井上光贞关于镰仓佛教的经典论述可知,日本的"中世佛教"是指镰仓时期相继成立的所谓"新佛教"。[1] 天台、真言、法相等既成佛教(旧佛教)继承了奈良、平安时代以来的传统,我们在比较时发现,这些佛教尽管也存在于镰仓时期,却只被视为披着国家佛教外衣的"古代佛教"。

　　黑田俊雄对新佛教＝中世佛教、旧佛教＝古代佛教这一固有逻辑框架提出了异议。[2] 一直以来,新佛教、旧佛教的分类本身是以近世以来的宗派为基准,黑田对其作为分析概念的有效性提出了质疑。并且他还提出了历史上真实存在的表示中世正统概念的"显密"一词。据黑田的观点,"显密佛教"——旧佛教寺院的联合体,与国家权力相互依存并占据中世佛教统治地位。迄今为止一般认为"新佛教"的诸宗派是中世佛教的主角,而与显密佛教相比,新佛教无论在社会势力方面,还是在宗教权威方面,都是比较渺小的存在,它们只是被排挤到正统佛教界秩序之外的"异端"罢了。

　　黑田的观点对之后中世佛教史研究界产生了决定性的影响。此后,人们重新认识到传统佛教研究的重要性。关于古代佛教向中世佛教的转变,在寺院史及制度史方面的研究进展迅速。然而该观点认为,思想史研

[1] 家永三郎《中世佛教思想史研究》(法藏馆,1947年)、井上光贞《日本净土教成立史的研究》(山川出版社,1956年)。
[2] 黑田俊雄《中世显密体制的发展》(《日本中世的国家与宗教》岩波书店,1975年)及其他。

究作为中世佛教的研究主流,其与显密佛教研究的盛况相比已经大幅落后了。随着旧佛教从古代到中世的转换,旧佛教(显密佛教)在理念及世界观方面发生了怎样的变化——本章将以国家观为中心来探讨这一问题。

然而,现在有关国家观的广泛说法与“王法为本”的古代佛教不同,中世佛教的特质是将佛法置于国家之上,坚持“佛法为本”“信心为本”。[1] 日莲“释尊御领”的观念最能表现中世佛教的特色。[2] 但根据黑田所提出的显密体制论,持有此类观念的宗派几乎都被视为异端。因此,研究中世佛教主流的显密佛教的国家观,在与之比较中,一定可以重新确定种种历来被视为中世典型理念的历史意义。

一、中世理念的形成

1. 佛土理论的出现

如何看待在思想方面旧佛教向中世的转化? 我所关注的是 11 世纪旧佛教的相关史料,这些史料将神佛统治的神社及寺院领地视为神圣之地。[3]

长元二年(1029),东大寺诉状[4]中记载了寺院领地水成濑庄请求停止收公以及临时杂役的公文,如下:

> 如解状者,颇非无其理,乞也察之状,早被免除收公并临时杂役之责,以一代之例,何失永代之佛地哉,敢莫被物烦。

---

[1] 户顷重基《护国思想的发展与变容》(《日莲的思想与镰仓佛教》富山房,1956 年)、田村圆澄《法然的宗教的成立》(《日本佛教思想史研究·净土教篇》平乐寺书店,1959 年)。

[2] 藤井学《中世国家观的一种形态——以日莲的理论与释尊御领为中心》(读史会编《国史论集》一,1959 年)。

[3] 从庄园制统治的意识形态角度已经出现了众多相关理念的研究(赤松俊秀《关于高野山御手印缘起》,《续镰仓佛教研究》平乐寺书店,1966 年;田中文英《十一、十二世纪净土教的发展——以四天王寺为中心》,《历史》54 号;樱井好朗《诸神的变化》东京大学出版会,1976 年;笠松宏至《佛陀施入之地不可悔反》,《日本中世法史论》东京大学出版会,1979 年等)。

[4] 《平安遗文》二,515 号。

嘉承元年(1106),大法师任幸的施入状[1]承袭了东寺公文的精神,其中也有如下叙述:

> 今为宛佛圣灯油并修造料,相副调度文书,永所奉施入东寺灌顶堂也。抑任幸之身受取重病,依难知旦暮,且为本领主大纳言之菩提,且为除病延命,所奉施入佛地也。

此外,康和四年(1102)的《东大寺政所下文案》[2]批判了三河守有政朝臣等人"为逃避国役公事而假借施入佛地之威"的行为。应永二年(1395)的《北岭修验行者等解状》[3]中如此记述道:

> 爰当所四境土民等动欲掠夺明王御领,造恶之至,罪业之甚,冥罚在暗者欤,依之去明德四季八月十二日任旧可全寺领之由,虽申下御教书,近境滥恶犹依不休,近日重慇严密之群议,问答子细聊属静谧者也。

由此断定"土民"侵犯"明王御领"葛川之地的行为是"罪业"。

从以上这些例子可以看出,中世时期,寺院神社领地主张神佛是自己的守护者,强调其领地的神圣不可侵犯。那时,作为当地主宰者的神佛,经常被认定为领有该土地的寺院、神社的本尊或祭神。例如,葛川是明王院的领主,就被称为"明王御领"。因为那些土地是神佛掌管的圣地("佛土""佛地""佛领""神土"),所以国司及邻近领主对其进行干涉或侵略,都会被视为是对神佛的敌对行为,还大力宣扬这种行为会受到现世及来世的宗教性惩罚。

应该如何定位这种"佛土理论"的理念? 如前所述,视特定土地为神

---

[1] 《平安遗文》四,1673 号。
[2] 同上,1491 号。
[3] 《葛川明王院史料》,第 10 页。

圣的理念起源,可以追溯到太古以来将神所栖息的山林作为圣地的观念,以及佛教传统理念的结界思想。[1] 尤其是在密教中,十分重视在修法时用于防范魔障的结界,自开山以来,比叡山和高野山就被视为结界之地。另外,10 世纪出现了明确将寺院领地规定为"佛地"的史料。

> 观世音寺牒 大府衙
>
> 请被加入寺家所预四至内相交郭地壹町三段状
>
> (中略)
>
> 牒,件地相交寺地与郭地之中,荒废地也,而无住人,徒为荒野也,今须依事善根,被判加,件地永为佛地,续尽未来际,今录状,谨以牒
>
> 长德二年壬七月二十五日
>
> (以下略)[2]

但是,将特定土地作为"佛地"的史料,到 11 世纪才频繁出现,且主要集中于 11 世纪后半期。加之,从上述所引用的例子可知,那些佛土论并不只是在理论上将寺院领地作为佛教圣地。排除国家及邻近领主的干涉与侵略,确立治外法权,才是其最强烈的目的。这一点不可忽视。

> 而今近代国司各忘宪法,为事利润,而间收公寺院庄田,征责官物租税,充负临时杂役,虚用佛物僧物,因兹寺家庄园弥以荒废,御寺大愁莫过于斯。[3] (《东大寺属美浓国茜部庄司居民等解文》)

如上所述,对寺院领地的不当赋税及没收等,会被打上与"虚用佛物僧物"同罪的烙印。对于那些无视此警告、继续采取敌对行为的国司们,下

---

[1] 本书第一部第一章。
[2] 《平安遗文》二,366 号。
[3] 《平安遗文》三,702 号。

列史料显示了下地狱等更为严厉的惩罚。

> 在家人等妄不可预伽蓝事也,恐末代之世俗犯用财物破损伽蓝
> 欤。纵使虽不犯用而触事有失,必殖泥梨之因云云。[1]（《神护寺
> 旧记》）

随着中世成立期庄园制统治的成熟,这种神佛明鉴般的排他性寺领观念应运而生。根据现在中世史研究的定论,受到古代律令体制解体的影响,日本社会从 10 世纪开始逐渐向中世的庄园(公领)体制过渡。在这种急剧动荡之中,一直以来作为国家寺院的诸多官方寺院,开始致力于扩大庄园以应对新的时代,并逐渐披上了宗教领主的外衣。

11 世纪,神佛是寺院领地终极主人的"佛土理论"固定下来。这一时期,各寺院获得了不输不入权,不断对抗国家没收庄园的威胁,并推进对寺院领地的排他性统治。可以说"佛土理论"是在大寺院意图将自我领地统治正当化的背景下出现的,其大力宣扬寺院领地＝佛土的理念,将国家没收庄园的做法定为宗教罪业进行弹劾。在这个意义上,"佛土理论"毫无疑问就是中世理论。

2. 中世神观念的发展

但是,如果我们仅把"佛土理论"理解为产生于古代到中世社会剧变中的新理论,恐怕难以充分把握其思想史意义。我们应该看到在这一理论背后,与古代超越者观念(神观念)不同的观念在不断发展。

《山门堂舍记》所收录的慈忍和尚的誓约书中有这样一段话:

> 若宗门之贵贱,不善之君臣,背予起请以非理定置事,以非门补
> 院司,梵释四王龙神雷众三圣山王五道冥众作嗔怒施呵责。又于施
> 入田园,以迷心留阿党,违敕宣致逆妨,男女国宰且世求愿不满,官位

---

[1]　《续群书类从》二十七上,第 365 页。

衰灭、福因殄灭、寿命夭死、子孙断绝,后世随(堕)阿鼻狱,至无数永不出离,终灭佛种。若有归依施行男女,且生则一切念愿满足,百千悉地成就。高官荣华、富贵丰乐、内外繁昌,来世不趣三忠(涂)八难,往生十方净土万亿佛刹,终至作佛妙位。[1]

这里强调了不论何种身份,只要背叛誓约、对寺院行非法之事,就会受到守护神佛的惩罚,不仅会招致现世的不幸,死后还会坠入地狱。反之,遵守誓约的人则会获得现世和来世的安稳。[2]

从此处及上一节所引用的史料可以看出,超越者高高在上,监视人们的行为并给予严格的报应——这就是"佛土理论"中体现的神观念。这里的神佛可理解为实际存在的、与人类相对而立的绝对存在。

此外,神佛不仅是抽象性法与自然现象拟人化的表述,它进一步升华为具有个性与思想的人格神。《粉河寺缘起》的一个传说中曾提到粉河寺的本尊观世音菩萨幻化成小和尚去收割稻子。通过这一传说,我想指出一点,即在中世的佛土观中,统治土地的神佛是具体的人格神。[3] 如同领主统治领地一样,具有这种神观念的佛土观借助人格佛统治土地。"外在性""超越性""人格性"等特点都是"佛土理论"中神观念的特色。

神佛并不只掌管佛土,还会要求其居民做出特定的行为。如果人们尊重寺院,尽力侍奉神佛,神佛就会嘉奖这种行为,并给予其功德;如果与神佛敌对,神佛就将给予其严厉的惩罚。超越性的人格神真实存在,并要求人们做出某种特定的行为,根据人们的态度而做出严格的报应——我把这种神观念称为"应答神"[4]。具有"超越性""外在性""人格性"特质的"应答神"才是"佛土理论"这种中世理论所体现的神观念。

[1] 《群书类从》二十四,第498页。
[2] 近年来,中世中的"誓约"备受瞩目,其意义及所发挥的神佛作用格外耀眼(千千和到《中世民众的意识与思想》,《一揆》四,东京大学出版会,1981年)。
[3] 本书第一部第一章。
[4] 在第二部第三章中也论述了作为中世超越者观念的"应答神"的相关内容。

3. 与古代理念的区别

为进一步明确"佛土理论"中神观念的特质,我想先介绍一些日本古代的相关内容。

《日本书纪》中记载道,崇神天皇统治时期疫病流行,叛乱频发,天下大乱。天皇苦思对应之策,在通过占卜询问神意时,神附身于倭迹迹日百袭姬命,说道:"天皇,是在为国之不治而忧虑吗? 如若能够好好尊敬、供奉我,混乱就会自动平息。"天皇问道:"方才赐教的是哪位大神?"神回答道,自己是大物主神。[1]

在这种记纪[2]神话中,神采取神谕的形式向人类表达自己的意志。那时,人们只有接受了神单方面下达的神谕后才能理解神的要求。而且,为了回答崇神天皇的问题,大物主神才好不容易显示了真身,无论哪个神下达命令,在实际接受神谕之前都很难窥见其真身。[3]

我将这种带有不可预测性、单方面下达指示的神秘存在称为"命令神"。与古代只有通过神谕下达指示的"命令神"不同,中世"应答神"的特点在于预先明示人类应该做出的行为,并根据其行为做出严格的报应。此外,从"命令神"到"应答神"的发展过程中,神佛的人格性特点逐渐增强,超越性进一步强化。[4]

然而,"应答神"的观念并不是有了"佛土理论"之后才形成,其源流在于佛教自身宣扬的因果报应。成书于9世纪初的《日本灵异记》从"善恶之报如影随形,苦乐之响如谷应音"[5]的角度,收录了各种因果报应的故事。《日本灵异记》中灵力的承载者范围广泛,身份各异,从天、菩萨、

---

[1] 日本古典文学大系《日本书纪》上,第239页。

[2] 记纪神话,指日本两部最古老的史书,即《古事记》《日本书纪》中所记载的日本诞生的相关神话故事。

[3] 和辻哲郎曾指出,在记纪神话中出现的诸神的这种性格以及"终极之神、绝对之神"的缺位(《日本伦理思想史》上,《和辻哲郎全集》十二,岩波书店,1962年)。

[4] 原田敏明指出,带有个性的人格神在日本发展起来是平安时期以后的现象(《人格神的发展》,《日本古代宗教》中央公论社,1948年)。

[5] 角川文库《日本灵异记》,第16页。

高僧等佛圣到经典、陀罗尼等教法、文字,再到僧人、女子以及异形异类的东西,[1]但却没有具备强大主宰力的人格神。另外,至今仍未构筑起"因"与"果"明确且固定的对应关系。

相反,中世"应答神"的神佛威力明显增强,并且强调在"应答神"面前,任何世俗权威或权力都十分有限。佛罚与身份地位无关,对所有人一视同仁,是依据人的行为而做出的惩罚。进入中世以后,与寺院敌对并妄图没收寺院领地的国司,失势或夭折的故事在传说及寺院文书中屡见不鲜。[2] 正是中世神观念的盛行才使这种理念固定下来。对不善之辈的惩罚,就连现世地位最高的天皇也无法逃脱。

也许会有人举出以下例子:《日本灵异记》中有殴打"贱形沙弥"的长屋亲王"在现世没有得到好下场"的传说,[3]从而认为在古代理念中,相较于世俗权力,佛法处于优势地位。然而,一方面佛教教团在没有独立社会基础的前提下被纳入国家统治体系,另一方面,正如《日本灵异记》所说,"国内所食之物都是天皇之物,连针尖都非我所有。天皇大可随心所欲"[4]。在无条件承认国土 = 王土的状况下,应该说还不存在佛法高于王权以及强调这种理念的社会基础与思想基础。

4. 佛法为本与王法为本

在上节论述的基础上,接下来就中世佛教国家观的诸多论述进行探讨。

从国家观的角度来说,古代律令佛教的特色在于坚持国家权威位于佛法之上的"王法为本"立场。这种说法早在黑田提出显密体制论以前,就已经基本形成,被称为"古代佛教"的镰仓时期的旧佛教及律令制佛教都继承了这一特质,坚持"王法为本"。在所谓的新佛教出现之后,才确立了大力倡导佛法权威高于世俗权威的"佛法为本"理论。

---

[1] 华园聪麿《围绕日本古代佛教信仰的正统与异端》(《正统与异端——天皇·天·神》角川书店,1991 年)。

[2] 本书第一部第二章。

[3] 《日本灵异记》,第 71 页。

[4] 同上,第 206 页。

那么,新、旧佛教各自以"佛法为本""王法为本"明确表示其国家观的特色,那么它们的观点到底是什么? 管见所及,根据史料探讨其意义的研究并不多见。

其中最具代表性的当属日莲有关《立正安国论》的以下论述:

> (A)(主人)入佛道回愚案,禁谤法人、重正道之侣,国中安稳天下泰平[1]
>
> (B)(客)国亡人灭佛谁可崇、法谁可信哉? 先祈国家须立佛法[2]

由先行研究可知,《立正安国论》中采取了"主人"与"客人"问答的形式,作为日莲代言人的"主人"认为,"安国"的前提是要采取优先树立正法的"立正安国"(佛法为本),而折服于"主人"的"客人"则主张"安国立正"(王法为本),即与归依正法相比,更重视国家安泰。[3] 以上(A)(B)的发言最为明确地表达了其主张。

由于适用于解释史实,因而日莲"佛法为本"的观点经常被提及,那就是他对承久之乱的相关评论。日莲在同一部《立正安国论》中写道:

> 以此惟之法然者,后鸟羽院御宇,建仁年中之者也。彼院御事既在眼前。然则大唐残例吾朝显证。汝莫疑莫怪。唯须舍凶归善塞源截根矣。[4]

后鸟羽院在承久之乱中战败的主要原因在于采取了错误的宗教政策,容许了专修念佛这一"恶法"。在此集中体现了日莲"佛法为本"的观点,即

[1]　《昭和定本日莲圣人遗文》一,第 320 页。
[2]　同上,第 220 页。
[3]　清水龙山《立正安国论讲要》(清明文库,1934 年)第 344—346 页,田村芳朗《镰仓新佛教思想的研究》(平乐寺书店,1965 年)第 325 页,户顷重基(如前所引第 134 页注 1)第 8—9 页,高木丰《日莲——其行动与思想》(评论社,1970 年)第 69 页等。
[4]　《昭和定本日莲圣人遗文》一,第 219 页。

国家治乱由宗教正邪所决定。

在之前的考察中，我们看到了显密佛教中佛法权威的增强，因而可以直接对这种逻辑提出异议。[1] 以"佛土理论"中的"应答神"的观念为例，在新佛教成立以前，旧佛教中的神佛权威就已经非常高了。11 世纪后半叶，甚至公然要求对与寺院为敌的国司及天皇做出佛罚。

还有能够反驳这种说法的决定性证据。镰仓时期，由园城寺相关人员所著的《寺门高僧记》一书中，在题为"朝家一向被奇园城寺不吉例事"一文中写道：

> 建保三年仙洞最胜讲被摈出园城寺。公家迁幸佐渡国，仙洞临幸隐岐国，百王未有如此事。[2]

在同时期山门方面的著作《延历寺护国缘起》中可以看到以下叙述：

> 建保元年(上皇后鸟羽院)，根本中堂末寺清闲寺与清水寺堺相论云云。仍山门大众数百人群集于长乐寺。于时有无法之禁制，(先代未闻珍事。殊后鸟羽院御代尤多也)重重祈谢在之。然而终承久超事人可知之。[3]

这些论述都认为后鸟羽院所采取的不合理的宗教政策(其具体内容各不相同)是承久之乱的起因。由此可见，佛法决定国家治乱的思想绝不是日莲等"新佛教"的专利。

以往我们认为，贯穿古代律令佛法谱系的"旧佛教"无法脱离"王法为本"的观念，"佛法为本"的理念只有在"新佛教"成立以后才可能确立。

---

[1] 我在别的文章中也对"王法为本的旧佛教"对"佛法为本的新佛教"这一逻辑框架加以批判(《立正安国论考》，《日本史研究》304 号)。

[2] 《续群书类从》二十八上，第 577 页。

[3] 《大日本佛教全书》一二六，第 410 页。

但是通过以上考察,我们应该修正这种观点。11 世纪以后,在独特的神观念之下大肆宣扬佛法权威、强调不干涉世俗权力的显密佛教的思想早已不能用"王法为本"的框架来把握了。这种理念采取佛法王法相依论的形式,不仅受到显密佛教徒的认可,也被当时的掌权者广泛接受。

因此,我们有必要脱离"佛法为本""王法为本"的逻辑框架,在显密佛教国家观的独特性与异端的比较中,依托史料,从更为广泛的角度进行深入研究。

二、显密佛教的国家观

1. 王法的弱化及其局限

在上一节中我讲到,从古代寺院到中世寺院的转型中产生的"佛土理论"中,可以看到"超越性""人格性"等明显强化的崭新的神观念。中世显密佛教在高扬的神佛权威下,使得天皇都不敢轻易与寺院为敌。佛法权威的增强,甚至将肩负神代以来宗教传统的天皇弱化为普通人,天皇也被卷入佛教的因果理法中。

重点是,从佛法权威至上转向了倡导没有佛法就没有王法,公然扬言违背佛法的国王会灭亡。但是国王没落及地位更替之恶行报应,说到底仅限定在个人层次上。即就像后鸟羽院在承久之乱中失势那样,尽管显密佛教公然宣扬天皇及院个人的没落,但并不质疑天皇作为神孙君临,也不否定以天皇为最高权力的统治秩序本身。

在中世显密佛教的惯用理论"佛法王法相依论"[1]中也可以看到同样的问题。从 11 世纪后半叶开始,旧佛法相关史料中经常将"佛法"与"王法"比作车之两轮、鸟之两翼,倡导两者共存共荣。由于王法的存续离不开佛法的威力,因而这一理论被称为"佛法王法相依论"。该理论优

---

[1]　关于这一理论,有黑田俊雄《王法与佛法》(《王法与佛法——中世史的构图》法藏馆,1983年),河音能平《王土思想与神佛习合》(《岩波讲座日本历史》古代四,1976 年)等研究。参照第一部第二章。

先保护寺院权益,而且还警告,如果王法没有尽职尽责,国家就会面临极大的灾祸,国王将会失势。很明显这一理论就是上述中世权门寺院与国家关系理论化的产物。

在佛法王法相依论中,也宣扬若国王(天皇)违背佛法,地位就会动摇,但并未怀疑以国王为顶点的既存统治体系的正当性。不仅如此,还强调只要国家接受寺院主张、贯彻佛法优先政策,就会出现现世的理想世界,也会给统治者带来繁荣和长寿。

通过以上分析,我们可以看出,尽管佛法王法相依论以国王失势作为警告,但其并不与既存统治秩序全面对立。相反,这一理论为维持体制,以既存统治秩序为前提,请求国家给予佛法足够的关照,以使佛法能够充分发挥其本来的护国作用。

换言之,佛法王法相依论在庄园体制范围内,要求国家保障寺院权益,也要求佛法在体制秩序内积极承担护国职能。不管这种理论如何强调佛法在安邦定国方面所发挥的作用,其着眼点却并不在于使国家承认佛法超越王法的至高无上,这一点十分明确。追求佛法王法共存共荣的这一理论中,丝毫看不出这是将两者区分为不同层次,通过将王权置于佛法之下,达到佛法繁荣的手段。

虽然在向中世发展的过程中,佛法权威不断增强,但到底为何,显密佛教无法脱离佛法王法相即的制约,大力主张超越世俗权力的佛法是至高无上的呢?

2. "被封闭的"佛土

在探讨这一问题时,我们需要重新思考,在中世化的过程中旧佛教缘何增强了其宗教权威。

在古代,官寺佛教完全处于国家统治之下,就连出家、受戒都必须得到国家的认可,原则上禁止官僧在寺外讲法。天皇作为律令国家首领,和僧尼之间存在着君主与臣子、统治者与被统治者这种明确且不可侵犯的上下级关系。[1]

---

[1]　速水侑《律令制国家佛教的发展》(《日本佛教史・古代》吉川弘文馆,1986 年)。

当然,也有人指出僧尼令对僧人团体的自主性给予了一定的关照。[1]另外也有像圣武天皇那样自称"三宝之奴"[2]的天皇。但是在古代,僧人团体不具备独立于国家之外的社会、经济基础,即便在理论上倡导佛法至上,但根本不存在贯彻佛法优势的客观条件。

10世纪左右,这种情况开始发生变化。随着律令体制的解体,官寺逐渐脱离国家统治,开始获得独立的社会基础。获得寺领庄园的寺院开始追求一元化排他性统治,确立不输不入权,试图排除王权对自身领地的干预并确立治外法权。此外,这些寺院为了保护自身权益,甚至建立了独立的武装势力。

正如之前所述,随着寺院脱离国家并逐渐强化,其社会势力不断扩大,宗教权威不断增强,在这样的历史背景下就产生了"佛土理论"。因此,它们主张国家权力不可侵犯寺院,即使是天皇、国司侵犯了寺院权利,也难逃佛罚。

但是在寺院封建领主化的背景下,神佛作为寺院原始主人,权威不断提高,这反过来意味着这种历史条件决定了神佛超越神化。虽然在寺院的统治下,这些神佛在某些特定的个别领域发挥着绝对的威力,但并不能轻易超越其范围掌管全部国土,无法达到普遍神化。作为中世理念的"佛土""神土"等观念以各自的领地为单位,具有无法超越其领地的封闭特性,这样的历史背景也是需要我们注意的。正如中世誓约书中所迎请的无数神佛那样,单一寺院中也存在着多个神佛,他们相互配合,共同支撑着寺院权威。

在寺院想要向王权要求自身的地位时,这就产生了极大的局限性。只有在国家及相关机构侵犯寺院权威及其领地时,神佛才会发挥威力。因此,在神佛与王权之间并未形成固定的上下级序列。此外,依托绝对神的权威批判、否定中央政权的理论也未得到充分发展。

---

[1]　井上光贞《律令制国家佛教的形成》(《日本古代国家与佛教》岩波书店,1971年),园田香融《国家佛教与社会生活》(《岩波讲座日本历史》古代四,1976年)。

[2]　新订增补国史大系《续日本纪》,第197页。

从律令制国家的统治下解放出来的寺院神社及其封建领主化,使得神佛作为寺领主人的地位飞速提高。然而这也反过来成为一种枷锁,由于权门各寺院神社供奉不同神佛,因而造成了国土被分割,这阻碍了掌管全部国土的绝对神的出现。

尽管中世权门寺院作为正统佛教相互协调,任职于国家性法会,分担着护国职能,但相互之间也常因矛盾及利害关系而发生矛盾。贯穿整个中世时期的寺院抗争就是这种矛盾的体现,且在院政期达到了顶峰。大多数教团公开倡导各自所供奉的神佛,基于自身的利害关系公开进行争论,在这种情况下,各个寺院所供奉的神佛更没有超越寺领成为普遍神的可能了。

3. 中世异端的国家观

最后我想探讨中世异端的神观念和国家观的区别。

从古至今,论及中世佛教的国家观,日莲的思想往往被视为典型代表。日莲国家观的最大特色在于,他认为同时代日本的国王并非位于京都的天皇,而是掌握镰仓幕府实权的北条得宗。一般认为,日莲将承久之乱中后鸟羽院的战败看作是日本国王地位由天皇家向北条氏的过渡。但是,日莲并未在承久之乱的评论中提到国王地位,关于这一点我会在下一章详述。他不过是将作为"国王"的天皇暂时搁置,提出握有政治实权的"国主"=治理天下的地位——从后鸟羽上皇转移到北条义时而已。

但是另一方面,在与佛法的原理关系中,日莲则将天皇的存在视为正法兴隆的手段。从这一点来说,他将天皇家与幕府置于同一地位亦是不争的事实。对于日莲而言,世俗国王存在的意义只是传播正法,实现国家安泰。对此做出贡献的国王会备受赞扬,而没有尽到责任的国王则会遭受无情的抨击,并注定失势。在他看来,保证政权正当性与传统和出身无关,只有佛教政策的正确与否才是唯一的条件。

我们之前已经探讨过,在旧佛教中世化的过程中,佛法权威急速增强,甚至有人认为能够左右统治者的地位。但由于受庄园体制内权门寺院这一社会性制约及神观念的影响,最终无法摆脱将佛法王法置于同一地位以实现两者共存的局限。而日莲跨越了这一界限,将王法与佛法置于不同层次进行区分，并将前者置于后者之下。

> 这事已经不远了吗？尽管我国的灭亡令人惋惜，但如果真的发生了这种事，日本人民就会诽谤法华经，然后坠入万人无间地狱。如果事态进一步发展，国家灭亡，诽谤佛法的行为也会变少吧[1]（《异体同心事》）

从上述日莲的表述中可以看出，其与显密佛教倡导无王法便无佛法不同。现在，佛法已经从与王法的命运共同体关系中解放出来，与世俗层面的国家及政权的灭亡再无关系，而是更高层次的永久性普遍存在。

日莲能够形成这种理论的原因，在于他独特的神观念。

> 佛是三界之主，是大梵王·第六天魔王·帝释天·日月·四天王·转轮圣王及诸王之师、之主、之亲。三界诸王都是此释迦牟尼佛分身而来，成为诸国的总领、别领等。因此梵天、帝释天等就将释迦牟尼的尊像刻在木头上或者画在画纸上，以表示对释迦牟尼的尊崇。稍有违背释迦牟尼尊意的话，梵天王的高台就会崩塌，帝释天的喜见城就会破损，转轮圣王的王冠就会掉在地上吧[2]（《神国王御书》）

由上面的表述可知，对于日莲而言，释尊是超越性外在神，他按照自己的意志统治国土。很明显，日莲的这种神观念与显密佛教"应答神"的系谱相关联。

但是在另一方面，日莲和显密佛教之间也存在着明显的差异。其差异主要在于，显密佛教中的神佛只守护规定范围的寺院领地，而日莲宗中的释尊则跨越具体地域，统治、主宰全部国土与宇宙。此外，区别于显密佛教的众神并存，日莲认为，释尊是独一无二的，其他所有神佛都从属于

---

[1]　《昭和定本日莲圣人遗文》一，第830页。
[2]　同上，第881页。

释尊,从而构筑了一个多重的神佛结构。由于统治寺院神佛的封闭性,尽管王权在不断弱化,也未能在理念上从属于神佛。但日莲则通过构建国土唯一的主权者释尊,这一开放的神观念,才实现了他倡导的佛法的至高无上。

在中世,只有日莲构建了如此彻底的王法从属于佛法的理论。在末法时代,同日莲一样,道元将阿弥陀一佛作为唯一的救世主,视专修念佛、"法"为至高无上。道元用至高无上的佛法对抗世俗权威,具有构筑王法从属于佛法理论的潜在可能性。脱离显密佛教寺院、与体制保持一定距离,是日莲与道元的共同点。显密佛教徒受到当时社会观念的限制,无法充分宣传佛法至高无上理论以及王法从属化、工具化的理论。但是,摆脱了这种桎梏而获得自由的日莲、道元,继承了显密佛教中"外在性""超越性""人格性""应答神"的观念,[1]极大强化了其权威,使超越王权的宗教权威得以问世。

结语

在镰仓时期,旧佛教(显密佛教)也基本上保持着古代佛教的特性,至今仍给人以根深蒂固的印象。但是正如我们在本文中所探讨的那样,在从古代社会向中世社会的过渡以及与之相对应的中世寺院的形成等动向中,可以看出旧佛教在思想方面的新发展。本章以11世纪频繁出现的"佛土理论"为代表,探讨了其中所体现的新的中世神观念(外在性·超越性·人格性"应答神")的成立。接着,论述了以下内容:伴随着这种神观念的高扬,佛法权威不断增强;新的国家与佛教之间的关系得以理念化;这极大影响了日莲等中世异端思想家们,并成为他们思想形成的前提。

一直以来人们普遍认为,镰仓佛教的国家观是"王法为本的旧佛教"

---

[1] 但是如前所述,并未从道元的思想中发现这种佛的观念。

对"佛法为本的新佛教"。但是,我们通过探讨发现,能惩罚天皇及当权者,并左右其地位的神佛形象不能仅用"王法为本"一词来概括。使后鸟羽院失势、使历代天皇坠入地狱的神佛,还应该给它们加上"佛法为本"。并且,日莲等人继承了这种理念,极大地促进了其思想的形成。

因此我认为,今后在思考中世佛教国家观的时候,有必要摆脱之前的逻辑框架。然后再依据史料,进一步具体探究显密佛教的国家观及其独特性,在与之比较中一一查证被称为"新佛教"的诸思想的意义及历史地位,这是必不可少的工作。本章只不过是这种尝试的一小步而已。

另外,我想谈一下天台宗本觉思想的历史地位。如今有人指出,从平安时代后半期开始,极具特色的天台宗本觉思想以比叡山为中心逐渐发展起来。[1]　镰仓后半期到日本南北朝时期是天台宗发展的鼎盛期,同时天台宗超越了自身框架,给同时代的佛教界带来了广泛影响。

从日本的历史时期划分来看,天台宗本觉思想的成立及蓬勃发展期正好对应中世时期。因此,可以说本觉思想是在中世时期全面发展的思想。

比较重要的一点是,本觉思想的神观念与此前中世佛教的"应答神"观念形成了鲜明的对照。即与具有"外在性""超越性""人格性"等特质的"应答神"不同,本觉思想的神观念,不认为神佛存在于人类之外,因此可以从与之完全相对的"内在性""非人格性"等概念来理解。

为什么中世的显密佛教中存在这两种性质不同的神观念呢? 它们是通过何种关系而得以共存的呢?[2]　为了探究中世显密佛教的国家观,今后必须要重视这种多层思想构造,探明立体化的中世佛教形象。

---

[1]　岛地大等《天台教学史》(明治书院,1933 年),碕慈弘《日本佛教的发展及其基调》下(三省堂,1948 年),田村芳朗《镰仓新佛教思想的研究》(如前所引第 141 页注 3)等。

[2]　因为这一问题已在第一部第一章论述过,所以请参考第一部第一章中的相关内容。

第二章　中世的天皇与佛教

一、天皇论的现在

1. 中世天皇的权威

自昭和时代末期至现在的平成时代,大量的天皇论著作问世,其中多数是评论天皇在政治上的是非功过。在这些评论泛滥的同时,学术层面的天皇论研究也取得了稳步的进展。

"天皇何以能在如此长的历史上一直处于国家顶点?"基于此疑问,网野善彦率先在历史学界开展研究,他选取被称为"异形王权"的后醍醐天皇,论述了当时"天皇制"面临的危机以及后醍醐天皇努力克服这种危机的意义。[1] 另外,今谷明研究了足利义满篡夺皇位计划的全貌,并描绘出了足利义满死后,天皇作为高层次的调停者,复苏其政治权威的过程。[2] 胁田晴子则研究了在天皇权威跌落至最低谷的战国时期,天皇制意识形态的大众化不断发展,天皇权威不断上升的事实。[3]

围绕天皇或天皇制的学术研究,除此之外还有很多,其中值得注意的是关于"何谓天皇""天皇何以存续至今"等涉及天皇制根本问题的论述,上述三人的研究近来广受注目。值得注意的是,他们大多都将中世纳入了研究范围。

为什么围绕皇位存续的议论集中在中世? 理由之一就是研究者洞察到,在古代和近代天皇往往作为集权国家的专制君主出现,而中世则不

---

[1]　网野善彦《异形的王权》(平凡社,1968 年)。

[2]　今谷明《室町的王权》(中公新书,1990 年)。

[3]　胁田晴子《战国时期天皇权威的上升》(《日本史研究》340、341 号)。

同，天皇失去了实权并被卸下所有的伪装，更易观察到天皇制的本质。

在古代，天皇作为至高无上的元首君临天下，从 10 世纪开始逐渐丧失了政治实权。此后，摄关家和院、武家代替天皇掌握权力。因此从武家、院等天皇之外的权力者中探求中世王权之所在，成为近年来学术界的主流。另外，即使天皇拥有王权，天皇权力也极为有限的见解也很有影响力。例如棚桥光男的"天皇＝院"的权力论[1]、富田正弘的"太政官政—院政"的二重构造论[2]、井原今朝男的天皇·摄关·院的共同统治论[3]等。

尽管权力尽失，中世时期，天皇仍然被视为形式上的最高权力者（国王）。例如《澄宪作文集》收录了唱导大家——澄宪的表白文，文集中"第一 国王"，大力赞叹天皇恩德，之后依次为"第二 院德""第三 关白""第四 大臣"。[4] 这表明院和幕府当局也承认，处于统治阶层顶点的国王就是天皇。因此，即使手握大权的院可以自由行使国家权力，但他们也不得不向天皇寻求权力的依据。

中世期并不掌握国家实权的的天皇，为什么可以在形式上成为日本的国王呢？天皇的"权威"这一问题便由此而生。也就是说，没有政治实权的天皇之所以能够始终居于国王之位，是因为有着其他权力主体难以替代的独特权威。从广义上看，前述网野善彦等三位学者的研究都是围绕此天皇"权威"问题的考察。

2. 大尝祭[5]和天皇灵

若要从天皇独有的权威中探求天皇制存续的原因，问题便是权威的内容和源泉。首先，权威大致可分为两类，一类是政治权威，即在世俗世界的官位授予与调停产生的政治职能，另一类则是通过与超越性存在交

---

[1]　棚桥光男《院权力论》(《中世成立期的法和国家》塙书房，1983 年)。

[2]　富田正弘《室町殿与天皇》(《日本史研究》319 号)。

[3]　井原今朝男《中世的天皇、摄关、院》(《史学杂志》100 卷 8 号)。

[4]　《中世文学研究》(东京大学出版会，1972 年)第 407 页。

[5]　大尝祭：天皇即位后第一次向天照大神和天地神祇进献新谷并自己尝食、一代一次的"新尝"的祭事。仪式从晚上开始持续到次日清晨，在存放三件神器的秘室内举行，以完成"现人神"。(译者注)

涉而获得的宗教权威。本章考察的是后者。关于宗教权威的渊源,目前似乎有两种相互对立的观点。

一种认为,从古至今天皇始终是宗教权威,大尝祭作为赋予天皇权威最重要的仪式,广受关注。

这种观点的研究起点,是折口信夫于昭和三年(1928)发表的《大尝祭的本义》[1]一文。折口着眼于大尝祭舞台悠纪殿、主基殿设置的神座,认为神座是天孙降临时,包裹皇孙琼琼杵命的真床袭衾,并认为大尝祭的秘仪是通过新天皇在神座中闭关斋戒,以获得新的天皇灵的行为。就好像是以天皇的身体作为"魂器",通过斋戒仪式,借助拥有皇祖天照大神法力的天皇灵,使天皇的身体充满法力,由此天皇初次获得作为天皇的神圣资格。

从天皇威灵的原因探讨天皇灵,与"天皇灵"这一词汇所具有的冲击力一起,折口学说对之后的天皇研究起到了决定性影响。

宫田登将天皇信仰与民间宗教中的活神信仰进行关联性考察,他举出近世信仰天皇的实例后指出:"信仰(天皇)权威的原因,在于摆脱幕藩体制,这是自古以来代代相传的王权的功能之一,是天皇灵中迸发出的活力。"[2]另外,山折哲雄从神授能力的角度探讨天皇的宗教权威,他表示:"通过象征灵威不死的永远继承,保证了天皇宗教权威的绵延不绝。"[3]

虽然近年来日本研究者中间出现了依据大尝祭的仪式构成和对天皇灵具体用例的分析对折口学说展开批判的趋势,[4]但即使对天皇灵本身的理解有异,通过大尝祭中继承下来的天皇灵的威力,探寻天皇宗教权威的源泉的学术方法,近来仍被赤坂宪雄的研究[5]和民俗学者所主张的"祭祀王""神圣王"等天皇论所继承。

---

[1] 《折口信夫全集》三(中央公论社,1966年)。
[2] 《活神信仰》(塙书房,1970年)。
[3] 《何为天皇的宗教权威》(三一书房,1978年)。
[4] 冈田精司《大王就任仪礼的原型及展开》(《古代祭祀的历史性研究》塙书房,1983年),熊谷公男《古代王权和法力(灵)》(《日本史研究》308号)等。
[5] 《王和天皇》(筑摩书房,1988年)。

3. 天皇权威的历史性

关于天皇制存续的原因,与上述自古就有且贯穿始终的宗教性、观念性权威这一观点相反,另一种观点尽管承认天皇的权威性,但强调天皇的权威在不同时代,以不同的形式出现。这些重视天皇权威的历史性的相关研究,主要以中世的天皇为素材,由历史学家推进。

对于战后学界将中世天皇视为古代天皇制的残滓这一定论,黑田俊雄从"权门体制论"的独特视角对天皇的中世特质展开论述,他指出:"权门体制仅要求国王具有超越性权威,必然导致天皇观念化、神秘化发展。"[1]黑田纮一郎继承黑田俊雄的观点,论证了院政期天皇的中世权威的形成。他认为,从后白河天皇的新制中出现的神事、佛事的兴隆,重视"荷前币物"[2]等政策中,可以看到其谋求"诸权门的统治及作为其中心的""天皇宗教权威的高涨"。[3]另外,研究者伊藤喜良认为"天皇地位本身可能存在着某种使天皇制得以'存续'至今的东西"。基于这一问题意识,他以阴阳道为中心考证了天皇的巫术性根源。伊藤认为,通过七濑祓、四角四堺祭等阴阳道仪礼的实践,10世纪开始,扩大了天皇的"圣""净"禁忌。[4]

黑田、伊藤两人关注的荷前使和七濑祓等仪式均可以在律令制下的祭祀中找到其渊源。但是据两人研究,这并非是古代祭祀形态的延长,而是在中世成立期经过改造和附加意义等一系列变化而生成、旨在促进中世权威形成的仪礼。

另一方面,近来从中世新创的仪礼中探寻中世天皇的观念性、宗教性权威之源泉的研究日渐引人注目。基于佛教理念的即位灌顶就是其中之一。即位礼仪的即位灌顶研究,始于伊藤正义的《慈童说话考》。[5]在

---

[1] 黑田俊雄《中世显密体制的发展》(《日本中世的国家与宗教》岩波书店,1975年)。

[2] 荷前币物:日本平安时代各藩国贡物中每年最早收获的谷物及果蔬。由朝廷将其献祭于伊势神宫和诸天皇陵墓。多余者由天皇收纳。运送这些物品的人称为"荷前使"。(译者注)

[3] 黑田纮一郎《日本中世的国家和天皇》(《历史评论》320号)。

[4] 伊藤喜良《何为中世天皇的祝咒性权威》,(《日本中世的王权和权威》思文阁出版,1993年)。

[5] 《国语国文》555号。

此研究中,伊藤指出:"天台宗传承下来的佛教传说慈童传说中有关于天皇即位的言说。"此后,即位灌顶与慈童传说、稚儿灌顶等一起受到了日本文学研究者的广泛关注。阿部泰郎[1]和松冈心平[2]也连续发表了创新性研究。

沿着这一思路,上川通夫[3]从历史学角度考察了即位灌顶的地位和意义,他指出,伊藤氏的即位灌顶说不过是佛家的片面之言。若要弄清楚是什么支撑了中世天皇的权威,必须再现即位灌顶的实修过程。于是,他对即位灌顶的开始时期、礼仪形态、历史意义等进行了具体探讨,其研究结果证明,即位灌顶的实修始于镰仓后期,其宗教理念是要产生显密佛教之顶点的大日如来化身——天皇,寺院神社、摄政关白也通过即位灌顶仪式来确立自己与天皇之间的位置关系以及自身地位的正统性等。

之后,山本广子[4]、田中贵子[5]也尝试分析了王权论的即位灌顶说。我们在山本的论述"通过王化身为辰狐(天照大神)、辰狐化身为王的即位灌顶仪式,人兽交涉史迎来了一个高潮"中可以看出,天皇具有更加浓厚的宗教色彩。

曾经,佛教作为护国之法从外部保护天皇的身体。原则上不允许天皇自行修习佛法。但是进入中世以后,佛教通过天皇亲修进入其身体内部,使天皇从内部具有了神秘化特征。

此外,关于中世天皇的神圣化,黑田日出男从王的身体与人民的安全、快乐互为一体的观念出发,考察了日食、月食之时围绕天皇御所举办的法事。[6] 佐藤势纪子则指出进入中世后,天皇皇位自有的神圣性反而

---

[1] 《慈童传说的形式》(《国语国文》600、601号)。

[2] 《稚儿和天皇制》(《赫尔墨斯》六)。其他关于即位灌顶的研究有樱井好郎《北畠亲房和即位灌顶》(《日本历史》500号),同《即位灌顶和神器》(《祭祀和注释》吉川弘文馆,1993年)等。

[3] 《中世即位仪礼和佛教》(《日本史研究》300号)。

[4] 《异类和双身》(《变成谱》春秋社,1993年)。

[5] 《吒枳尼天法和"王权"》(《外法和爱法的中世》砂子屋书房,1994年)。

[6] 《笼闭、包裹、隐藏》《作为肖像画的后醍醐天皇》(《王的身体、王的肖像》平凡社,1993年)。

更受到重视。[1]

　　根据以上所示的研究成果，关于中世的天皇，我们可以形成一种共同的印象，即中世被神圣化的天皇通过繁杂的仪礼礼节和避忌，在被重重包围、与外界隔绝的深宫中无声无息、独守清净。赤坂宪雄称之为"纤弱细小的织物"[2]。

二、中世天皇观的形成

1. 由神到人

　　前面的章节中我们梳理了近年来的研究史，论述了古代天皇一边获得新的权威，一边向中世转化。但是，关于天皇从古代向中世转化这一问题，我们不能忽视还有一种与之相对立的著名的研究图式。

　　研究者益田胜实认为，摄关、院政时期天皇从禁锢中解放出来，逐渐丧失了神秘性。[3]　石井进继承这一观点，进一步强调进入院政期后，关于院的逸闻大量流传，还出现了对天皇和院的激烈批判。而且他认为，这是"院和天皇从个人的避忌中解放"之始，显示出（天皇）由神向人转化的趋势。[4]　石井的天皇论，是从天皇"现人神"地位的跌落中，探求中世天皇的特质，这一视角与前述研究中将中世天皇视为改头换面出现的新"神"的一系列研究形成鲜明的对照。

　　比较这两种研究体系会发现，重视中世天皇权威高涨的研究者，总体上不关注甚至否定天皇由"神"向"人"转化的图式。但实际上从中世的文献中摘出天皇的相关言辞，便会注意到与这一图式相符的史料出奇的多。

---

[1]　《增镜的皇位继承观》（《国家和宗教》思文阁出版，1992 年）。

[2]　赤坂宪雄前揭论文（第 152 页注 5）。

[3]　《日知斋物语》（《火山列岛的思想》筑摩书房，1968 年）。

[4]　《院政时代》（《讲座日本史》二，东京大学出版会，1970 年）。吉原浩人也选取天皇的往生问题指出作为"现人神"的天皇观在院政时期的变迁。（《日本往生极乐记和院政期往生传——围绕天皇的往生》，《说话讲座》四，勉诚社，1992 年）。

深受堀河天皇宠爱的藤原长子的日记《赞岐典侍日记》中,生动描绘了天皇临死时的情态。性命垂危的天皇在痛苦的呻吟中诵读《法华经》,口念佛号。临终之际天皇喊道:"现在我不想死,太神宫救我! 南无平等大会讲明法华。"[1]弥留之际痛苦挣扎,虽由女官们照顾,仍唱念神佛之名。天皇将神佛之力作为救命稻草的此种情形,在其他的史料中难以看到。在这里,临终的天皇卸下了所有的虚饰和权威,成了一个普通人。关于这位堀河天皇,后世曾煞有介事地风传其出生源于山门的法力。(《平家物语》[2]《日吉山王利生记》[3])。

在古代,天皇往往作为"现人神""现世神"君临天下,拥有与神佛同等的权威。但是在典侍长子的眼中,天皇却需要依靠神佛,没有神佛之力连皇位和性命都无法保全。此刻,天皇不是神,而化为了由绝对性存在左右的次生性权威。

2. 坠入地狱的天皇

天皇若没有神佛的保佑就难以生存,这样的观念并非只存在于典侍日记中所管窥到的封闭的后宫世界。通过说话故事和传说,这种天皇观广泛渗入民间,成为中世人们的共识。

前面已经讲到,有种说法是白河院的皇子堀河天皇,是依山门的法力诞生,但在此之前,白河院也曾拜托三井寺的赖豪祈求诞出皇子。他的祈祷有了功效,平安诞下了敦文亲王。但是由于白河院并未按照约定,作为回报给三井寺建立戒坛,赖豪大为震怒,索去了好不容易诞生的亲王性命(《平家物语》[4]《日吉山王利生记》[5])。堀河诞生是此后山门祈祷的结果,可以看出神佛之力可以轻易左右天皇后继者的出生和死亡。

以上都是关于即位之前皇子诞生的传说,有关在位的天皇和院由于

---

[1] 讲谈社学术文库《赞岐典侍日记》,第 71 页。
[2] 日本古典文学大系《平家物语》上,第 226—227 页。
[3] 《续群书类从》二下,第 674 页。
[4] 《平家物语》上,第 226 页。
[5] 《续群书类从》二下,第 673 页。

神佛之力失势的传说也屡见不鲜。

治历四年(1068),后冷泉院病逝。据说这是因为受到了来自东宫的后三条天皇以及由其授意的成寻的诅咒(《阿娑缚抄》[１])。接替后冷泉院顺利即位的后三条天皇虽然实施了"延久善政"[２](《古事谈》)并被后世称为治世,但是也因为建立戒坛一事招来了三井寺的怨气,受到神佛的惩罚,在位期间便逝世了(《寺德集》[３]《寺门传记补录》[４])。另外,近卫天皇去世之际,传言是因藤原赖长诅咒所致,这成为其没落的导火索(《古事谈》[５]《保元物语》[６])。除此之外,后朱雀天皇多病(《古今著闻集》[７]《日吉山利生记》[８])、二条天皇薨逝(《镰仓遗文》3150 号[９]、《寺门传记补录》[１０])、安德天皇落水(《寺门高僧记》[１１]《神国王御书》[１２])、后鸟羽等三位上皇战败并被流放(《延历寺护国缘起》[１３]《谏晓八幡抄》[１４])等事件均是由于对抗佛法受到惩罚等说法,在中世公开流传。

给这些天皇和院带来毁灭、死亡的绝对性存在或是特定寺院讲授的佛法,或是个别神佛,或是因果报应等抽象的原理,说法不一。但是,在现实世界的背后存在着超越人类智慧的超然意志,若违反这种意志,即使是作为神孙的天皇也免不了失势、灭亡。这种理念是上述传说和各种论调的共同立场。作为"现人神"的天皇的权威之上,设定一种更加本源性的权威,在这种权威面前,天皇也成为一个普通人。由此我们可以看出,在

[１] 《大正新修大藏经》图像部九,第 299 页。
[２] 《新订增补国史大系》十八,第 17 页。
[３] 《续群书类从》二十八上,第 8 页。
[４] 《大日本佛教全书》一二七,第 140 页。
[５] 《新订增补国史大系》十八,第 102 页。
[６] 岩波文库《保元物语》,第 17 页。
[７] 日本古典文学大系《古今著闻集》,第 55 页。
[８] 《续群书类从》二下,第 670 页。
[９] 《镰仓遗文》五,3150 号。
[１０] 《大日本佛教全书》一二七,第 432 页。
[１１] 《续群书类从》二十八上,第 577 页。
[１２] 《昭和定本日莲圣人遗文》一,第 882 页。
[１３] 《续群书类从》二十七下,第 439 页。
[１４] 《昭和定本日莲圣人遗文》二,第 1848 页。

中世的天皇观中,天皇丧失了固有的神圣性。

在这种世界观的支配下,"轮王位高,亦坠三途之苦"(《不问自语》[1]),"无常境界,刹利、须陀亦无不变"(《保元物语》[2]),在绝对性权威面前,现世帝王的权力也非常有限的观念被反复渲染。甚至崇德、淳仁、后鸟羽等历代天皇化为"恶魔的栋梁"(《太平记》[3]),醍醐天皇(《北野缘起》[4]《十训抄》[5])和皇极天皇[6]的堕地狱说也在世间广为流传。

3. 慈圆的天皇观

慈圆的《愚管抄》从佛教的角度,对存在高于天皇权威的更高权威这一理念,进行了系统论述。

日本规定天皇理应成为国王,为何苏我马子会杀害崇峻天皇,而圣德太子又为何会容忍这种事情的发生?慈圆提出疑问,并给出了两个解释,一是万物皆有轻重,二是佛法传来之后,没有佛法则王法难存。并解释说上述事件的出现,是为了证明此道理。接着,慈圆做了如下评论:

> 徒以钦名天皇皇子之名即位的国王认为此大臣无德,欲杀之。大臣苏我马子依靠所信佛法之力先行下手,杀害国王,唯斯旨趣。[7]

自古以来,对天皇统治的背叛以及皇家内乱时有发生。只是在古代,围绕皇位的争夺多止步于皇室内部的对立。即使有其他氏族谋逆杀害天皇,也只是偶发性事件,并不借助一些普遍理念将其正当化。对此,慈圆明确表示,神佛或者道理等绝对性原理是统治这个世界的前提,若违背这种绝对原理,就连天皇也难逃灭亡的命运。俨然,中世的天皇若没有神佛支持便难以存续。这种理念在后宇多天皇和后醍醐天皇的说话中也有所体现。

---

[1]　讲谈社学术文库《不问自语》上,第 164 页。
[2]　岩波文库《保元物语》,第 20 页。
[3]　日本古典文学大系《太平记》三,第 60 页。
[4]　《群书类从》二,第 144 页。
[5]　《新订增补国史大系》十八,第 72 页。
[6]　吉原浩人《皇极天皇的堕地狱谭》,《国文学解释和鉴赏》55 卷 8 号。
[7]　日本古典文学大系《愚管抄》,第 138 页。

断废佛法,皇统共灭。复兴佛寺,皇业安泰。[1]（《后宇多上皇遗告》）

若无佛法护持,皇朝岂能得安。[2]（《后醍醐天皇纶旨》）

由此可见,皇室也心安理得地接受这个理念。

4. 德治主义和天皇

至此,我们主要列举了从宗教层面将天皇权威相对化的理论。与此相对,中世还存在一个将天皇相对化的普遍原理,那就是天的观念和德治主义。

描述承久之乱[3]始末的《承久记》中,后鸟羽上皇关于败北的理由,在自问"承久三年,是什么样的年份呢？ 三院、二宫被发配孤岛,公卿、官军被判死罪、流放"之后,将战败的原因归结为违背天意,"怒则滥罚无罪,喜则滥赏不忠,故遭天怨"。[4] 另外,《六代胜事记》中写道:"若臣子不忠是谓国家之耻,宝祚长短必有赖政之善恶。宪宗励精图治,五年不近骊宫。玄宗不体人之怨恨,一日之乱,空余蜀山哀叹。"主张"政之善恶"直接关系到帝位的安危。[5]

镰仓时代,尤其是从后期开始,日本也正式开始引入儒家的德治主义理念。德治理念认为"天"这一绝对性权威实际存在,对人们的道德行为给予报应。这就要求人们在天的监视下,必须谨慎小心,使自己的言行符合道德规范。[6]

天威面前,人人平等,天皇也不例外。从适才引用的话中可以看出是在警告天皇,即使生在天皇家,拥有天皇和院的至高地位,倘若违反天意,

---

[1] 《镰仓遗文》三十七,28779 号。

[2] 《镰仓遗文》三十六,27749 号。

[3] 承久之乱:承久三年(1221)后鸟羽上皇等企图推翻镰仓幕府的事件。被以北条义时为首的幕府将军镇压。后鸟羽、土御门、顺德上皇被流放,属于上皇方面的公家、武士的领地被没收。幕府进一步加强了自己的权力。（译者注）

[4] 古典文库《承久记》,第 146 页。

[5] 《群书类从》三,第 424 页。

[6] 石毛忠《南北朝时代的天思想》(《日本思想史研究》1 号)、玉悬博之《〈神皇正统记〉的历史观》(同前)。

施行恶政,苦民伤众,其地位也不会长久安泰,甚至会中途夭折。

> 少人非年少之人,而是才愚虑短之人也。另,有道德之人称为君
> 子,无道德之人是为小人。纵然身为国主,若心愚虑短,亦难摆脱此
> 恶名。[1] (《十训抄》)

如上所示,道德有无是评判君子与小人的标准,"天"的思想也使得天皇
作为"现世神""神孙"的宗教性权威尽失,仅仅作为一个赤裸裸的人被纳
入因果报应之中。

三、即位灌顶的历史意义

1. 从现人神到佛法圣主

我们认为在中世王权的形成期,一方面天皇被赋予新的权威,另一方
面天皇权威又在不断地脱神秘化。接下来的课题就是如何对这两个自相
矛盾的现象进行统一解释,从而明确它的历史含义。考虑这个问题时,我
们很容易想到,即位灌顶等新的仪礼的形成,是(天皇)权威=现人神,在
面临自有的神秘衰落的现实时,采取的应对措施。

从中世时期开始,如网野善彦所说,天皇不再是"神圣的存在"[2],
而是转化为由神佛支持并受其限制。在这样的状况下,要想让身为国
王的天皇的存在正当化,必须要构筑一套与时代相符的新的伦理和仪
礼。中世人们普遍承认现世权威之上有绝对性存在,因此天皇必须证
明自身地位的合理性。《延历寺护国缘起》记载"光仁天皇以前,依王
法权威持国,光仁天皇以后,依佛法之助缘持国"[3]。暂且不论时代划
分,至少在某种意义上明确表现出这种情形,即与古代天皇依靠自身权

---

[1] 《新订增补国史大系》十八,第49页。
[2] 网野善彦前揭书(第150页注1)。
[3] 《续群书类从》二十七下,第443页。

威君临天下不同,中世天皇若不借佛法这种"外在"权威,便难以保全地位。

天皇不断探索与外在权威的联合,必然使我们将目光转向在中世宗教界占据绝对地位的佛教。即位灌顶说以及最近作为圣化天皇理论的"十善帝王说"[1],将天皇和院视为释尊使者或佛祖分身说[2]等,均是沿着这一思路形成的王权合理化理论。

2. 即位灌顶的局限性

但是,从王权与佛教的视角来看,更加重要的问题恐怕是,在中世的思想状况下,天皇恢复权威的尝试,是否被当时的人所接受。坦率地说,我对这种仪式和理念的有效性持有很大疑问。

让我们围绕即位灌顶来探讨下这个问题吧。上川通夫关于即位灌顶的理念曾做如下论述。

> 即位灌顶的宗教理念使作为显密佛教世界顶点的天皇诞生。(中略)通过即位灌顶实修,天皇脱离俗体,获得圣性,犹如全宇宙的佛陀一般,由此彰显出超越寺院势力的不可侵犯的价值。即位灌顶的实修形态就是大日如来的拟态。天皇既非释迦的使者,也不是其分身,而是大日如来的化身。[3]

上川认为,通过即位灌顶,天皇变身为神圣的大日如来这一理念被当时的人们所接受,从而使他们对天皇的敬仰之意高涨。虽说如此,但并没有证据表明即位灌顶是中世不可或缺且一直实行的仪礼。而且即使它确实实施,但在中世这样一个天皇失势、夭折、堕地狱等被毫无顾忌地传播的情况下,天皇神圣化这一理念究竟有多大的约束力呢? 如果天皇神秘化的尝试成功了的话,围绕天皇的这些赤裸裸的言论也应该不会产生吧?

---

[1]　高木丰《镰仓佛教中的国王形象》(《镰仓佛教史研究》岩波书店,1982 年)。

[2]　平雅行《中世佛教的成立和展开》(《日本中世的社会和佛教》塙书房,1992 年)。

[3]　上川通夫前揭论文(第 154 页注 3)第 64 页。

再退一步讲,假设天皇变身为大日如来确实被当时的人们相信。在这种情况下,我们有必要回忆起一个事实。在中世,大日如来并非是一个与世俗隔绝的绝对存在。

在中世的佛教界,天台本觉思想具有压倒性影响力。本觉思想主张现实的一切事物都是真理＝佛性的显现。因此,人们若想开悟,不需要任何艰难的修行,自我本身就是佛(大日＝毗卢遮那如来)。

这种理念超越了僧界成为中世人们的共识。收集有院政时期流行的今样歌[1]的《梁尘秘抄》中收录了许多倡导佛与众生一体不二的歌谣,下面这首最有代表性:

真言教甚好,无论篷窗宫殿,无论君主庶民,皆讲大日如来。[2]

另外,空海为了证明即身成佛说,在嵯峨天皇面前显现大日如来真身,天皇连忙对此礼拜的传说也广为流传(《平家物语》[3])。

考虑到这样的思想状况,天皇变身为大日如来的即位灌顶理念的局限性就逐渐明晰了吧。我认为之前的研究未充分考虑实施者的主观意图与客观效果之间的区别。实施者也许希望通过这一仪礼赋予天皇至高无上的权威,但是问题在于接受者一方。中世是每个人都把大日如来内在化、自我化思潮盛行的时代,在这样的情形下,把天皇神秘化,让人们对天皇产生畏惧之感,实施者的这种意图根本不可能为人们所接受。

3. 佛教帝王观的效用

同样的情况也适用于凭借佛教将天皇圣化的另一种理论,即"十善帝王"说。

---

[1] 今样歌:意为当世流行之歌谣,受"和赞"(佛教赞颂歌)和"雅乐"(宫廷音乐)影响,兴起于平安时代中期,至镰仓时代逐渐衰微。最初在下层民众之间广为流传,后逐渐为宫廷贵族所喜好。歌词多由"七五调"的四句构成,内容新颖,大多反映当时的世态人情和社会风貌。(译者注)
[2] 日本古典全书《梁尘秘抄》,第 57 页。
[3] 日本古典文学大系《平家物语》下,第 300 页。

十善帝王,是指在前世受持十善戒的功德,今生转生为帝王的思想。在中世,这一思想十分有名,一提到"十善",就是指"天皇"。这个理论是将现世国王的地位,归结为前世的善行这种不可知的原因,从而合理化其地位。但这里也有致命的缺陷。

在《粉河寺缘起》的"禅位阿阇梨求变王位、圆证佛果"一章中记载着这样一则轶闻:

> 禅位是天台座主寻禅的弟子,虽是一位验力高强的行者,但到底想依靠自身的德行祈求以"现世肉身晋升帝位"。为了实现这个愿望,他到粉河寺闭关祈祷,于是在梦中灵童显现并告诉他"晋升帝位之事需靠十善之力,以现世肉身难以实现。若你今生受持十善,来世我将合力让你成为小国之王"。[1]

虽然禅位断绝了成为帝王的念想,但是值得我们注意的是,天皇的资格并不仅限于特定的血脉和家世,只要受持十善之戒,来生谁都可以登帝位。实际上在中世,圣武(《东大寺要录》[2])、清和(《江谈抄》[3])、花山(《古事谈》[4])、四条(《增镜》[5])、后白河(《日莲圣人之御法门听闻分集》[6])各位天皇的前生谭脍炙人口。十善帝王说一方面是对成为国王之人进行追认的理论,但另一方面也孕育着使天皇制的根基——血统理论解体的危险。

十善帝王说所具有的另一个缺陷就是,即使凭借前世的果报生为天皇,其地位并非不可动摇。高弁在《摧邪轮》中写道,如果在国土上弘扬恶法,"舍善神国、入恶鬼国,则三灾兴、十善废"[7]。《平家物语》中也记

[1]　日本思想大系《寺社缘起》,第60—61页。
[2]　《续续群书类从》十一,第40页。
[3]　《群书类从》二十七,第572页。
[4]　《新订增补国史大系》十八,第127页。
[5]　日本古典文学大系《神皇正统记·增镜》,第296页。
[6]　《日莲宗宗学全书》一,第127页。
[7]　日本思想大系《镰仓旧佛教》,第318页。

载着安德天皇投海时,两位尼哀道:

> 因你前世勤修十善戒行之功德,故今生得为万乘之主。哪知恶
> 缘近迫,遂至命蹇运尽。[1]

可见,十善帝王说在任何意义上都无法保证皇位的永续性。

同样,将院和天皇视为释尊的使者、佛的分身说也是如此。无论天皇今生背负着多么神圣的使命出生,如果天皇不践行兴隆佛法之义务,也难逃严厉的报应。前面提到的失势的天皇、堕入地狱的天皇就是放弃责任、化为恶王的下场。

由于这些理论与天皇家固有的皇统和祖神毫无关系,而是从佛教这一外在权威中寻求合理性依据,因此对天皇家而言,这种理论有随时变为双刃剑的危险。

四、中世天皇的作用

1. 从古代天皇到中世天皇

前面的章节中,我们论述了即位灌顶说、十善帝王说等尝试王权圣化的实际效力有致命的缺陷。但是,似乎中世天皇未必想在民众面前展现其神圣不可侵犯的姿态。

关于即位灌顶,目前还没有证据表明历代天皇进行过亲修。其原因在于这项仪式被当作秘仪,仅有限的几个人才能参与。相关言说只是通过口口相传,以极其碎片化的形式呈现。如果天皇通过即位灌顶,变身为大日如来,那么为何必须封闭在庄严的秘仪中呢? 若要使天皇的宗教权威给人们留下深刻印象,那么像近代的大尝祭一样,即使仪式的内容严格保密,但仪式本身有必要通过所有的媒体进行宣传吧。可是,除了上流贵

---

[1]　日本古典文学大系《平家物语》下,第336页。

族和高僧,普通人连即位灌顶这一仪礼的存在都无从知晓。

难道即位灌顶等中世时期始创的(证明)天皇威严的言论和仪礼,原本就没有将被统治的民众纳入考虑范围吗? 如若这样,中世天皇圣化又有何目的呢? 要回答这些疑问,我们有必要再将目光转向中世权力构造中天皇的地位和作用。

在日本古代的律令制下,天皇在支配体制中被赋予最高的统治地位,拥有使律令发生效力的终极权威。[1] 在当时,连寺院和僧尼也受到天皇所规定的俗法的制约。天皇和僧尼之间有一条明确的统治与被统治的界限。[2]

但是,在10世纪左右,随着律令体系的失效,被纳入律令制的各官寺开始脱离出去,拥有自己的庄园和武装势力,走上了庄园领主=寺院权门的道路。另一方面,在向中世庄园制转变的过程中,曾同时代表至高无上的权力和权威,是国家唯一主体的天皇,在社会层面却跌落为拥有独自庄园群的天皇家,成为一个权门的代表。平安后期,主张寺家和皇家的平等,且强调两者共存共荣的佛法王法相依论,就是在这样的社会结构大变动背景下产生的。

进入中世以后,有实力的寺社等权门,不断增强自立性,为了各自利益陆续展开纷争。但是,权门世家作为统治阶级的一部分,拥有共同的利害关系也是事实。因此,从国家层面,有必要对权门间的私党对立加以限制。既是为了防止破坏国家秩序,也是为了权门之间的制衡这一重要课题。

各权门,作为统治阶级的总体,来分掌国家权力也是为此。而且,在制度上天皇处于国家顶点,天皇家则承担着一代一代培养皇位继承者的责任。黑田俊雄从另外两个侧面指出,中世的天皇既是一个权门(王家)的代表,同时也是国家权力在制度上的统辖者、国家观念性权威的源泉

---

[1]　山尾幸久《古代天皇制的成立》(《天皇制和民众》东京大学出版会,1976年)。

[2]　速水侑《日本佛教史·古代》(吉川弘文馆,1986年)。

(帝王)。[1] 天皇看似几乎丧失了所有政治实权,但仍处于国家制度的顶端,掌握着包括授位、任官在内的官僚秩序的要害。但是若将这一事实解释为古代以来的传统职权的继承和天皇权威的复活,未免不太恰当。这主要是由于全体统治阶层政治上需要官僚秩序。

2. 天皇神圣化的意义

古代天皇作为国家唯一的主体,他对国家存立的终极目的就是保全自己,并为此动用所有的权力、权威。而中世天皇在各种权力为了维持它们的统治体制(庄园制统治)下,才被推崇。更极端一点来讲,中世天皇是为体制存续而形成的非人格的机构,只不过是统治的手段。就如《禁秘抄》中看到的那样,天皇只是受限于世代累积的典制礼法,忠实地履行着作为天皇的形式上的职能。

但是,即使中世天皇是这样一种弱势存在,在分权化不断发展的时代,为了发挥其作为各权门向心力之焦点的作用,在某种程度上,他又必须彰显出区别于世俗的一面。尤其在体制动摇、陷入危机的情况下,天皇作为统治秩序的代表,更需要在人前展示其神圣的外观。院政时期,大型寺院之间的纷争迎来高峰,此时将天皇推至公众面前的神国思想[2]和王土思想[3]高涨,神孙君临和众神加护的国土被大力强调。这些都是应该在这一历史脉络中把握的历史现象。而且从那以后,每当统治秩序面临危机时,神孙为君、宝祚无穷的思想就会被重新提起。

但是有一点我们不能忽视,与古代"现世神"的天皇个人权威的圣化和绝对化不同,中世神孙为君的理论虽然支撑着天皇作为国王的正当性,但是这并非是将身居皇位的个别天皇神秘化。也就是说,中世的神孙为君说,即使主张神孙是成为国王的基本资格,具有决定性的重要作用,但是并不绝对保证在位的天皇可以终生为帝。

中世天皇观念性权威的高涨并不像古代那样,将天皇自身的长久作

---

[1]　《中世天皇制的基本特征》(《现实中的历史学》东京大学出版会,1977 年)。
[2]　本书第四部第一章。
[3]　石井进前揭论文(第 155 页注 4)。

为终极目的,而只是维持国家统治的政治手段。在中世神孙为君的理论中,国王的人选尽管只限定在天皇家出身的人中,但是如果不符合统治权力总体的意愿,任何时候都有可能被换掉。事实上,虽然天皇作为神孙在民众面前展现出神圣姿态,可一旦他被认为偏离了作为国王的立场,统治权力内部就会动用佛教、儒教理念对其进行赤裸裸的批判,并公然主张替换天皇或使其失势。可见,中世天皇的权威终究只是根据社会状况和政治形势,只是由周围势力或是强化或是弱化。

然而,我们也不能忽视,天皇职位的非人格性机构化,反过来又激起了围绕天皇个人的资质和资格的讨论。神孙为君的理论尽管将天皇职位圣化,但并没有将各个天皇的在位合理化。因此,像镰仓中期以后皇统分裂,经常出现多位皇位继承候选人互相竞争的状况,现任天皇要想使自己在位合理化,或者治理天下必须是自家血统即位,仅靠神孙为君的理论是不够的。花园院时期对儒教德治理论的接受,以及将自己比作神佛的后醍醐天皇的行为[1]都是为了应对这一问题。

依我个人私见,中世的即位灌顶并不是一般意义上将天皇神秘化的仪式,如上文所述,应该在特定的皇统将自己正当化的系谱中探讨。同时我们也面临着一个深刻的问题,即史料中出现的与即位灌顶相关的内容,如伏见、花园、后小松等各院在两统迭立、南北朝分裂中,如何将自己或者自己一派的皇统即位赋予意义呢? 在这样的状况下,他们尝试了各种各样的方法使自己派系合理化。即位灌顶无疑只是其中之一。此时有关即位灌顶的言论,必然不是面向大多数民众的,而只是面向握有即位决定权的权力集团内部。

五、异端天皇观

1. 显密佛教与天皇

至此我已经指出,中世的天皇职位被非人格机构化、国家存续的手段

---

[1]　黑田日出男《作为肖像画的后醍醐天皇》(《王的身体、王的肖像》平凡社,1993 年)。

化，与此相伴，偏离使命的天皇将被理所当然地替换掉等。然而，尽管天皇的权威不断被弱化，但是天皇职位作为统治机关，它本身最终没有被否定。

另外，《愚管抄》对杀害崇峻天皇一事予以肯定，但另一方面它也写道："日本国之渊源，非国王种姓之人不可成为国王，这是自神代以来之规定。"[1]即使站在超越天皇权威的更高层次批判天皇，天皇仍然是日本统治秩序的顶点，这一点毋庸置疑。

而且，从德治论进行的天皇批判论也是一样。《神皇正统记》中所说的"虽我国王种不变，但若政治动乱，则气数不久，继体生变"[2]就直接揭示了这一道理。

在佛神和因果的理法、天这种绝对性权威面前，天皇仅仅是一个人，与其他所有人完全平等。即使是统治者，天皇也应该与幕府将军与执权完全平等。可是尽管如此，全面否定天皇本身，并将天皇权威向其他政体转移的理论，为什么没有得到发展呢？

其中一个理由，就如我们前面讲到，虽说天皇权威低下，但是摄关家、武家要找到一个能够替代具有高贵皇统与血统的天皇，来实现统治权力集中的象征并不容易。将国王的地位视为天皇家固有的家职，这一观念在中世更加强化。只要是在显密佛教或者仍在体制内，就无法否定天皇成为国王。

另一个理由与中世显密佛教中绝对者观念的独特性密切相关。刚刚我们已经说过，从古代向中世转换的过程中，显密佛教中凌驾于天皇权威之上绝对性存在的观念十分盛行。这种现象是伴随着宗教领主化、寺社势力社会影响力不断扩大和宗教权威上升而产生的。

但是，面对寺院的领主化，作为寺院主权者佛神的权威高涨，反过来也意味着佛神上升为普遍神、超越神也同样受到了社会背景的限制。也就是说，这些神佛虽然在寺社统治下、在特定的具体领地内发挥着绝对权

---

[1]　日本古典文学大系《愚管抄》，第 328 页。
[2]　日本古典文学大系《神皇正统记·增镜》，第 116 页。

力,但很难超出这个范围成为君临全国的普遍神。各个寺社内"佛土""神土"的观念也以各自寺社的领地为单位,不能越界,而且君临于其领地的神佛在救赎、惩戒功能上也有限制。这便是前面所说的与中世显密佛教中绝对者观念的特质有密不可分的关系。

在拥有此观念的神权向王权主张自己的优越地位时,这种神佛观念成了决定性的制约。即使天皇由于受到神佛的惩罚而失势,那也是针对侵犯了神佛权威和领地的、特定的天皇发起的,神佛和国王之间的上下等级秩序最终没能形成明确且固定的形式。因此,显密佛教中并未看到依托绝对性存在的权威,从本质上重新探讨国王意义的理论。倒不如说,神佛君临的"佛土"和由俗权控制的"王土"之间,存在着一种彼此承认权限,以实现共存的"分栖共存"的意向。[1]

2. 日莲的天皇观

在日本,天皇依据神佛权威,作为国王而存在。那么,有没有否定这种天皇权威的理论呢? 日莲等人的中世异端思想值得我们注意。

显密佛教尽管承认天皇个人的退位和没落,但没有论及神孙为君的正误。与此相对,日莲天皇观的特色是,明确宣称依附于天皇职位的观念性权威无效。虽然日莲也承认天皇是日本的国王,但是他并不认为日本国王必须是神孙天皇,实际上也有像 81 代到 85 代天皇那样被源赖朝和北条义时夺了"王位"的神孙。同时代的天皇也是如此,根据天皇对待佛法的态度,随时都有可能丢掉皇位。[2] 日莲毫不忌惮地说道:"人王八十二代隐岐法皇并左渡院等,被代代侍奉连御家人都不是的相州镰仓一位叫义时的人篡位,并被流放各个孤岛,悲叹不已。最终在岛上崩逝。灵魂化为恶鬼,坠入地狱"[3],丝毫不顾忌天皇所具有的传统权威。日莲对天皇的批判很明显想要消灭天皇职位本身。

关于日莲形成这种理论的原因,不得不提到的就是他的单一神(超越

---

[1] 本书第三部第一章。

[2] 本书第三部第三章。

[3] 《昭和定本日莲圣人遗文》二,第 1559 页。

者)观念。对于日莲来说,释尊是凌驾于包括国王在内的所有人之上、统治全国的绝对存在,且是远远超越其他神佛的独一无二的救世主。日莲通过推崇全国本源性主权者释尊,强调释尊具有至高无上性,远远凌驾于地上权威,最终使国王的天皇职位的断绝成为可能。

处于权门体制框架内的显密佛教徒,受其立场的制约,尽管可以否定个别天皇,但是由于可能导致自身统治秩序的解体,最终没能对神孙为君的理论下手。与此相对,日莲等人不受这一制约,超越了显密佛教的限制,得以将王权置于脚下,突出了至高无上的宗教权威。

六、结语

1. "赤裸的国王"天皇

近年来,中世天皇的研究明显侧重于天皇政治实权的丧失以及与其相关的宗教权威的研究。因此,经常有学者指出,在难以被其他权力替代的天皇的宗教权威中,存在着揭开天皇职位存续之谜的钥匙。这些研究成果甚至认为,中世天皇作为当代神佛的化身,具有极其浓厚的祝咒性。但这些见解中似乎有一些重大的漏洞。

第一个问题是,这些研究没有认识到,强调天皇的神圣性与它具有多大说服力完全是不同的问题。在中世日本,人们认为,存在超越世俗统治者的绝对性权威,违背此前提的天皇和院的失势、坠入地狱等事会被公然谈论。在这样的思想状况下,天皇变身为大日如来的即位灌顶以及各种圣化天皇的仪式,尽管实施者有这样的主观意图,但是对于给天皇赋予神秘权威上有多大的意义呢?

第二个问题是,这些研究在分析圣化天皇的言论时,忽视了对中世国家权力构造中天皇地位的考察。关于天皇的言论,很多并非直接反映天皇实际情况,而是宣扬者自身理念的表达。将此纳入王权论,明确其历史意义,定位各种言论的基本框架,即定位中世国家论的结构,这是不可或缺的。没有进行这一探索的天皇论,终究只不过是相关史料中的天皇观,难以称之为天皇论。中世圣化天皇的言论,必须根据天皇的实际情况进行进一步解读。

第三点,中世天皇为统治权力的全局,转化为非人格机关,有必要将天皇的合理化明确区分为作为机关的皇位的合理化和在位的各天皇的合理化。中世国家,作为统治阶级集中的焦点,国王的存在不可或缺。而且,国王作为统治秩序的象征,有必要采取区别于世俗的姿态。神孙为君就是在这样的历史脉络中发展起来的,中世国家正统的皇位合理化理论。但是尽管这一理论认为天皇是神孙,却并不承认天皇是现人神,在某种意义上难以为特定的天皇和皇统在位提供依据。不知何时就可能会由于统治权力内部的形势而失去王位。在这种不安中,各个天皇和皇统不得不超越神孙为君说,探索将特定的个人和皇统合理化的理论。

以我个人之见,近年来受到关注的中世天皇神秘化的理论很多都属于后者。而且在性质上,(这些理论)并非面向民众而是面向掌握着拥立天皇实权的国家权力构成者提出的。最近一些探讨天皇的祝咒性、宗教性权威的研究,恐怕并未对以上的各问题进行充分的考虑吧。

中世虽然盛行天皇圣化的言论,但天皇权威的衰落却达到了极限。天皇想要的新的权威的外衣也并没有将他从"赤裸的国王"这一处境中解救出来。天皇只是凭借其政治职能被认可为国王,抽象性权威只是与此相随。我们不能被这身华丽的外衣所迷惑,必须在国家统治和体制秩序的维持中,分析天皇所发挥的客观作用。

关于这个问题,近年来不断(有人)尝试从民众层面,发掘弱化皇家各种俗圣权力的过程。[1] 毫无疑问这种视角基本上是正确的。但是,在天皇权威明显衰落的中世,这些研究者提出的相对化观点是包含统治者在内的时代常识。从相对化这一角度来讲,显密佛教反而更加彻底。因此,对"民众神学"的过高评价,反而使他们必须对抗的统治思想的压迫以及其含义暧昧化,有可能忽视日莲等异端思想家的历史意义。

---

[1] 河音能平《日本院政期文化的历史地位》(《历史评论》466 号)、齐藤利男《中世的正统思想和民众认识的世界》(《交流的日本史》雄山阁,1990 年)等。

2. 异端思想的意义

只是,虽然天皇权力基础弱化、权威低下,但他始终是日本国王这一事实也十分重要。无论天皇个人的相对化和皇位的脱神秘化如何发展,几乎都还没有到否定天皇的存在＝打破神孙为君说的地步,这是日本中世天皇观的重要特色。确切而言,受到中世国家状况的限制,随着各权门的自立和分权化愈演愈烈,为了掩盖统治阶层内部的矛盾,作为国家统合象征的天皇以及诞生天皇的皇家[1]的作用变得更加重要。中世权门尽管可以批判、否定个别天皇,但不得不在理念上、政治上继续支持天皇的原因也在于此。

其中值得注意的是日莲等人的中世异端思想。与主张多神论的显密佛教相比,他们主张的外在的、绝对性存在的一神信仰,以及在此信仰下削弱神孙为君理论的理念极为特异。在中世,不要说显密佛教,连儒学的德治论都难以使神孙为君的神话解体,我认为他们的思想是唯一可能从根本上反对天皇权威的理论。

但是,由于这种万世一系＝神孙为君的理论被否定会直接导致当时的统治秩序解体,因此它是中世国家必须守护的最后一道防线。正因为日莲等人越过了这道线,故不得不受到来自全国之力的残酷镇压。在异端派被根除,祖师的思想被阉割时,日本的天皇制成功地埋葬了从根本上给其带来威胁的最初也是最后的敌人。[2]

---

[1] 松园齐《关于中世天皇的"家"——从"日记的家"的视角》(《爱知学院大学文学部纪要》21 号)以及《关于室町时代的天皇家》(《年报中世史研究》18 号)提出了中世天皇家的成立及其功能的重要观点。

[2] 本书第四部。

第三章 日莲的天皇观

序言

日本中世的世界观的特点,是普遍承认神佛权威凌驾于以天皇为首的世俗统治者。[1] 随着 10 世纪古代律令体制的瓦解与中世社会的形成,天皇掌握强大的权力与权威,成为全国唯一的统治者,然而,随着时间的推移,天皇地位日趋下降,皇室成为拥有特定庄园的豪门,天皇则是天皇家族的代表。[2] 此外,部分规模庞大的寺院和神社从律令制的桎梏中脱离出来,开始着手建立独立的财政和自治机构,逐渐成为与天皇家族相匹敌的社会势力。久而久之,在世人的观念中,寺庙和神社奉祀的神佛等权威日益提升,其超越性统治权力的威力和尊严不断得到强化。

在这种背景下,绝对的权威催生了天皇权威的弱化,使得天皇权威在院政时期一落千丈。如今,天皇作为"现人神"的自在神圣性被否定,成为神佛和因果报应世界中的普通人。在绝对权威出现之前,日本一直极力主张现世帝王毫无权力、权威,公然向世间宣扬背叛神佛的天皇会失势或死后会坠入地狱。

然而,中世时期天皇权威的弱化存在一个致命的弱点。那时世间盛行对历代的个别天皇进行批判,公开宣扬违背神佛的天皇终会灭亡,但所谓的恶报终究是天皇个人基于特定时代的失势与更替,即尽管人们认为

---

[1] 与日本中世的世界观、历史观、天皇观相关的研究史以及笔者的个人见解,请参考第三部第一章与第二章,以下序论均基于上述部分进行论述。

[2] 黑田俊雄指出中世的天皇拥有三个基本特征:(1)私人势力、权门(王家);(2)国家权力制度上的统治者、代表者(国王);(3)观念上的权威(帝王)(《中世天皇制的基本特征》,《现实中的历史学》东京大学出版会,1977 年)。

安德天皇和后鸟羽上皇的失势,是天皇和上皇因与佛法敌对而没落,但中世时期,日本始终未对天皇作为最高统治者的统治秩序提出质疑或否定。

然而,这其中有人持不同观点,那便是日莲。世人熟知的是日莲将记载"安国"策略的《立正安国论》上呈给镰仓幕府而非朝廷。在日莲对幕府的"谏言"中,他认为包含后鸟羽上皇在内的天皇家族身为"国主",不仅因默许"恶法"(具体指念佛等)的流传而灭亡,其尊崇地位也已转移至掌握幕府实权的北条氏,由此可看出日莲具备独特的历史认知。[1] 此般对日莲的看法,现如今已逐渐形成定论。

尽管中世时期日本天皇的地位持续下降,但有一点却从未遭到质疑,那就是身为日本国王的天皇继承了神代以来的传统。[2] 然而,日莲不仅主张国家权力的实际掌控者是北条得宗,并且将政权由天皇家族转移到北条氏的行为理论化,如果这是事实,在中世时期的思想界,日莲的思想值得关注。

在此之前,一般认为日莲天皇观的特色在于断绝天皇家族,最近笔者对此观点产生了疑问。本章的课题将以此为基础,全面重新审视与日莲天皇观相关的学说。

因此,首先需要再一次仔细地分析日莲所处时代的社会状况、思想和学问对其天皇观的形成与改变有何影响。以承久之乱为契机,日莲明确提出"国主"之交替时,已是晚年。[3] 日莲曾在比叡山延历寺学习,受到传统佛教的巨大影响成为佛僧,自称"天台沙门",对世事毫无忌惮。然而,日莲在何时、何样的动机下离开了旧佛教,又是经历了怎样的过程才构筑了自己独特的思想世界和天皇观,此外,他所构筑的思想世界和天皇

---

[1] 与此相关的代表性研究有:高木丰《镰仓佛教史上的日莲及其弟子》(《日莲及其弟子》弘文堂,1965年)、户顷重基《百王思想》(日本思想大系《日莲》补注)、玉悬博之《日莲的历史观——以其对承久之乱的评论为中心》(《日本思想史研究》5号)等。

[2] 关于此点,黑田俊雄在探讨中世时期天皇的称号时提出了"即便天皇在实质上与国王并不相似,但国王只能是天皇"(《日本中世的社会与宗教》岩波书店,1990年,第358页)。

[3] 高木丰《镰仓佛教中的国王形象》(《镰仓佛教史研究》岩波书店,1982年,第328页)。

观的实相又是怎样的。

想要探究这些问题,除了要分析日莲的天皇观,还要重新讨论与其历史认知相关的定论,如"日莲以承久之乱为契机,主张国王地位已由天皇转移至北条氏"。此外,通过此番分析,对照已知全貌的日莲的理论,便可明确地得知中世时期关于天皇观的其他思想的历史意义与局限性。

本章将基于以上问题,并考虑日莲天皇观与幕府观的关联,探究日莲天皇观的变迁及其背景,以此来明确日莲思想的独特性。

一、前期的天皇观[1]

1. 研究史及其问题

有关日莲的天皇观的研究大多包含对其思想变迁过程的探讨,本章首先列举的是佐佐木馨所著的《日莲与天皇》[2],书中对日莲的天皇观进行了全面且细致的描述。

上述论文中,佐佐木氏的观点涉及多个层面,然而其中最值得关注的是下列语句里包含的佐佐木氏的见解。

> 日莲在流放至佐渡前对国主的界定如下：实质上的国主＝天皇,名义上的国主＝镰仓幕府；然而,日莲被流放时重新审视了承久之乱,此后其思想发生了转变,开始对前期的国主推定产生怀疑并试图推翻；流放结束后日莲对承久之乱进行解释并赋予意义,其思想转变为实质上的国主＝镰仓幕府,名义上的国主＝天皇。[3]

笔者通读全文,对于佐佐木氏提出的"实质上的"和"名义上的"含义中仍

---

[1] 为区分日莲的思想时期、排除对日莲的思想变迁的相关预测以及就史料进行分析,本章使用了"前期""后期"等词语而并非"佐前""佐后"等具有时间轴性质的词语。这样更便于在展开论证时进行区分,而词语本身并不具备特殊含义。
[2] 收录于《日本佛教》43、45 号。
[3] 同上,收录于 45 号,第 50 页。

有一处未能理解。但是,对比目前那些不考虑时代变化、模糊地猜测日莲设定的幕府国主对象的研究,佐佐木氏的言论在研究史上可谓是极为重要。

针对佐佐木氏的言论,高木丰提出了以下观点:(1)国主不应该指幕府这种权力组织,应该具体到人物,即北条得宗;(2)日莲的前期思想中提及的"实质上的"国主是否也是指北条得宗。[1] 然而,纵使有上述批判,仍难以驳倒佐佐木氏充分并周密的史料论证。因此本章首先阐明日莲前期的天皇观,探讨佐佐木氏所主张的"佐前"[2](1271年日莲流放至佐渡,此处指日莲流放前,即50岁以前)时期,日莲认为"事实上的国主=天皇"的言论是否妥当并以此展开考察。

在上述论文中,佐佐木氏以佐前时期的日莲主张"国主=镰仓幕府这一等式不成立"为根据得出了如下结论。

(佐前的)日莲① 对北条氏抱有血统上的违和感,他在被流放至佐渡的两年前,即文永六年时首次表露出具有思想意义的② 东国意识,加之虽有言及后鸟羽院,但③ 并未就承久之乱加以评述。[3](横线为笔者标注)

即佐佐木氏着眼于日莲流放至佐渡前的三个固有特质:① 对北条氏抱有血统上的违和感;② 东国意识的欠缺;③ 言论中未涉及承久之乱,此后不久日莲便进呈了《立正安国论》,因此可以称此时的日莲并没有将镰仓幕府视为国主。

那么,佐前的日莲设定天皇为实质上的国主又有哪些根据呢?对此,佐佐木氏提出④"推定天皇=国主的史料在质与量上都胜过设定幕府=

---

[1] 高木丰前揭论文(第174页注3)。
[2] 佐渡,在今新潟县佐渡岛。中世时期经常作为流放之地。
[3] 佐佐木馨前揭论文(第175页注2),《日本佛教》43号,第7页。

国主的史料"[1]，并列举以下两则相关史料。

　　（A）小国王者日本国王也。（中略）如师子身中虫者佛弟子源空是也。（《守护国家论》，《昭和定本日莲圣人遗文》第127页）

　　（B）后鸟羽院御宇，建仁年中，有法然（中略）有增上慢者，恶鬼入其身，狂惑一国上下（中略）法华真言之学者尽皆舍弃。（《安国论御勘由来》第423页）

后文将对上述①—④四点的合理性逐一进行探讨。

　　首先对①中的"对北条氏抱有血统上的违和感"进行分析。佐佐木氏以《安国论御勘由来》中的史料为论据，指出"清和天皇，依叡山惠亮和尚之法威，即天皇位。（中略）源右将军为清和之末叶，镰仓之成败若不论其是非，违背叡山，岂不畏天命欤"（第422—423页），提出"如果将史料中提及的'镰仓之成败'的内容断定为北条得宗的专制政治，那么此文体现了日莲对清和源氏的世俗系谱存在强烈的血统意识，换句话说，日莲将清和源氏和源氏右将军视为高贵血统，而对北条氏抱有血统上的蔑视"[2]。然而，上述史料并不能说明镰仓幕府之所以对比叡山万般尊崇是因为其创立者源赖朝拥有清和天皇的血脉，而清和天皇的即位又受益于比叡山惠亮和尚的祈祷。为使答案更加明确，下文将参照日莲真迹断简中内容相似的部分语句。

　　其后代代之国主，不可违背叡山之由捧誓言，故白河院以非处理。清和天皇以叡山惠亮和尚法威即位，又九条右丞相御起请文有之。镰仓源右将军清和天皇末孙之也，背违叡山一日，不可持世欤。（第2482页）

---

[1]　佐佐木馨前揭论文（第175页注2），《日本佛教》43号，第8页。
[2]　同上，第6页。

此史料将源氏与北条氏严格区分,却不能将其解读为尊崇前者而蔑视后者。

其次对②中的"东国意识的欠缺"进行分析。佐佐木氏根据日莲的弟子少辅房所著的《法门可被申样之事》中提及的"语言由成倍的词语组成"(第449页)指出"这则史料被认为出自文永六年(1269),而上呈于九年前的《立正安国论》中并没有与西国=京都区域对立的东国意识"[1]。然而,笔者难以看出东国意识与将镰仓幕府推断为国主的关联所在。因此佐佐木氏要想证实日莲将镰仓幕府认定为国主不可或缺的前提,是其东国意识的形成,就必须要提供能主张此观点的明确史料。

接下来分析作为④论据的(A)(B)两则史料。从"后鸟羽院御宇建仁年中"中可得知(B)建仁年间后鸟羽院被认定为国主。然而(A)并未指明"日本国主"是朝廷还是幕府,倘若指朝廷,那天皇便是国主;倘若从(A)中出现的源空(法然和尚的正式僧名)与(B)中的法然相关联的角度去考虑,那么可认为国主指后鸟羽上皇。然而,尽管日莲后期通过分析承久之乱得出国主应为镰仓幕府的结论,但在承久之乱前,日莲始终视天皇为国主。因此,即便佐佐木氏列举再多如同(A)(B)一般论证承久之乱以前日莲视天皇家族的后鸟羽院为国主的史料,也不能将其作为日莲在承久之乱以后视天皇为国主的根据,为此,佐佐木氏需列举出证明日莲在承久之乱后将天皇认定为国主的史料,以证明其观点,即佐前的日莲视天皇为国主。

如此看来,能够证明佐佐木氏的主张,即佐前时期日莲的天皇推定为"实质上的国主=天皇、名义上的国主=幕府"的仅有③"言论中未涉及承久之乱"一点。日莲虽在《立正安国论》中论及承久之乱,[2]却未明确指出承久之乱关乎国主交替。然而,仅凭此点作为佐前时期的日莲视天皇为实质上的国主的论据未免不够充分。

因此,佐佐木氏的言论,即佐前的日莲将天皇视为实质上的国主,在

---

[1] 佐佐木馨前揭论文(第175页注2),《日本佛教》43号,第6—7页。
[2] 《昭和定本日莲圣人遗文》,第219页。

研究史上是极为重要的观点,然而,由以上考察可知,佐佐木氏的观点中论据不足,不具备相应的说服力。[1]

2. 佐前的天皇

那么,日莲前期认定的"佐前时期实质上的国主＝天皇"言论不足以成立吗? 我认为并非如此。除佐佐木氏列出的史料外,还存在其他史料能够证明流放至佐渡前的日莲认为国主是天皇。

> （A）人王八十三代、土御门院御宇,承元元年二月上旬,专修念佛之主犯安乐、住莲等被捕,迅即处斩。法然法师源空,沉沦于远流之重罪。其时,摄政左大臣名家实者,近卫大人也。此事见于皇代记,谁得疑之。非仅此也,法然法师死后,山门又再为申诉。因之,人皇八十五代、后堀河院御宇,嘉禄三年,自京都六处书坊,没入法然法师选择集及其印板,堆在大讲堂庭上,集合三千大众,举火将其焚毁,以奉报三世佛恩云。又、法然法师之墓冢,着由厕役掘取后,投鸭河放流。(《念佛无间地狱抄》第 39—40 页)

> （B）天台传教始于此国,于重要佛法予以阐释。日莲岂非其人乎? 前相未显。去正嘉之大地震,千代未闻之大瑞也。神世十二,人王九十代,佛灭后二千二百余年未曾有之大瑞也。(《富木入道殿御返事》第 516 页)

此处列举的两则史料中,（A）以批判念佛为主要内容,在《昭和定本日莲圣人遗文》中认定是日莲 34 岁时的著作。[2] 文中出现了两位天皇,其中第 85 代天皇后堀河天皇在位的嘉禄三年（1227）是承久之乱后的第六年。

---

[1] 另一原因为佐佐木氏在前揭论文(第 175 页注 2)中列举的史料均出自日莲的真迹遗文。这种方法虽极具说服力,却使其局限于日莲的思想世界。笔者根据自身批判史料的经验总结出应该活用真笔和古抄本中未曾摘录的部分,并在下文中践行此方法,期待各位读者的意见与批判。

[2] 此书不存在真迹和古抄本,且批判《大日经》、强调释尊三德,由此可见此书的创作年代尚存争议,在年代判断上仍有探讨的余地。

假使日莲认为承久之乱使天皇失去了国王的地位，那么文中不应该出现此种记述。（B）是日莲流放至佐渡后其信徒富木常忍赠与的书信，虽不存在真迹和古抄本，却没有内容上的疑点，至今也没有将其认定为伪作的言论。此处日莲称正嘉大地震（1257）为"神世十二，人王九十代，佛灭后二千二百余年未曾有之大瑞"，由此可知此时的日莲与"人王九十代"处于同一年代。

正嘉年间的统治者为第八十九代（此处加上了仲恭天皇[1]）天皇后深草天皇，然而日莲执笔时很可能加上了那时的在任天皇（1271年，九十代龟山天皇）。正如佐佐木氏主张的那般，日莲那时并未注意到承久之乱的意义，因此文中的"九十代"并不包含镰仓幕府的任何人物，而是指历代天皇家族，这一点毋庸置疑。此处日莲是以历代天皇为基准讲述同年代发生的事情。

古代到中世的正史和史书都是以天皇在位的时间为基准记述史实，这种记述形式的前提是天皇为日本国王。且不论日莲是无意识地还是有意识地沿用前人的记述方法，但能够找到证据来证明，日莲至少在流放到佐渡以前没有否定天皇就是国王。

此外，推测佐前的日莲将天皇认定为国王的又一个理由是，以天皇为顶点的秩序仍频繁出现在那个时期的遗文中。

《念佛者追放宣状事》被认定为几乎与《守护国家论》同期（1259）完成的著作，由奈良兴福寺和比叡山延历寺诉求禁止念佛的奏书，以及朝廷对此的宣旨等内容的概要组成。日莲在此书的序论与后记中记述了以下几段话。

（A）南都北岭之明德，奏闻经达天听，源空难脱其咎，宣旨逐出远放。其后门徒中犹不惮敕命，益兴专修者，乃至超过先代。<u>违敕之至，罪不胜责</u>。故停废寺修，处分源空门徒之纶言频下。又，关东亦

---

[1] 日莲对天皇代数的计算方法中包含加上第85代天皇的仲恭天皇（《曾谷殿御返事》，第1662页等）和除此以外的情况［前文的史料（A）］。

颁禁令,副于敕宣而出。门徒失其依附,或流浪山林,或逃隐远方。（第 2258 页）

（B）念佛停废之事,宣旨教书之趣,南都北岭之状,大体如此。日莲虽为尪弱,恪遵敕宣及下知之旨,所述者南北明哲之胸怀,若不为弃置于此义,纶言德政故即可望欤。抑或将再为仰颁下知乎？称名念佛之行者虽受赏识,然既是违敕者也。关东之罪责未蒙免许,何得遂其关东近住之图耶。（第 2272 页）

除此之外,《安国论勘御由来》也记载了这样一段话:"当世高僧等与谤法者同意者也,复不知自宗玄底者也,定给敕宣御教书祈请此凶恶欤。"（第 423 页）。

这些语句无疑都是以该遗文执笔时"敕宣"的效力为前提的。除此以外,日莲还提出"当今日本,一人在上,万民在下,此乃地狱一般,众人皆生而尊贵"（《显谤法抄》第 248 页）,"农舍之中,百姓皆称侍卫为上郎。洛阳城中,称源氏平氏以下者为下郎"（同上,第 269 页）,"释迦牟尼如我国之主上"（《善无畏三藏抄》第 467 页）等,其中很多都是以现在时态表述以天皇为顶点、都城为中心的社会秩序。

综上所述,日莲在流放至佐渡以前肯定天皇的存在并以此为其思想的前提,除此以外,日莲还如前文提及的"敕宣"的实效性一般,认为天皇是日本统治秩序的顶点＝国王的地位。佐佐木氏指出佐前的日莲认为"实质上的国主是天皇"[1],如果将"实质上的国主"解释为最高权力统治者（国王）,那么佐佐木氏的言论仍然具有重要意义。

3. 镰仓政权的地位

假若佐前的日莲认为天皇是实质上的国王,那么日莲如何看待那时的另一统治权力镰仓幕府呢？这是值得探讨的问题。笔者认为解答此问题的关键在于日莲对"国王"和"国主"二词的使用方法。

---

[1]　佐佐木馨前揭论文（第 175 页注 2）,《日本佛教》43 号,第 10 页。

几乎未曾有人对上述二词的用法区别进行区分,如佐佐木馨在前述中为区分"名义上的国主"与"实质上的国主",用"国王"一词来表示"国主"的多重含义之一,即国家统治秩序的顶点。此外,户顷重基指出"日莲没有对国主与国王的意义进行区分"[1],高木丰也提出"日莲认为能代替天皇统治人间的国主=国王是时赖和时宗"[2]的观点。然而事实果真如此吗,笔者将列举佐前时期日莲对"国王"和"国主"二词的使用并对此进行探讨。

首先,佐前的日莲对"国主"一词的使用并不多见,笔者将列举管见的相关用例。

(A)然舍生堕恶趣,其缘非一。或因妻儿眷属之哀怜,或因杀生恶逆之重业,或因作得国主而不恤民众之苦。(《守护国家论》第89页)

(B)此国道俗习高慢无智蔑如日莲不习之。而国主如狂万民为矜终沉苦海欤。(《尔前得道有无御书》第148页)

(C)若书七鬼神之号而押千门,若图五大力之形而悬万户,若拜天神地祇而企四角四界之祭祀,若哀万民百姓而行国主国宰之德政。虽然唯摧肝胆弥逼饥疫,乞客溢目死人满眼。(《立正安国论》第209页)

(D)释迦药师之并光也,施威于现当。虚空地藏之成化也,被益于生后。故国主寄群乡以明灯烛,地头充田园以备供养。而依法然之选择。则忘教主而贵西土之佛驮,抛付属而阁东方之如来。唯专四卷三部之经典,空抛一代五时之妙典。(同上,第216页)

(E)无量劫间,轮回六道、四生,或以谋叛,或以强盗、夜袭等罪,蒙国主①禁咎,流罪、死罪当亦有之矣。而此是思弘法华经之心强盛,致遭恶业众生之谗言,而作今流罪之身,定得为后生成道之益者乎?如是心无作为,昼夜十二时辰,悉是法华经之持经者,末代所难

---

[1] 户顷重基《折伏中否定伦理的本质》(日本思想大系《日莲》,第567页)。
[2] 高木丰前揭论文(第174页注3),第327页。

得者乎？又、殊有喜悦者，无量劫间，轮回六道，生值多处国主②，或作宠爱之大臣关白等，若尔则受封、蒙恩之事亦必多有之矣。然而，生值法华经流布之国主③，于其国得闻法华经之名而修行，而蒙谗言、而施予流罪之国主④犹未值焉。法华经云：是法华经，于无量国中，乃至名字，不可得闻。何况得见，受持读诵。是以，此谗言之人、国主⑤，于我身方是恩深之人歟！习佛法者，必报四恩（中略）三为国王恩。天有三光暖我身，地有五谷养我命，是皆国王之恩。且今生信法华经，值遇得离生死之国主⑥，岂可因些许憎怨，而有轻忽之思耶。（《四恩抄》第237—238页）

（F）见是不畏他人，一如经文，弘通法理，则于谤法者多之此世，必有三类敌人，危及我命。谓见及彼等违误佛法，我既不呵责，亦不诉之于国主，则是背教者，不得为佛弟子也。涅槃经第三云："若善比丘，见坏法者，置不呵责、驱遣、举处，当知是人，佛法中怨。若能驱遣、呵责、举处，是我弟子，真声闻也。"此文之意是谓，弘佛正法者，闻见有人恶说经教之义，我既不呵责，或谓我身不及，未诉之于国主，予以对治，则是佛法中之敌也。若如经文，不畏于人，我既责之，且诉诸国主者，是佛弟子，真僧也。（《圣愚问答抄》第384页）

（G）正嘉元年，太岁丁巳八月廿三日、戌亥之时，有超越前代之大地震。同二年戊午八月一日，大风，同三年，己未大饥馑。正元元年，己未大疫病，同二年庚申互四季，大疫不止。万民死者，超过大半。是以，国主惊惶，诏命内外典，修种种祈祷。虽尔，曾无一分之验，饥疫等反见增长。（《安国论御勘由来》第421页）

史料中的(B)《尔前得道有无御书》与(F)《圣愚问答抄》作为那时的著作，在内容上存在些许疑点，因此暂时不作考察。[1] 其余史料中"国主"

---

[1] （B）中强调的"尔前无得道"与(E)中对诸宗教（含真言宗）的批判都存在时代上的问题，近年称后者为伪作的学者有田村芳朗（《镰仓新佛教思想的研究》平乐寺书店，1965年，第581页）。

的含义均不是抽象意义上的国王。其共同之处在于日莲将那时执行政策的为政者当作批判的对象[此点与真伪不明的(B)(F)相同],即"国主"一方面对近年来频发的天灾地变实施"德政"(C)和"种种祈祷"(G),另一方面限制日莲的言论并将其流放[(E)—⑤⑥],同时也如(A)中描述的一般,是不关心"民众之叹"、应坠入地狱的人。

(E)中提及"国主"将日莲流放,由此可知(E)为日莲流放于伊豆时的著作。这里的"国主"无疑是指镰仓幕府的要人,而非朝廷。并且日莲在遗文中屡次提及的正嘉年间灾害(日莲以此为契机著成《立正安国论》)主要发生在东国,因此文中费心制定对策的"国主"(C)(G)指的是幕府一方,即日莲在使用"国主"一词时想到的是同在镰仓的各类政策的执行者,具体指日莲所著的《立正安国论》的上呈对象北条得宗。

然而从(E)—①②中提到的"国主""宠爱之大臣关白等"中可知,此处"国主"的含义与上述不同,是指一般意义上的国王。笔者推测原本此处应该用"国主"以外的词语(如"国王",实际上有些文本中的①为"国王"),然而那时的日莲强烈认为将其流放的是"国主"北条氏(⑤⑥处的用法),因此在此处引用了对其判处"流放罪行"的幕府。上述史料均表明佐前的日莲在使用"国主"时未曾考虑到天皇,同时也符合日莲自文应元年(1260)提出《立正安国论》后与掌握幕府实权的北条氏誓死对抗的形象。

4. "国王"的意义

此部分将对佐前的日莲对"国王"一词的使用进行探讨。日莲对"国王"的使用频率远高于"国主",因此笔者将"国王"的用法分成三种情况并逐一举例。

第一种情况下的"国王"出现于日莲遗文中引用的经典,下文是《守护国家论》中的一节。

第一明以佛法付属国王①大臣并四众者,仁王经云:"佛告波斯匿王,乃至是故付属诸国王②,不付属比丘、比丘尼、清信男、清信女。

何以故,无王威力故。乃至此经三宝,付属诸国王③、四部弟子。"大集经二十八云:"若有国王④,见我法灭,舍不拥护,于无量世,修施戒慧,悉皆灭失。其国内出,三种不祥事,乃至命终,生大地狱。"(第114—115页)

日莲在上述遗文中引用多部经典,且引文中"国王"一词多次出现,如②③④处。

第二种情况下的"国王"指一般情况下的一国之王,包含第一种情况的例文中的①。

(A)受人身者成国王必依五戒十善。外典浅近故难,不论过去修因、未来得果,持五戒十善成国王。故有人破五常,上天变频显,下地妖间侵者也。(《灾难兴起由来》第158页)

(B)家各有长,国各有主。虽皆贵其主,崇其长,然岂果能胜逾国王耶。(《持妙法华问答抄》第275页)

上述两则例文中,"国王"均非指特定国家的特定王者。日莲通常将一般情况下的一国之王称为"国王"。

第三种情况下的"国王"指日本的天皇。

(A)上自国王下至土民。皆谓经者无净土三部之外经。佛者无弥陀三尊之外佛。仍传教义真慈觉智证等。或涉万里之波涛而所渡之圣教。或回一朝之山川而所崇之佛像。若高山之巅建华界以安置。若深谷之底起莲宫以崇重。(《立正安国论》第216页)

(B)其时众人,无有对此法门破折者,愚昧国王等深信之,捐献田地等,徒党遂多。其义既久,人皆以为是正法,而不加疑,来至末世,有智能贤。(《善无畏三藏抄》第463页)

(C)净土宗自昙鸾、道绰、善导,所误实多,使多人入于邪见。日本法然受此,而教人信念佛,非仅此也,更欲灭天下诸宗。于此叡山三千大众、南都兴福寺、东大寺之八宗起为抵御,故有各代国王降旨,将军家颁教书,犹未能遏制,反更见繁昌,乃至主上、上皇、万民等皆来信伏。(同上,第 465 页)[1]

(D)凡谤法内外,国家二是也。外者日本六十六国谤法是也,内者王城九重谤是也。此内外不禁制者,宗庙社稷神舍之,国家必亡。如何云,宗庙者国王神崇。社者地神也,稷五谷总名,五谷神也。此两神法味饥国,舍故国土,既日日衰减。(《南部六郎殿御书》第 487 页)

从"其义既久"(B)、"降旨"(C)、"王城九重""宗庙"(D)处可看出,(B)(C)(D)中的"国王"均指代天皇。考虑到日莲在编纂(A)时认定日本国王是天皇,从"上自国王下至土民"皆念佛[与(C)中"主上、上皇、万民"皆来信伏同义]中也可推断出"国王"指的是天皇。由此可见,日莲沿用经典中常见的用法,将置于国家顶点的王,即日本的天皇称为"国王"而并非"国主"。

在迄今为止的研究中,关于日莲著作中的"国王""国主"二词在内容和含义上的区别还未引起学者的关注。笔者的考察虽未必是正解,但能够确定的是,对佐前的日莲而言"国王""国主"二词存在意图上的区别,即"国王"是一般意义上的一国之王,在日本指代天皇,而"国主"指掌握国家实权、实行各个政策的主体(具体指北条得宗)。[2]

为进一步证实此点,笔者将列举另一史料进行补充说明。

三为国王①恩。天有三光暖我身,地有五谷养我命,是皆国王②之恩。且今生信法华经,值遇得离生死之国主③,岂可因些许憎怨,

---

[1] 存在将"国王"改为"国主"的版本(本满寺本)。
[2] 中世以后,"国王"多指形式上拥有最高统治权力的统治者,而"国主"多指代实际上的权力者,如室町将军、德川将军。本文分析"国王""国主"的视角除了用于探讨日莲的天皇观外,还可用于分析日本中世的国王观,其详情本文暂且不作探讨。

而有轻忽之思耶。（中略）日月失光，天龙不雨，地神、地味减弱时，草木、根茎、枝叶、花果、药等七味灭失时，十善国王④之贪瞋痴倍增时，不孝父母、六亲不睦时，供我弟子之无智、无戒，形则剃发而为守护神所舍，活命无力之比丘、比丘尼等维持生命之用。（《四恩抄》第238页）

此史料的前半部分在前文中已被引用过。"四恩"为佛教用语，指人在世时领受的四种大恩，其中包含了"国王恩"。

如上文所述，日莲在提及"国王恩"时遵循了佛教惯例，使用了"国王"（①②）一词，这符合他对"国王"的用法，即以"国王"代指一般情况下的一国之王。然而，日莲此次将迫害自己的镰仓幕府及其中心人物称作"国主"（③），随后又变为"十善国王（④）"（此为一般情况下的"国王"的用法），由此看来日莲在用词方面相当周密。

5. 天皇与幕府

上文主要论述了佐前的日莲使用"国王"＝天皇、"国主"＝北条得宗时的区别，然而仍有一个问题尚未解决：日莲虽认可"国王"与"国主"的存在，但两者对日莲而言究竟是何种权力，两者之间又存在怎样的关系。

在日莲看来，身为"国王"的天皇拥有更高层次的统治权能，那时天皇仍君临日本，是日本统治秩序的顶点。

然而"国主"的地位稍显复杂。从第3项的考察中可知，日莲视"国主"为国内各类政策（德政、祈祷等）的实行者，因此认定掌握国家实权的北条得宗为"国主"。"方今世悉归关东，人皆贵土风。就中日莲得生于此土，岂不思吾国哉。仍造立正安国论，故最明寺入道殿之御时，以宿屋入道，入见参毕"（《一昨日御书》第501页），由此可知，上呈至北条时赖的《立正安国论》就是基于上述认识完成的。

综上考虑，日莲认为自古以来占据"国王"地位的天皇是统治秩序的顶点，而掌握实权的北条氏则以"国主"的身份实行各种政策，即"国王"是传统制度中的国家顶点，然而实际上行使权力的是"国主"，可以说日莲准确地把握了朝廷与镰仓幕府组成的国家权力的二重构造的实情。[1]

然而,在日莲的认知中,幕府的权力范围仅限于东国还是遍布全国,这一点尚未可知。日莲在佐前的遗文中并未明确说明过此问题,然而此后日莲将"国主"视为能够"治天"的形象,笔者认为可以此为切入点进行分析。

此处先引用后文中的考察,日莲在佐前时期的遗文中屡次将后鸟羽上皇称为"国主"(参照第三节第3项)。众所周知,院政时期掌握政治实权的上皇被称为"治天之君",且无人质疑日本的国王是天皇。例如《愚管抄》中提到白河院虽"治国至七十七岁",实质上却是"臣下之举"。[2]而后日莲称后鸟羽为治天的"国主",北条氏是真正的"治国"者,由此看来,北条氏与治天处于同一个等级层面。

因此笔者指出,在日莲的认知中存在两个权力者,即处于国家秩序顶点的"国王"=天皇与掌握实权的"国主"=北条得宗,且身为"国主"的北条氏与治天的院本质上属于同一种权力。然而,需要注意的是那时的日莲仅将其中一者视为正统,并未尝试统一"国王"的形象。

由此看来,日莲接受那时佛教界甚至社会中得到广泛认可的常识,即日本"国王"=天皇,且日莲活动于东国,对掌握众多国家权力并打压自己的幕府的实力有着充分的认识。然而,日莲虽认识到国家权力二重构造的实态,明确天皇仅存在形式上的权力,但在思想层面,却未曾考虑过将天皇从"国王"的位置中拉下来,也未试图让"实际上治理国家"的北条氏的权力扩大化。

二、国王观念的动摇

1. 佐渡时期的动摇

日莲流放至佐渡时(1271・50 岁—1274・53 岁),其"国王""国主"

---

[1] 近年来多数研究都围绕中世国家论以及与其相关的朝廷和幕府、天皇和院之间的关系展开(参照近藤成一《中世天皇在国家制度中的地位》,《日本历史中的争议》四,新人物往来社,1991 年),此处仅讨论日莲眼中朝廷与幕府的关系,不涉及研究史的现状。

[2] 日本古典文学大系《愚管抄》,第 333 页。

观念发生了动摇,特别是在"国王""国主"二词的使用上发生显著的变化。在此之前日莲一贯以"国王"一词来指代天皇,然而这一时期日莲开始以"国王"指代原本为"国主"的北条氏。

（A）欲望弘通此法门时,则如"如来目前,犹多怨嫉,况灭度后"及"世间一切,多怨难信"之经文所示,第一之敌是国王①,并郡乡等地头、领家、万民等。此又以第二第三之僧侣谗诉,而于行者,或恶口、或骂詈、或加刀杖等。而安房之国、东条之乡,虽在旁国,如处日本国之中心。以有天照太神垂故。昔虽垂,于伊势国,因国王②归依于八幡、加茂等深,归依于天照太神者浅,太神瞋之,时有名源右将军者,以誓文,命于会加之小大夫,潜奉于伊势之外宫,以此而得太神之心许者乎,故成掌握日本之将军。(《新尼御前御返事》第868页)

（B）可知大果报之人,大火不烧也。而此度国王①城已烧,可知是日本国果报将尽之兆也。此国大谤法之僧等强盛祈念欲降伏日莲,故灾祸弥起。更者,名显其体,名两火法师良观之谤法圣人,镰仓上下之师。一火留身,极乐寺烧成地狱寺,一火放于镰仓,宫殿焚毁。(中略)

一切事背父母、违国王②,定以不孝而受天责。但倘为法华经之敌,不用父母、国主③之事,正是孝养、报国恩也。是以,日莲自见得此经文,虽父母伸手制止,师匠摈弃,更蒙镰仓大人二度罪责,既至刑场待斩,然终不畏缩,故今、日本国之人亦有谓我有其道理焉!日本国不用国主④、父母、师匠之言,而竟获天助者,舍日莲外,亦有其人欤。(《王舍城事》第915—917页)

（C）所谓,涅槃经云:"若善比丘,见坏法者,当知是人,佛法中怨。"等云云若畏世不言,我身必堕恶道,见览及此,舍身命,自昔建长年中,及今建治三年,二十余年间,未尝稍懈。所受之难,不知其数,国王罪责,凡及两度。(《赖基陈状》第1350—1351页)

从听信谗诉、对"行者"进行"恶口""骂詈"甚至加以"刀杖"等表现中可推测(A)—①指的是幕府中的人物,然而其后的②在内容上明确指代天皇,因此①所指代的内容尚有探讨的余地。(B)主要陈述了镰仓火灾,因此(B)—①应为幕府中的核心人物。然而现存的书籍中存在①处为"国主"的版本,这一用法与佐前时期相同,因此不排除①处为"国主"的可能性。(C)是得到证实的史料,能够明确分析出其中的"国王"指代北条氏。

上文列举出日莲以"国王"指代北条氏的史料,虽然部分史料存在若干争议。为进一步明确日莲的此种用法,笔者将列举同时期中以"王"指代北条氏的史料。

(A)伏强敌而后知力士。恶王坏正法,以邪法僧等为同党,欲灭智者时,持心如师子王者,必得成佛。例如日莲。(《佐渡御书》第612页)

(B)日莲虽非智者,第六天魔王欲入我身,因早深有警觉,不得近我身。天魔既力所不及,故附于王臣及良观等愚痴之法师辈,为怨日莲。(《最莲房御返事》第621页)

(C)当其时,诸天善神,舍离其国,但有邪天、邪鬼等,入住王臣、比丘、比丘尼等之身心,使骂詈、毁辱法华经行者。虽汝,于佛灭后,舍四味、三教等邪执,归实大乘之法华经,则诸天善神并地涌千界等菩萨,必为法华行者守护。(《显佛未来记》第740页)

(D)日返于东,月落于地,此事总是一定也。此事若一定,门诤坚固之时,日本国、王臣并万民等,对佛使之流布南无妙法莲华经,或骂詈、或恶口、或流罪、或打掷,使其弟子眷属等值遇种种之难,此辈何能竟得安稳。(《撰时抄》第1017页)

上文中的"王"均直接迫害了身为"法华行者"的日莲,因此很大概率上"王"并非天皇,而是镰仓幕府的中心人物。接下来笔者以这一时期的史料为依据,证明日莲曾用通常指代天皇的"上自一人"来形容北条氏。[1]

---

[1] 高木丰前揭论文(第174页注3),第327页。

（A）今世与彼之世相当。国主若见用日莲之言，当亦贤同彼等矣，不但未见用，反移同法华经之敌，举一国而责日莲。上自一人，下及万民，皆成胜于五逆之谤法人矣。（《主君耳入此法门免与同罪事》第834页）

（B）日莲是一阎浮提第一之圣人也。上自一人，下及万民，既轻毁之，更加刀杖，处之流罪，是故，梵、释、日月、四天，命于邻国而逼责之。（《圣人知三世事》第843页）

然而，笔者并不排除日莲为强调日本所有的民众皆与其为敌，使用了逻辑上惯用的"上自一人，下及万民"的可能性，即（A）中的"上自一人"不一定指代"国主"＝北条氏，[1]因此笔者对此暂且不作判断。

2. 动摇的背景

此前日莲一直用"国主"形容北条氏，而后却突然改为"国王"和"王"，其理由可追溯到《大般泥洹经》，书中将日莲受到的来自镰仓幕府的弹压，如流放至伊豆、佐渡等称作"王难"。

下文将列举日莲流放至佐渡时期的代表作品《开目抄》中的部分内容。

佛法之镜，则照显过去业因。般泥洹经云：善男子！过去曾作、无量诸罪、种种恶业。是诸罪报，或被轻易，或形状丑陋，衣服不足，饮食粗疏，求财不利，生贫贱家，及邪见家，或遭王难，及余种种、人间苦报。现世轻受，斯由护法，功德力故。此段经文，与日莲之身宛然符合。狐疑之冰全消，千万之难无由。一句一言试于我身观之，或被轻易，法华经云：轻贱憎嫉，此我二十余年间所受轻慢也。或形状丑

---

[1] 笔者将列举其中一个根据。《撰时抄》中提到"日莲乃是当帝之父母，念佛者、禅众、真言师等之师范也，又、主君也。而上自一人，下及万民，作怨相报，日月胡能照临彼等之顶"（第1018页），分析文脉可知其中"作怨相报"的"上自一人，下及万民"中的"上自一人"指的是"当帝"，而与日莲敌对的并非天皇。此外，《破良观等御书》中记述道"天子并将军家，日本国上下万人，悉作法华经之强敌，更为一乘行者之大怨敌"（第1279页），由此可知，"天子"是日莲之大怨敌。

陋、衣服不足云者,此予身也。饮食粗疏云者,予身也。求财不利云者,予身也。生贫贱家云者,予身也。或遭王难等,此经文复有何疑。(中略)今我日莲,强责国土之谤法,招来大难,是过去重罪,由今生之护法而唤出者。(第602—603页)

日莲同一时期著成的《佐渡御书》也从《大般泥洹经》中引用了相同的经文:"若无日莲,此等经文,殆不将尽成佛之妄语乎?""无当世之王臣,日莲过去谤法之重罪难消"(第617页)。

《大般泥洹经》中认为行者实践正法是前世犯下恶行的报应,[1]"王难"便是其中之一。正如日莲记述的那般,"现时之责虽是难堪,但念及得离未来恶道,变苦为悦"(《开目抄》第561页),日莲不畏苦难,忍受弹压,以赎前世之罪,开辟领悟之道。

日莲在遭受流放和"龙口法难"等一系列的苦难后,确信日本行使国家权力的是幕府,而幕府对他施加的迫害验证了佛教经典中的预言(王难)。关于此点,《开目抄》中记述了这样一段话:"既已二十余年,其间日日、月月、年年,祸难相寻。小难不知其数,大难凡四度,二度暂不提,王难即有二度。"(第557页)。

与十年前流放至伊豆时相比,日莲对此种苦难的认识程度及自省程度更加深刻。日莲流放至伊豆时曾写道:

更何况世入末代,稍信法华经者,受人嫉妒之事必移欤。故、法华经法师品云:如来现在,犹多怨嫉,况灭度后。始见此文时,亦曾思何此之甚乎,今得知果如佛言不违矣。此是切身体会得知者也。(《四恩抄》第235页)

由此可知,那时日莲将其受到处罚的起因归结为恶世妒忌坚信正法之人,

---

[1]《大正新修大藏经》十二,第877页。

而并非与自身前世的恶行相关。而后日莲遭受了十年迫害，他在弘扬教法的过程中"色读"经典，开始相信幕府对自身的弹压缘于前世的恶报，因而自己遭受了"王难"。

除此之外还有一点值得关注，那就是这一时期的日莲开始用"国主"指代天皇。

（A）法华经与大日经、天台宗与真言宗之胜劣，月支、日本犹未辨之，西天东土亦是不明者乎？所诠，如天台传教之圣人，未于公场决得是非，如明帝桓武之国主未曾闻得之故欤。（《大田殿许御书》第852页）

（B）至言国主，神世十二代是天神七代、地神五代。天神七代之第一是国常立尊，乃至第七是伊奘诺尊、男子，及伊奘册尊、其妻也。地神五代之第一是天照太神，伊势太神宫日神是也，乃第七代天神之女。乃至地神第五是彦波瀲连瀲武鸬鹚草葺不合尊，此神是第四代、地神彦火之子，母是龙之女。以上地神五代，合前天神七代，共为神世十二代。人王大体已近百代。（《神国王御书》第878页）

（C）又，法华经药王品云：有能受持、是经典者，亦复如是。于一切众生中，亦为第一。文意是，持法华经之人，男纵为田夫，亦胜于三界之主之大梵天王、释提桓因、四大天王、转轮圣王，乃至汉土、日本之国主等。何况胜逾日本国之大臣、公卿、源平之武士、百姓等，更不待言。（《松野殿御消息》第1139页）

（D）法华经诚可尊，因日莲法师为恶，故不唱南无妙法莲华经，然若大蒙古国一再来袭，如壹岐、对马然，男则打杀，女则房取，甚至攻入京、镰仓，虏获国主及大臣百官等，迁于牛马前而遭喝斥时，怎得不唱南无妙法莲华经耶。（《妙密上人御消息》第1168页）

佛教经典中通常称一国之王为"国王"，有时称其为"国主"，[1] 且日本古

---

[1] 如《梵网经》中有这样一段："若国主为他人杀者，以不得加报"（佛典讲座一四《梵网经》）。

代到中世的史料中也可找到以"国主"代指天皇的例子。[1] 日莲在史料（A）中初次以"国主"指代天皇，而在前一篇遗文（《立正观抄》第 849—850 页）中引用了最澄《显戒论》中的一段，"非国主制，无以遵业；非法王教，无以信受"[2]，由此看来，日莲以"国主"表示天皇的用法很有可能是受到了其极为尊敬的最澄大师的影响。总之，日莲被流放至佐渡后，不再对"国王""国主"进行严密的区分，其用法也开始出现混乱。

3. 幕府权力的正当化

日莲混用"国王"与"国主"的概念，其天皇观与国王观自然也发生了变化。笔者以日莲推翻了此前"国王"＝天皇、"国主"＝北条氏的用法，并将幕府的弹压视为"王难"等为依据，推测日莲在被流放至佐渡后主张北条氏应该取代天皇的地位，成为日本统治秩序顶点的"国王"。此前日莲对"实际上治理国家"的镰仓幕府的正当性避而不谈，而流放至佐渡后，日莲一改之前的做法，开始在言辞上对北条政权的存在赋予积极意义，种种迹象都像是印证了这一猜想。然而颇为有趣的是日莲对幕府与北条氏政治态度的批判逐渐体系化。

日莲对幕府的批判与真言排击[3]密切相关。日莲对其他宗教进行了激烈的批判，其中"念佛无间""禅天魔""真言亡国""律国贼"等格言最为有名，然而，日莲并非在某一时期对其他宗教一同批判，而是按照念佛、禅、律的顺序逐一进行批判，最后在流放至佐渡时开始着重批判真言宗。日莲对真言宗进行了以下攻击，"诸宗之中，真言宗殊以僻案为甚"（《寺泊御书》第 513 页），"所谓佛法之邪见，乃真言宗与法华宗之违异。所以责禅宗与念佛宗者，亦正为彰显此事耳"（《曾谷入道殿御书》第 838

---

[1] 《东大寺要录》（《续续群书类从》十一，第 153 页）、《澄宪作文集》（《中世文学研究》东京大学出版会，第 437 页）、《愚管抄》（《日本古典文学大系》，第 148、256 页）、《伏见天皇祭文》（《镰仓遗文》二三，18132 号）、《古事谈》（《新订增补国史大系》，第 123 页）等。

[2] 日本思想大系《最澄》，第 292 页。

[3] 与日莲的真言宗排击相关的研究主要有市村其三郎《日莲的真言排击》（《史学杂志》39 卷 7 号）、川添昭二《日莲的历史观与真言排击》（《艺林》8 卷 1 号）、佐佐木馨《日莲的真言宗批判在佛教史中的意义》（《中国史与西洋世界的展开》，新野直吉、诸户立雄两教授退官纪念会编，1991 年）等。

页），这也成为此后日莲思想中极为重要的部分。

日莲对真言宗教理的批判可追溯到佐前时期。自流放至佐渡后，日莲将宗教批判的重心放在真言宗，并正面提出"真言亡国"的口号，主张真言祈祷是"亡国"的原因。

"真言亡国"论的形成背景可归为以下两点：一是在蒙古势力的威胁下日本民众产生了危机意识；二是以击退蒙古为目的的真言祈祷的盛行。[1] 此前日莲曾将《立正安国论》上呈至幕府，并提出倘若不禁止"恶法"终将招致外寇的来袭，文永五年（1268）日本收到了来自蒙古的国书，在日莲看来，此事完全印证了他的预言，同时也是使幕府真正醒悟、接受自己献言的绝佳机会。倘若蒙古来袭是佛对日本传播恶法、压迫正法的惩罚，那么如今知晓解决方法的只有日莲一人，因此日莲提出"而日本国中，唯日莲一人，堪当于调伏彼西戎之人"（《宿屋入道许御状》第424页），开始向幕府要员谏言应再次改变宗教政策。

然而结果却与日莲所期盼的截然相反，幕府不仅没接受日莲的献策，还将日莲流放至佐渡，推崇真言"邪教"，举国上下皆为击败蒙古而祈祷。幕府的做法在日莲看来无疑是走向"亡国"的自杀式行为。原本日莲与"法华经"是"安国"的存在，如今却被真言宗以不正当的手段占据了地位，这将会使日本走向"亡国"之路。于是日莲提出"真言亡国"的口号，敌视真言宗并将其视为"安国"地位的竞争对手。

日莲愈发强烈批判导致亡国、宣传"邪法"的真言宗，批判幕府推崇真言宗的行为，他开始在日本历史中搜寻由于真言祈祷的失败导致亡国的实例，并以此作为"真言亡国"的证据，终于在佐渡流放之际发现了承久之乱（1221）后，后鸟羽上皇的失势与真言祈祷之间的因果关系。

（A）问：真言亡国者，其证文出于何经纶耶？答：诽谤法华，背

---

[1]　探寻蒙古袭来的经过及其相关研究可参考川添昭二《蒙古袭来研究史论》（雄山阁，1977年）。

离正法故也。问：无亡国之证文，何可为信耶？答：谤法之事，无可争欤？若为谤法，亡国堕狱之报无疑。（中略）然则，谤法是过于无量之五逆欤！以此，而为国家之祷，天下将有泰平耶？诸法不如现量。承久兵乱时，关东无其用意，国主图调伏，命于四十一人之贵僧，行十五坛之秘法。其中守护经之法，于紫宸殿，御室始行之。满七日时，京方已败。此非亡国之现证乎？（《真言见闻》第649—650页）

（B）所谓佛法之邪见，乃真言宗与法华宗之违异。所以责禅宗与念佛宗者，亦正为张县此事耳。汉土有善无畏、金刚智、不空三藏，以诳惑之心，盗天台法华宗一念三千之法理，入于真言之大日经，隐法华经之肝心及天台大师之德，故国灭失。日本国是自慈觉大师取大日经、金刚顶经、苏悉地经为镇护国家之三部经以来，传教大师镇护国家之法，为之破坏，叡山恶义出，王法终尽。又此恶义下及镰仓，日本国当亦亡矣。（《曾谷入道殿御书》第838页）

（C）但以此梦断言真言胜于法华经之人，其今生必遭国亡家破，其后世之必堕阿鼻地狱之一事，则知之审矣！于今，现证更是显然。日本国与蒙古之战役，一切若由真言师祷祝日本得胜，则真言之应崇重，人得知之矣！然、承久之战，许由诸真言师祈祷降伏权大夫北条义时，结果适得其反，朝廷战败，后鸟羽院流于隐岐，其子、土御门天皇，流于佐渡诸岛。（中略）而今镰仓世盛之故，东寺、天台、园城、七寺之真言师等，与忘本之法华宗谤法之徒，齐下关东，弯躬屈膝，取媚于武士。于是，或为诸寺、诸山之别当，或为长吏。彼辈也，以昔使朝廷灭亡之恶法，祈祷国土安稳，今将军及其所从武士以下，在其以为国土将得安稳之际，竟用灭失法华经之大祸僧，国必亡矣。（《撰时抄》第1045—1046页）

上述史料中值得关注的是日莲对那时现状的认识，正如（B）（C）中记述的一般，那时真言法师受到幕府委托，赶往关东进行祈祷以求国土安稳。日莲认为真言宗以不正当的手段占据了安国地位，这一观点与前文提到的真言"亡国"、批判幕府的本质相同。[1]

假设正如日莲所言,后鸟羽上皇由于重用真言宗而失势,而在承久之乱中获得胜利的北条义时以及此后继承政权的北条氏没有依赖真言"恶法",因此至少在立场上北条氏更胜一筹。由此看来,日莲视以北条时赖、时宗为中心的镰仓幕府为"国主",并认为其是继后鸟羽院政后成立的正统政权。日莲越强调真言宗是后鸟羽院政"亡国"的起因,就越是认同北条氏政权存在的正当性,形成了批判幕府推崇真言宗→宣扬真言亡国论→承久之乱=强调亡国→击败后鸟羽院政的北条政权的正统性的结构,即日莲对幕府的批判,就将意味着将幕府与院争夺权力合理化。这一看似反论的理论,是在佐渡时期的日莲思想中发展起来的。

三、后期的天皇观

1. 日莲与易姓革命说

日莲在佐渡时期以承久之乱强调"亡国"并将北条政权正当化,此后又在佐后的建治年间(1275—1278)相继提出了以下两条著名的言论。

(Ⅰ)灾难渐增。至人王八十二代、隐岐法皇御宇,一灾方起,二灾踵至。禅宗、念佛宗并起,善导法师书法华经于末代是千中无一,法然谓舍闭阁抛,禅宗为灭法华经而高唱教外别传、不立文字,此三大恶法,一国比肩同出,故梵释、二天、日月、四王俱舍此国,而守护善神翻成大怨敌矣。是则受责于相传之所从,主上、上皇逐放夷岛,一去不返,终成荒岛之尘。所诠,夺取宝经之领地,作权经真言之所辖,且日本国万民等既用禅宗、念佛宗之恶法,故天下第一、先代未闻之下克上出焉!而相州不为谤法之人,文武忠勇,天许之为国主,随之世稍静。然其后,前曾使王法失政之真言又渐入关东。(《下山御消

---

[1] 川添昭二前揭论文(第 194 页注 3)。

息》第 1328—1329 页）

（Ⅱ）尤其真言宗更为害于此国与唐土，善无畏三藏、金刚智三藏、不空三藏、弘法大师、慈觉大师、智证大师，此六人论大日之三部经与法华经之优劣，迷惑殊甚！三三藏借天竺之名，作两界说，三大师受骗，传来日本，国主万民尽习之。汉土玄宗皇帝代灭，日本国亦渐衰，八幡大菩萨守护百王之誓言不验，八十二代、隐岐法王之代为东所取，是三大师之大僧等所祈之还著于本人也。<u>关东因惩治此恶法恶人，原可继承十八代而至百代</u>，因其亦归依于恶法者，是以一国无主，梵释、日月、四天计议，使他国来侵。（《三泽抄》第 1449 页，1278 年 2 月）

日莲在肯定易姓革命时曾多次引用上述语句，因此有学者以此为根据，称佐后时期的日莲认定日本的国主是北条氏而并非天皇，且此种看法现如今已成为定论。

然而，笔者对上述看法抱有疑问，因此下文将对史料进行解释，并在此过程中提出疑问，思考对日莲而言天皇的地位究竟如何。

两则史料均论述了日莲以承久之乱为契机实现了天皇观的转变，即"国主"由天皇变为北条氏。如史料（Ⅰ）中的"天许之为国主"表明日莲认为北条氏取代天皇成为"国主"，其过程等同于新一代国王即位。

使上述解释成立需要满足以下两个前提，一是"相州"（北条义时）的"国主"地位等同于处在统治秩序顶点的"国王"；二是日莲在承久之乱发生之际（北条义时夺取政权之前）将天皇视为"国主"。[1]

假使能够证明佐后时期的日莲将北条氏视为那一时期的"国王"，那么第一个条件自然是成立的，即只要能证明日莲在执笔（Ⅰ）（Ⅱ）之际，其佐前的天皇观（国王＝天皇、国主＝北条氏）发生变化并将北条氏视为

---

[1] 高木丰《镰仓佛教史上的日莲及其弟子》（前揭书籍［第 174 页注 1]）、户顷重基《折伏中否定伦理的本质》（日本思想大系《日莲》，第 570—571 页）、玉悬博之前揭论文（第 174 页注 1，第 55 页）、佐佐木馨前揭论文（第 175 页注 2，第 48 页）。

新一代"国王",就可说明北条氏就任的"国主"在含义上等同于佐前时期日莲言论中的"国王"。

笔者在前一节的考察中得出结论,即被流放至佐渡时日莲的国王观发生了动摇,且其著述中开始出现"国王"＝北条氏、"国主"＝天皇等与此前截然不同的用法。这些论证虽能够证明上述的第一个条件成立,但问题并非如此简单。笔者认为尽管日莲对"国王""国主"的用法出现了混乱,但佐后的日莲仍基本沿用了佐前(国王＝天皇、国主等于北条氏)的用法。

2. 身为国王的天皇

在探究此问题前需先证实以下两点:一是进入佐渡期后出现了"国王"＝北条氏、"国主"＝天皇的用法;二是即便如此,日莲仍然且多次使用了此前"国王"＝天皇、"国主"＝北条氏的用法。与前者相关的史料如下:

（A）天台、真言之学者等,胁诌于念佛、禅之檀那,如犬之摇尾侍主,鼠之畏猫者然。且夤缘攀附,常向国王、将军,诉说破佛法因缘、破国因缘。(《开目抄》第607页)

（B）以广义言之,非只一切众生成佛,其出六道往生十方净土之事,必依法华经之力。例如日本国人,欲入唐土宫内者,必先得日本国王之敕许,离秽土入净土事,必依法华经之力。(《小乘大乘分别抄》第775页)

关于后者笔者将不做具体的列举,仅从被鉴定为佐渡时期的遗文中节选两段:

（A）隐山之志事。虽有背于末法折伏之行,身为病者,且际时天下多灾,国土有难,奈国主不知己身之咎,而不信,谏之无益,日莲尚有笼居之意,况是于汝亦当然耳。(《祈祷经送状》第689页)

（B）欲将过去远远重罪,如何集聚于今生使其消灭,以免未来大苦？思及此事，则见现世，时当末法，谤法之人，充满国中。加以，国主是第一诽谤之人，此时不消此重罪，更待何时？日莲虽是一介之身，若肆力呵责，声弥一国，则无量无边邪法之四众，岂不将以无量无边之口，一时还誓！其时，国主偏袒谤法之僧等，怨我日莲，或刎颈，或行流罪。（《呵责谤法灭罪抄》第 781 页）

这一时期的遗文中还曾提到"日本国中知此者，只日莲一人而已。一言说此者，必将招来父母、兄弟、师匠甚至国主之王难"（《开目抄》第 556 页），其中施加"王难"的主体是"国主"而并非"国王"，同时也可看出日莲是经过慎重考虑后才选择了此种用法。此外，这一时期的遗文还有将与日莲敌对的当代"愚王"和前代"贤王"进行对比，如"贤王之世，道理为胜；愚主之世，非道居先"（同上，第 549 页）。

综上所述，在笔者看来，日莲在流放至佐渡后仍然沿用了"国王"＝天皇的用法。笔者做出此般判断的理由可归结如下：第一点是日莲经常以历代天皇为基准来记述同一时期的事件，这一表现手法与佐前相同。下面笔者将列举日莲流放至佐渡后到史料（Ⅰ）（Ⅱ）出现之前的例文。

（A）而此经者，如来现在，犹多怨嫉，况灭度后。天神七代，地神五代，姑置不论，昔正嘉文永之大地震、大天变，是人王九十代、二千余年间，日本国未曾有之天变地妖也。（《瑞相御书》第 875 页）

（B）夫日莲为日本第一僻者。其故，天神七代置之，地神五代亦难言。人王神武始，至当今九十代，由钦明起七百余年间，于世间、于佛法，无有如日莲之普受怨嫉者。（《国府尼御前御书》第 1062—1063 页）

（C）已历天神七代、地神五代、人王百代。神武天皇已后九十代；自钦明天皇时，佛法传来，及今六十代，七百余年矣。其间，杀父母者、作朝敌者、山贼、海贼，不知其数，然犹未闻，以法华经故，如日莲之为人所恶者。（《单衣抄》第 1106 页）

此外,日莲在流放至佐渡后还以天子＝天皇站在统治秩序的顶点为前提进行了以下记述:

(A) 大国小国、大王小王、大家小家,尊主高贵,各各有其分纪。虽然,各国万民,皆号大王,同称天子。以诠论之,梵王为大王,以法华经称天子也。(《大田殿许御书》第 853 页)

(B) 真言宗之僻事,可为略述者,图绘胎藏界之八叶九尊,登其上,足践诸佛之面而行灌顶。其事如踏父母之面,蹈天子之顶也。此等人充满国中,作上下之师。(《瑞相御书》第 876 页)

(C) 无量无边诸经如星,而法华经如月,经文所说如是。此非龙树菩萨、无著菩萨、天台大师、善无畏三藏等论师、人师之言,乃教主释尊之金言也,譬如天子之一言。(《松野殿御消息》第 1139 页)

除此之外,日莲在建治元年(1275)著成的《撰时抄》中言及"当帝的父母"。再结合日莲被赦免罪行后依然伺机向朝廷谏言来看,日莲在流放至佐渡后到史料(Ⅰ)(Ⅱ)出现之前的期间仍没能否定日本的国王是天皇。

然而,对于"国王""王"＝北条氏的用法的出现以及"国王"＝天皇的使用频率减少我们又该作何解释呢。

如上所述,日莲被流放至佐渡后,幕府成为其人生道路上的最大阻碍,且日莲将幕府的迫害与弹压视为"王难"。在这种背景下,与日莲对峙的"国主"北条氏以"恶王""王"的形式频繁出现在其遗文中。

即便如此日莲也未曾想过北条氏能够取代天皇的国王地位,因为日莲在"国王＝天皇、国主＝北条氏"的用法上从未发生变化。然而,北条氏在日莲心中是极为庞大的存在,相比之下远离其生活的天皇的存在感逐渐变弱,进而导致了天皇仅出现于记述其年代的事件中,且被提及的频率小于"国主"北条氏。

3. 承久之乱的意义

假使上述论证成立,那么证明北条氏＝"国王"的第一个前提条件,即史料(Ⅰ)中的"国主"与处于国家顶点的"国王"含义相同的这一说法并不正确。接下来笔者探讨第二个前提——承久之乱爆发之际,"国主"是天皇,并将其中的疑问点做出如下归结。

承久之乱发生于第八十五代天皇仲恭天皇统治期间。例如中世的史料中有这样一段记载,"天照大神者,丰秋洲本主,皇帝祖宗也。而至八十五代之今,何故改百皇镇护之誓。三帝、两亲王,令怀配流之耻辱御哉"[1](《吾妻镜》)。虽然大部分史料称承久之乱发生于"八十五代"天皇统治期间,但日莲却认为承久之乱发生于"人王八十二代、隐岐法皇御宇"统治期间。此处暂且没有涉及"国王"＝天皇的部分,按照"国主"的年代来算,承久之乱发生于第八十二代"国主"后鸟羽院的统治期间[从日莲流放至佐渡起就将后鸟羽上皇视为"国主",如这期间日莲的著作中经常出现"国主图调伏"(《真言见闻》第650页)、"此乃国主也"(《神国王御书》第884页等[2])]。因此承久之乱引起了"先代未闻之下克上出焉"(《至兵库五郎光基书》第376页)的热潮,最终北条义时成为"国主"。

如此看来,日莲在史料(Ⅰ)并未从"国王"＝天皇的层面上论述政权的移动,此外也没有提及身为"国王"的天皇,而是阐述了承久之乱后掌握实权的"国主"由后鸟羽上皇变为北条义时。日莲在完成史料(Ⅰ)后又提出了如下言论,"先就大地震事,余于正嘉元年著书一卷,奉陈故最明寺居士大人,既未蒙召询,亦未见用。人以为既是国主不用之法师,纵有误杀,当亦不至受科之故"(同上,第1330页),提出北条氏从北条得宗处继承了"国主"地位,这种状况持续至"最明寺居士大人"(时赖)失势之前。

史料(Ⅰ)既未提到身为"国王"的天皇,也没有涉及后鸟羽天皇家族一脉断绝的内容,因此笔者将列举包含上述两点的其他史料。与史料

---

[1] 新订增补国史大系《吾妻镜》,第797页。
[2] 此外,在第1032、1089、1236页等中均出现了将后鸟羽上皇称为"国主"的用法。

（Ⅰ）出处相同的《下山御消息》中有这样一段记载，"余于日本国人众，上自天子，下及万民，有三故焉"（第 1331 页），此外，几乎同一时期著成的另一本书中也提到"今、日本国八宗，及净土、禅宗等四众，上自主上、上皇，下及臣下万民，皆无一人不是弘法、慈觉、智证三大师之末孙、檀那也"（《富木殿御书》第 1373 页）。

倘若日莲在史料（Ⅰ）中强调天皇在承久之乱后丧失了"国王"地位，那么同一时期的史料就不应该以现在时记述以天皇为顶点的统治秩序。此外，日莲还在遗文中记述承久之乱带来的结果是，三位上皇遭到流放、今上天皇被废黜。日莲对承久之乱的结局评价道："王法未至于尽"（《赖基陈状》第 1359 页），然而对日莲而言，承久之乱的核心意义并非是仲恭天皇被废黜，而是"国主"由院变为北条氏。

综上可知，史料（Ⅰ）中最具意义的部分并非此前研究中提到的"国王"由天皇变为北条氏，而在于日莲将"国王"仍是天皇、"国主"由院变为北条氏的内容理论化，且认可了佐前时期其见解中未曾涉及的部分，即北条政权是继院政之后继承治天权限、统治全国的正统权力。

而史料（Ⅱ）则相对难以解释。文中涉及百王思想，提出"关东"本应继承"百代之王"的观点，因此此处以百王思想为基础，将天皇与北条氏放到同一个维度论述。然而其中不可忽视的是，日莲提出承久之乱发生于第八十二代天皇后鸟羽院的统治期间。假使此处记述为承久之乱发生于第八十五代天皇仲恭天皇的统治期间，北条氏继承了第八十六代及其后代的天皇，那么日莲的"国主由天皇变为北条氏"的观点仍然成立。但如果以身为"国主"的院为基准考虑权力的转移，那么此种见解就很难成立。日莲在此后遗文中的论述能够证实此观点。

故此国众人，一同皆犯重逾五逆罪之大罪而不自知。此大科，次第累积，人王八十二代之隐岐法皇，及佐渡之院等，竟为相州镰仓之义时所取代，是尚不及与其世袭之家臣者也。三皇分放各岛，长日悲欢，终则分灭于其地。其魂作恶灵，坠于地狱。（中略）而代复东迁，随年月之逝,失彼国主之真言宗等诸人下镰仓,潜入执权辖下,作种种欺瞒,而执权等受骗,以彼等原是高僧,而命作镰仓诸堂之别当。(《妙法比丘尼御返事》第1559页)

此史料与史料(I)皆将其限定为"国主"层面的问题。此外,日莲将同一时期的天皇视为日本的"国王"并在此后的著述中经常提及(参照下一节)。

史料(Ⅰ)(Ⅱ)完成之际,日莲对真言宗的批判达到最高潮,并根据前一节提及的理论结构对幕府进行批判,强调承久之乱="亡国",且认可"国主"北条氏的正统性。史料(Ⅱ)认为义时是百代之王的继承者,从中可看出日莲期望幕府改变"一国无主"现状的迫切之情。在史料(Ⅱ)完成的半年前,日莲曾这样记述道,"此大恶法(中略)致今生亡国灭身,后生坠无间地狱。(中略)国主等必将被他国所虏,祈祷降伏之僧众,或狂死,或出走他国,或隐于山林。日莲为教主释尊之使,二度游街示众,弟子等或囚、或杀、或害,或逐出家国之故,其罪必将还及于此国万民之身。或又多有白癞、黑癞、诸恶重病之人矣"(《兵卫志殿御书》第1388页),以激烈的口吻对真言宗的调伏进行批判。史料(Ⅱ)中日莲对真言宗及幕府的批判已到达顶点,进而将批判的重点放在"国主"地位由院向幕府转移。

4. 关注天皇

尽管那时日莲毫不留情地批判了幕府的政策,反而使北条氏"国主"地位合理化,日莲的这种理论最终显露出了破绽。日莲之所以对幕府开展的真言祈祷进行猛烈的攻击,是因为相信幕府能够接受其献言,然而,随着"梵天、帝释等之谋,日本国必有一时齐来为信之事"(《上野殿御返事》第1309页)的期望屡屡受挫,其最后一缕期待也化为失望,于是将着眼于承久之乱的"真言亡国"转而运用到幕府身上,如"此是较隐岐法皇尽灭福报之罪,超过百千万亿倍之大科"(《妙法比丘尼御返事》第1560页)。因此,从史料(Ⅱ)中"真言亡国"由"代"转向"关东"的观点以及"一国无主"等表现来看,笔者认为此时是日莲思想转变的分水岭。

日莲否定了幕府不听劝诫、重视真言宗的行为并对其极度失望,此后开始将关注点放在天皇身上。

日莲对天皇的关注可追溯至其隐居身延(今山梨县西南部)之时。日莲被赦免流放罪行后曾一度离开镰仓,向平赖纲进行第三次国谏,在知晓其谏言未被接受时曾说道,"三度谏国而不用,则去其国"(《种种御振舞御书》第 982 页),于是离开镰仓前往甲州(今山梨县)身延(1274 年,53 岁)。京都本国寺推测下列语句为日莲隐居身延时所著真迹中的断简残幅。

> 虽申之未惊天听欤,仅可止谏晓,勿至后悔。(《未惊天听御书》第 808 页)

铃木一成将此解释为"虽日莲多次向镰仓幕府谏言,却从未向京都的朝廷上奏"[1],由此看来,日莲此阶段已经将关注点转移到了天皇,并将其作为新的谏言对象。

此外,日莲曾受到僧人强仁的批判,于是在第二年的 12 月 26 日寄出了一封反驳强仁的书信,其中有一段值得关注:

> 强仁上人,十月二十五日大札,同十二月二十六日送达。此事正余年来郁闷为诉者也。疾为书复,冀为贵僧暨世人一释冰疑。但不能无憾者,决邪正于此田舍,何啻锦衣夜行? 涧底长松,难得大匠之知耳! 兼之,此又定必成喧哗之由。贵僧为遂本意,何不先经奏闻于公家及关东,宣布公开纠明是非,则上得一人含笑,下将有万民解疑欤! 更者,大觉世尊以佛法付嘱王臣,世、出世之决断邪正,其必在公庭也。(中略)今幸强仁上人来书晓谕日莲,若可者,此次奉渎天听,以作裁决为是。且拜见来书,非理居先。若上人默止空过一生,师檀必共遭泥梨大苦。切勿以一期大慢,而殖永劫迷因。速速经天奏,早早

---

[1]　铃木一成《日莲圣人遗文的文献学研究》(山喜房佛书林,1965 年,第 292—293 页)。

得对面,遂改邪见为是。(《强仁状御返事》第1122—1123页)

面对强仁的批判,日莲提出上奏朝廷并公开决一胜负的建议。然而此时的日莲对幕府并未完全失望,因此除上述书信外,没有再对朝廷进行过多的论及。在完成史料(Ⅱ)后日莲对幕府彻底失望,按年号来讲是在弘安(1278年,57岁)以后。

(A)今、日本国去年今年之疫病,及昔正嘉之疫病,是人王以来九十余代无可比类之疫病。当是圣人在国而遭怨嫉故欤。(《日女御前御返事》第1512页)

(B)天神七代、地神五代、人王九十代之神及王,犹是释迦佛之所从,何况是其神、王之眷属等耶? 今、日本国,大地、山河、大海、草木等,皆释尊之财宝,全无一分为药师佛、阿弥陀佛等他佛之物。又、日本国,天神、地神、九十余代之国主,并万民、牛马、及有生之属,皆教主释尊之一子也。(《妙法比丘尼御返事》第1557页)

(C)我朝人王九十一代间,谋叛者二十六人,所谓大山王子、大石小丸,乃至将门、纯友、恶左府等(中略)是以,日莲为法华经故,如此饱受三类强敌之迫害事,乃天神七代、地神五代、人王九十余代向未曾有者也。(《新池殿御消息》第1652—1653页)

(D)非只是当世第一之不思议者,人王九十代、佛法渡来七百余年间,如斯之不思议者未曾有也。日莲如文永之大彗星,是日本国昔之所无之天变。(《秋元御书》第1732页)

(E)日莲乃日本国人王八十五代后堀河院御宇。贞应元年壬午,安房国长狭郡东条乡生也,佛灭后当二千百七十一年也。八十六代四条院天福元年十二岁,入清澄寺居道善御房学文也。(《波木井殿御书》[1]第1925页)

---

[1] 有学者称此书为伪作。参照铃木一成前揭书籍(第205页注1)第144页。

此外,日莲还在弘安元年(1278)3 月 21 日[完成史料(Ⅱ)的一个月后]写过这样一封书信(《诸人御返事》第 1479 页):

> 三月十九日,如和风之尊使及如飞鸿之大函,同二十一日戌时到着。日莲一生间之祈祷及所愿,忽得成就乎？将又是五五百岁之佛记,宛如符契。所诠,真言、禅宗等之谤法诸人,召来一决是非,责日本国一同将为日莲弟子檀那,我弟子等出家者为主上、上皇之师,在家者列位左右臣下,将又一阎浮提皆仰此法门乎！幸甚、幸甚。
>
> 弘安元年三月二十一日
>
> 诸人御返事

上述书信为日莲现存的真迹,其在史料方面的价值毋庸置疑。书信中明确指出"主上、上皇"是日本国家秩序的顶点。可以看出日莲认为他的教义具有无上的价值。除此之外,弘安以后,日莲曾记述道,"后入甲斐国,笼居深山,有言：此后,纵有出于主上皇后之意,不再出山与诸宗学者法论"(《教行证御书》第 1478 页),"法华经是大王,如天子"(《内房女房御返事》第 1787 页),由此看来,随处可见日莲视天皇为国王的说法。此外,同一时期日莲将北条得宗称为"国王"的用法十分少见。[1]

5. 晚年的天皇观

弘安之后,日莲谈及天皇的言论逐渐增加,对此我们又该作何解释呢。日莲是否同显教密教的佛教徒一般,最终也没能从天皇的思想束缚之中脱离出来呢？

笔者认为并非如此。这一时期日莲将关注点转移至天皇,其原因并非是日莲认可天皇的存在及作用,而是对"国主"北条氏的期待幻灭,因此天皇才逐渐进入日莲的视野中。日莲无法否定庇护并宣扬"正法"的

---

[1] 依笔者之见,弘安之后以"国王"指代北条氏的用法仅出现于《狮子王御书》(弘安元年)中的"国王之责,已是可畏,况阎魔之责乎"(第 1609 页)。

统治权力，[1]但那时只能居身京都与镰仓。此外，天皇的展现必然会导致幕府消失在日莲的视野中，但事实上日莲在弘安之后论及天皇的次数并不多，也未曾对天皇做出正面评价。

笔者认为日莲在思想上没有被天皇束缚的理由如下。一是这一时期的日莲认为宗教权威至高无上，并进一步将政治权力相对化。日莲曾记述道，"轻贱过去、现在之末法法华经行者之王臣万民，其始虽似无事，终必灭亡。日莲亦如是"（《圣人御难事》第 1673 页），"故八十一至八十五之五主，或沈西海，或舍于四海，今生作大鬼，后生落无间地狱"（《内房女房御返事》第 1790 页），从中可知日莲并未顾忌到天皇传统上、观念上的权威。即便那时世间皆视天皇为君临世界的顶点，但以日莲的宗教观来看，此种看法没有任何根据。日莲将包括天皇在内的世俗权力相对化的论调，反而成了那一时期的思想巅峰。

为证明此观点，下文将列举日莲的源赖朝观[2]的变迁。日莲隐居身延时曾提及源赖朝是追讨安德天皇致其投湖、招致"王法灭亡"的人物，并将描写重点放到了因重视真言宗而成为敌对权力的明云（天台宗僧人）与公家的自取灭亡。然而日莲在弘安三年（1280）著成的《秋元御书》中评价源赖朝为"倾覆王位，纳国中于手"的人物。在源赖朝去世的数年后，日莲又曾记述过以下几段语句：

（A）月影虽映于水，然、浊水则不栖。树梢草叶之滴露，以其清澄，犹可映得月影，虽非国主，然正直者之头上，八幡必为之宿焉。虽有宿于百王顶上之誓，然、人王八十一代安德天皇、二代隐岐法皇、三

---

[1] 某些研究将日莲隐居身延时期的思想特质规定为"超俗"（田村芳朗《日莲》NHK Books，1975 年）、"现实超克"（佐佐木馨《日莲与立正安国论》评论社，1979 年）。虽然无法否定日莲隐居身延时有意与权力保持距离，但他自始至终仍期待着国家权力的重用，前一节的史料中也指出日莲一生都重视《立正安国论》（佐藤弘夫《日莲的立正安国与灵山净土》，《东北大学日本文化研究所研究报告》15 集）。

[2] 与日莲的源赖朝观相关的研究为浅井要麟的研究（《日莲圣人对源赖朝的评论》，《日莲圣人的教学研究》平乐寺书店，1945 年）。

代阿波、四代佐渡、五代东一条等之五代国王,是谄曲人之顶,故不为宿焉。赖朝与义时,虽为臣下,其顶可宿,正直之故欤。以此思之,法华经之人众,依于正直之法,故、释迦佛犹为其护,何况垂迹之八幡大菩萨,何能不为之护耶。(《四条金吾许御文》第1824页)

（B）平城天皇御宇、八幡托宣云:"我是日本镇守八幡大菩萨也,有誓愿守护百王。"今有人云:"人王八十一、二代之隐岐法皇,三四五之诸王已破毕,其后二十余代,今亦舍毕,似见其愿已破。"日莲料简云:"守护百王云者,守护正直之王百人之誓欤!"八幡之誓愿云:"以正直人之顶为栖,不停于谄曲人之心。"夫月驻影于清水,不映于浊水。称王者,是不妄语之人。右大将家、权大夫是不妄语之人,正直之顶,是八幡大菩萨所栖百王之内者也。(《晓谏八幡抄》第1847—1848页)

（C）昔治承等之八十一、二、三、四、五代之五大王与源赖朝、北条义时争夺此国,乃天子与民之会战也。此如猛鹰与金鸟之胜负,天子之胜赖朝等,原是必然、决定之事,然而五人之大王竟遭败绩。(《曾谷二郎入道殿御报》第1875页)

此处将天皇从固有的王室血统中剥离出来,以"正直"(正直经《法华经》的主要观点)的佛教视角来分析史料(A)(B)。日莲有一次将承久之乱称为使"国王"交替的划时代事件,而如今承久之乱的重要性逐渐降低,从日莲赋予源赖朝与北条义时相同的地位来看,无论何时何人,只要满足条件就能实现权力者的交替。

这里有两点值得关注,一是日莲将源赖朝与北条义时归为百王之内,二是与源赖朝、北条义时为敌的并非"国主"后鸟羽上皇一人,而是第八十一代至八十五代的"国王"(A)与"天子""大王"(C),即日莲将源赖朝、北条义时与天皇同列,认为他们并非"国主""国务"的篡夺者。二是夺取了一代"国王"的地位后成为新"王"。此前日莲视承久之乱为"永存的国主地位的争夺"事件,而弘安时期后,承久之乱仅是发生于北条义时一代的"无后续的国王地位的争夺"事件。由此看来,日莲对承久之乱的看法发生了巨大变化。由于此点存在史料上的制约,因此目前无法做出进一步的验证,但却能读出晚年的日莲对世俗权力的疏离程度进一步加深。

综上可知,隐居身延时期的日莲认为,地上的权力与权威出现弱化,支撑这一观点的日莲的世界观——释尊御领观[1]——已然成熟了。且需要从日莲宣扬佛法至上主义中把握日莲晚年的天皇观。

结语

以上探讨了日莲的镰仓幕府观及天皇观。如今的定论中认为(至少流放至佐渡后的)日莲以承久之乱为契机,主张国王地位已由天皇转移至北条氏。然而,结合本章的考察可知,日莲的思想虽在不同时期中发生了些许动摇,但日莲对国家权力的认识(国王=天皇、国主=北条得宗)从未改变。日莲肯定易姓革命说时曾在《下山御消息》中记述道"天许之为国主",却未曾提及天皇地位有所改变,而是主张在身为"国王"的天皇的统治下,掌握政治实权的"国主"地位由治天的后鸟羽院变为北条义时。

因此在日莲的观念中,天皇自始至终都是日本的国王。虽然日莲的天皇观表面上与显教密教的佛教徒停留在同一个层面,但关于国王的人选与地位等问题却应划分至其他层面。

对显密佛教的佛教徒而言,天皇之所以是国王,是因为存在血统上的优势(神孙),即便个别天皇存在失势和坠入地狱的情况,也未曾想过其国王地位的转移,即对显密佛教而言,即便思想上出现了天皇的相对化,也未曾忽视天皇的存在。[2]

---

[1]　关于日莲的"释尊御领观"以及立足于此的陆地上权力的相对化可参考如下研究:藤井学《中世国家观的一种形态——以日莲的理论与释尊御领为中心》(读史会编《国史论集》一,1959 年)、玉悬博之前揭论文(第 174 页注 1)、佐藤弘夫《日莲后期的思想——以王法与佛法的关系为中心》(《日本思想史学》9 号)等。

[2]　参考上一章。

　　而日莲在上呈《立正安国论》之际确立了其独特的立场,即国家权力的相对化与视王法为佛法兴隆的手段。[1]　然而流放至佐渡前,日莲主要将重点放在批判幕府权力上,未曾正式审视天皇,就继承了显密佛教的观点认定了国王。此外,佐前时期支撑其国土权力的相对化及佛法至上的世界观还未成熟,因此佐前的日莲没能在天皇观上做出有别于显密佛教的突破。

　　然而流放至佐渡后,日莲将作为天皇固有属性的百王守护思想与天皇家族分开,在展开真言亡国论之际,确立《法华经》至上的地位,并宣称天皇在观念上、宗教上的权威无效。即便那时的日莲将天皇视为国王,但丝毫不意味着天皇必须是国王。事实上,如八十一代天皇至八十五代天皇那样,就有被源赖朝、北条义时等夺取"王位"者。同时代的天皇也是如此,随时都有可能失去其地位。于是日莲萌生了新思想,即天皇的地位有随时消失的可能。

　　日莲在被流放至佐渡后,特别是在弘安之后,将天皇视为兴隆佛法的手段,于是将天皇的地位与幕府同列。至此,日莲对天皇的相对化,并非只是显密佛教的延长线而已。与承认天皇权威的显密佛教的佛教徒不同,日莲从未顾忌到天皇的特殊权威。与无法突破天皇必须是国王的中世显密佛教不同,日莲以其独特的世界观,否认了显密佛教的天皇必须是国王的观点,因此佐后的日莲的天皇观与其他传统佛教相比有了质的突破。

　　将日莲独特的天皇观,与法然、亲鸾、道元等异端思想家的天皇观进行比较,并重新评价其在中世佛教、中世思想史总体中的定位,以及探究他们的历史意义等许多课题,值得我们进一步研究。

---

[1]　佐藤弘夫《日莲早期的国家观——基于与镰仓旧佛教的比较》(《日本思想史研究》10号)。

第四部

神佛的宇宙论

第一章 中世的神国思想的形成

序言

日本的神国思想应该众所周知,然而其历史定位及评价却几经变迁。

在第二次世界大战之前以及战争期间的国家主义全盛时期,神国思想受到世人关注。于是,"神国""神州"等称谓成为日本优越于其他国家的根据,由此将日本的对外侵略及对其他民族的统治正当化。此外,日本等于神国这一观念不仅仅单纯表现在政治口号中,还得到了山田孝雄、长沼贤海等当时有名学者的支持。[1]

神国思想伴随国家主义的兴盛而发展,在日本战败后被打上休止符。因为战败,历史学也终于从天皇制的束缚中解放出来。作为支撑战前天皇制精神支柱之一的神国思想,应该对其进行客观、科学的研究。于是,战后相继出现了许多研究,分析其内容及构造,试图为其在历史上定位。之后随着研究进展,神国思想的定位实现了从"古代势力拥护的意识形态"[2]向与封建生产模式相适应的社会意识[3]的大幅转变。随着他者视角纳入视野,神国思想作为国际意识所能发挥的机能及作用的研究也在不断深化。[4]

如前所述,关于神国思想我们已经有了一定的研究成果。但考虑到

[1] 山田孝雄《神皇正统记述义》(民友社,1932 年),长沼贤海《日本神国》(新日本建设业书,1943 年)。
[2] 田村圆澄《神国思想的系谱》(《日本佛教思想史研究·净土教篇》平乐寺书店,1959 年)。
[3] 黑田俊雄《中世国家与神国思想》(《日本中世的国家与宗教》岩波书店,1975 年)。
[4] 村井章介《中世日本的国际意识·序说》(《亚洲的中世日本》楞仓书房,1988 年)。

神国思想在日本史上的重要意义,很难说现在的研究达到了足够的水平。例如,在"古代的神国思想是什么""中世的神国思想的特质是什么"等最基本的问题上,如今的研究界还没有给予统一明确的解答。对于整个历史时期的神国思想,不能仅仅得出"封建统治的反动意识形态的最终手段"[1]或是"以侵略性皇化为目标的偏见情绪"[2]等划一的定义,而是要在用具体实例将神国思想的理论构造及其变化过程厘清的基础上,定位其在历史上的作用,这是今后必须开展的工作。

此外,如果要指出先行研究的问题点,那就是只在神道思想、神祇信仰的范畴内把握神国思想,而没有充分考虑神国思想与其他各思想,尤其是与佛教之间的关系。[3] 提及中世,在社会层面、思想层面拥有压倒性影响力的是传统佛教,即显密佛教。其思想决定了人们的理念、意识的同时,作为政治、社会的意识形态持续发挥着巨大的影响力。神国思想的高扬与显密教团的兴盛几乎在同时进行。因此,在谈及神国思想时,如果不将其与佛教的关系甚至整个中世宗教史纳入视野,就无法正确理解神国思想及其定位。更进一步讲,古代和近代,任何社会关系都披着宗教的外衣。因此,必须关注神国思想背后的社会构造及国家秩序变动。

基于这种问题意识,本章第一节中,作为理解神国思想的前提,首先通过论述寺社存在形态与社会构造变化间的关系,阐明古代到中世神佛世界观的整体动向。在此基础上,第二节分析中世神国思想的发展,并与古代比较,考察其作为中世理念的特质。之后在第三节根据宣扬"神国"的历史脉络,探讨神国思想在中世发挥了怎样的作用。

通过以上考察,旨在与古代神国思想的对比中明确神国思想的中世特质,与此同时确定其在历史上的定位。

---

[1] 黑田俊雄前揭书(第215页注3)第538页。

[2] 保立道久《日本中世的诸身份与王权》(讲座《前近代的天皇》三,青木书店,1993年,第69页)。

[3] 关于这一点,黑田俊雄从"仅将神国思想作为神道的一部分进行说明的见解也是错误的"这一立场出发,提出"中世宗教史的全体矛盾=运动所产",这一点十分重要(前揭论文第215页注3)。

一、理解神国思想的前提

1. 律令制神祇制度的确立及变化

自古以来,日本各氏族拥有自己独自的神话并各自祭祀自己的守护神。7 世纪后半叶,这种情况发生了决定性的变化。脱离豪族主导的政体,建立以大王为中心的国家体制的呼声不断高涨。在这样的政治形势中,为了应对以天皇为顶点的集权国家的形成,以大王家的祖神天照大神及祭祀天照大神的伊势神宫为中心,统合各氏族守护神的行动开始了。

祭祀天照大神的伊势神宫起初不过是祭祀太阳神的地方神社,但因天皇家的祖先神也同样是太阳神,所以两者结合起来。在 6 世纪左右,伊势神宫是祭祀天照大神的神社这一观念被固定下来,[1]确定并强化这一观念的是天武天皇。天武天皇打倒其侄大友皇子并赢得内战胜利,与之前受制于豪族势力的天皇不同,他要实现绝对的专制权力。为了达成目的,他试图将自己的地位抬高至"现人神"。

天武天皇的这一举动必然会使天皇权威源泉的皇祖神(天照大神)地位急速上升。他主张伊势神宫及天照大神,作为"现人神"的天皇祖神,必须要与其他神社及神严格区分,成为享有至高权威的国家神社及国家神。于 7 世纪初相继完成的《古事记》及《日本书纪》(主要是前者),明确反映了天武、持统朝时期的这种诸神序列化再编。[2] 于是,许多氏族及其守护神被编入了以天照大神为祖神的天皇家系谱中。不仅如此,各种传说高度体系化、序列化,创造了以皇祖神为核心的有机的统一神话体系。在记纪神话中,在同根同族的国家理念之下,试图实现"天照大神系谱中统一众神,统合直系皇室下所有姓氏"[3]。

与神话体系化平行,这一时期也对神祇制度进行了改革与整备。首

---

[1] 直木孝次郎《日本古代的氏族与天皇》(塙书房,1964 年)。
[2] 梅泽伊势三《记纪批判》(创文社,1962 年)。
[3] 同上,第 410 页。

先设立神祇官司,设立了伊势的斋宫制度。此外,设立了官社及官币制度,国家祭祀权及干涉触及自古以来各氏族祭祀的氏神。[1] 这样一来,被纳入律令制祭祀的各神社,以祭祀天照大神的神宫为首,根据币帛数量及神社级别排序,形成了井然的等级秩序。不仅如此,在天武、持统朝时期,创造了大尝祭、即位仪,这些即位仪式成为表演天皇"现人神"之地位的庄严的舞台。[2]

但是,这一令制下的神祇制度伴随着 10 世纪开始的律令制解体而发生了根本性的变化。失去律令制国家庇护的神社,不得不脱去官社的外衣,依靠自己的努力开辟前进的道路。有的开展交通、贸易活动,有的扩张地盘,发展被称为"神领"的社领庄园。

众所周知,院政时期,伊势神宫得到了游历各地化缘的御师捐赠。[3] 当时正值律令制下的官寺向庄园公领制社会的过渡,加强扩张寺领及领地支配迫在眉睫。[4] 神社的经济基础从国家拨款转向土地私有化(庄园),与整个社会从古代转向中世的步调一致。

官社这种变化也影响到以伊势神宫为首的神社及古代诸神的序列。院政时期以后,神宫作为"国家宗庙"并未将国家信仰的中心地位让位给其他神社,但是神宫已不再受国家庇护。虽说神宫与延历寺等权门寺院相较尚不完备,但已经拥有神领、御厨、御园为基础的庄园领主特征。[5] 另一方面,从律令国家统治下脱离出来的其他神社,为了提高自己的社会、经济地位做了各种各样的努力。可以说,在神祇界向自由主义体制过渡的过程中,神宫失去了国家对其最高地位的保证,逐渐埋没于其他不断发展壮大的强势神社中,无法避开这一命运。

---

[1] 冈田精司《古代的宗族统制与神祇官司》(《古代祭祀的历史研究》塙书房,1992 年)、西宫秀纪《律令国家的"祭祀"构造与历史特质——宗教的意识形态装置分析》(《日本史研究》383 号)。

[2] 黑崎辉人《大尝祭试论——"亲供礼仪"下的神与主》(《日本思想史研究》11 号)。

[3] 荻原龙男《律令体制的解体与神领头役制》(《中世祭祀组织的研究》吉川弘文馆,1962 年)、棚桥光男《中世伊势神宫领的形成》(《中世成立期的法与国家》塙书房,1983 年)。

[4] 从这一视角出发的研究虽然很多,但作为代表研究,有网野善彦《中世东寺与东寺所领庄园》(东京大学出版会,1978 年)。

[5] 荻原龙男《伊势信仰的发展与祭祀组织》(上揭本页注3)。

这意味着过去以伊势神宫为顶点的神祇秩序崩坏,相对独立于国家的有力寺社进入了一边激烈交锋,一边比肩并存的阶段。对于各个神而言,便是进入了生死存亡的战国时代。

如果国家统治的律令制神祇体制的解体,是神祇界转向中世的一个变化,那么另一个重要变化就是与佛教的全面习合。[1] 日吉社第一个接受延历寺的统治,春日社与兴福寺、石清水与护国寺、宇佐与弥勒寺等组合,显示出除神宫外,大部分有影响的神社都开始加入寺院的势力范围,受其影响。[2] 各神社的祭神分别被指定为本地佛,神社的运营权交由社僧、供僧之手。此外,其他地方神社、劝请社也以本地垂迹说为由,融入显密寺院的地方统治体系,并将自己置于其网格之中。[3]

2. 记纪神话秩序的解体

神社由古代向中世过渡的过程中,必然在理念方面给神的世界带来决定性影响。如前文所述,记纪神话是在以肇始于天照大神的皇统系谱中,通过血缘虚拟的方式将诸神有机定位。以天照大神为首的神之序列,由于诸神的反乱与成长濒临瓦解。

中世旗帜鲜明地反对记纪神话秩序的,是以最大宗教权门比叡山为后盾的日吉山王社。代表山王神道的教理书《耀天记》山王事叙述道"山王日本无双灵社。天下第一名神。诸神中根本。万社间起因"[4],强调了山王是日本根源、至上的神格。《日吉社神道秘密记》中记载"大宫权现日本国之御主。故号大国主神"[5],努力宣扬其至高无上性。

[1] 有关神佛交涉史,辻善之助(《有关本地垂迹说的起源》,《日本佛教史》一,岩波书店,1944年)以来,以家永三郎(《飞鸟宁乐时代的神佛关系》,《上代佛教思想史研究》法藏馆,1966年)、田村圆澄(《神佛关系的一考察》,《史林》37卷20号)为开端积累了大量的研究。并且山折哲雄氏整理了这一内容的研究史(《古代日本的神佛关系》,《东北大学文学部研究年报》29号)。

[2] 但有关伊势神宫,其教义与仪式也受到佛教很大的影响。(黑田俊雄《中世显密体制的发展》,前揭书第215页注3,第512—517页)。

[3] 河音能平《王土思想与神佛习合》(《中世封建社会的首都与农村》东京大学出版会,1984年)、黑田日出男《中世的合川交通展开与神人、寄人集团》(《日本中世开发史的研究》校仓书房,1984年)。

[4] 《续群书类从》二下,第613页。

[5] 《群书类从》二,第111页。

另外,《日吉山王利生记》中收录了以下说话故事。

> 近来伊势太神宫的祠官。彼社头通夜。惣门觉之处。亦有高叩。仅暂有。却无一人。乃震旦国陇山神也。聊申合事侍之时。又内答云。御神近日下界不在其位。众生浊乱神虑不得故也。仅以美野情及申神侍也。不论事。若要事请参拜日吉山王。其为镇法味之神明。若申利益。数十骑骑马向西而行。遂梦醒。[1]

山王神从以天照大神为首的令制下的秩序中挣脱出来,开始清晰地主张其自身的至高性。

以这种形式进行自我宣扬的神社不只日吉社一家。兴福寺是与比叡山齐名的另一大宗教权门,春日社便在它的庇护之下。关于春日社,二条良基记录了从寺僧处听到"潜心知习此春日大明神之御事与只神无异。本社侍于日本国之成败事"[2]。另外,中世的熊野本宫自称是"日本第一大灵验熊野三所权现"[3]。更有甚者,《八幡愚童训》乙本中记载"抑八幡大菩萨甚于十方诸佛而尊,胜于三千神祇"[4]。《日光山缘起》中说道"日光山利生犹以本社为优"[5]。这种动向也影响到伊势神宫内部。基于外宫发展的伊势神道,使本来位于内宫祭神天照大神下位的外宫丰受大神,定位在内宫神之上位。[6]

高桥美由纪氏将"君临神祇世界至高、至尊的天照大神(内宫)相对化且将其据纳入自我体系,且要超越他"的中世神道界的动向评价为"神的下克上运动"[7]。正如高桥氏所说,进入中世后,神祇界的各神争先恐后地宣扬自己的威光与优越性,也就是进入了各神相争的战国时代。这

---

[1] 《续群书类从》二下,第 694 页。
[2] 《神木叶的日记》(《群书类从》二,第 70 页)。
[3] 近藤喜博《日本第一大灵验熊野三所权现》(《神道宗教》15 号)。
[4] 日本思想大系《寺社缘起》,第 262 页。
[5] 同上,第 276 页。
[6] 高桥美由纪《伊势神道的成立及其时代》(《日本精神史》Berikan 社,1988 年)。
[7] 同上。

种动向是在大宗神社的权门领主化与神宫地位的相对化之下，应运而生的现象。

在这种情况下，天照大神又一次从至高的国家神降至皇室私人祭奉的天皇家祖神。[1] 此时，记纪神话中的神之序列面临完全崩溃。[2] 自古代至中世的过渡过程中，神祇界无论在理念方面还是制度、社会存在方式方面，都发生了决定性的变化。

3. 神领观念的成熟

中世时期，众神的尊贵性不断被强化，各神社企图由神君临特定领地的说法实现排他性的绝对统治。

下列史料是天永三年（1112）七月六日鸟羽天皇宣旨案的一部分。

> 应令春日社司进上证文，社领大和国伴田庄被免除主水司冰马役事。右，得彼社司等去月三十日解状称，谨检案内，大明神垂迹之后，以彼庄田割置供祭料，调备来尚矣，随代代宰史，且恐神威，且仰旧迹，不入国使，不充课临时杂役，而郡司则贞寄事于宣旨，忽背先例，切宛冰驮，押取货物，所行之旨，科条不轻。[3]

此宣旨所引用的春日社司解状中，大明神的神威成为主张社领庄园不输不入的依据。此外，《峰相记》中有如下记述。

> 白国大明神者。传自日域开辟之神迹。人皆不知。或说云。开化天皇第一姬宫。或云贺茂大明神之流。鸟羽院之子。水无濑川之幸有。御游最中。女体唐人出现。播磨白国神也。使目代横领神田

---

[1] 小松馨《院政期的朝廷神祇信仰——以令制四个祭的变迁与院公卿敕使为中心》（《后白河院——动乱期的天皇》吉川弘文馆，1933 年）。

[2] 1998 年，经伊藤正义（《中世日本纪的轮廓——围绕太平记中卜部兼员说》，《文学》40 卷 10 号等）、阿部泰郎（《中世王权与中世日本纪——围绕即位法与三种神器说》，《日本文学》34 卷 5 号等）明确验证，可以说中世日本纪的自由神话解释活动也是以这样的古代神话体系及支撑这一体系的体制破坏为前提的。

[3] 《平安遗文》四，1764 号。

而返还。惊而寻有。仰国司。目代相闻寻。水田一段云云。则返奉
讨。其外社事更久无音讯。[1]

由此可见，神排除妨害，实现自己统治社领。

若将神领视为神君临的圣地，正如"以人领被寄进神领者敬神之善政
也，掠神领令人领者未曾有之例也"[2]所示，向神领进贡是无上的功德，
相反，若对其不当侵略、收公等则是对神公然的悖逆、敌对。《沙石集》记
录了没收神田的地头受到惩罚而死一事，[3]《古今著闻集》收录了强行
收取神田作物时出现的"不可思议之事"的传说。[4] 此外，在能登守藤
原基赖向北野天满宫的寄进状中记录了"若世及浇季，倒入此保于国衙之
辈，早被天满天神之冥罚，忽停止国务，长断二世之宿望，可亡子孙"[5]。
神被视为能横跨现世与来世，施加严格的赏罚，恰似世领的领主统治领地
一般君临神域。

此时，也正是佛寺大肆宣扬所有的庄园是"佛土""佛地"之际。[6]
围绕佛土与神土的界线时常发生激烈的对立。[7] 尽管表面对立，将社领
庄园视为不可侵犯的圣地观念，与佛土理论的发展与历史背景——庄园
制领地统治的成熟，是同一种理论体系。

这一时期的庄园领主排斥干涉自家领地的王权以及近邻领主，试图
实行排他性统治。这一点权门寺社也不例外。它们搞活庄园经济的过程
中，充分发挥宗教领主的特性，规定神佛作为领地的本源主权者进行统
治，并赋予其宗教意义。

在这样的时代趋势中成熟的神领观念，当然与古代的"神领地"不

[1] 《大日本佛教全书》一一七，第 17 页。
[2] 《后白河院厅下文案》(《镰仓遗文》一，502 号)。
[3] 日本古典文学大系《沙石集》，第 83—84 页。
[4] 日本古典文学大系《古今著闻集》，第 57 页。
[5] 《平安遗文》四，1735 号。
[6] 本书第一部第一章。
[7] 例如宽治六年(1092)，与鸭社争长渚庄领有的东大寺在给鸭社的牒状中主张"何以上古
佛地，更为新立之神领"(《平安遗文》四，1309 号)。

同。自古以来日本无数的神各自划定了自己的领地且和谐共存。[1]但同样是神的土地,古代的"神领地"说到底不过是抽象性的,并没有中世用"神土""神领"等具体数值表示的统治领地和伴有暴力机构支撑的武力装置。因此在古代,不存在国家及邻近领主围绕不输不入、领域侵犯等问题的紧张关系。

与此相反,院政时期以后的神领,随着庄园统治不断发展以及不输不入权的广泛确立,对一定领地进行排他性统治的意愿十分强烈。[2]为实现此目的,神领与国家及其他领主统治进行正面对决,排除其干涉与侵略。在这一过程中,统治神领的神,超越了赏罚权及其他神,进化为拥有更高神威的中世人神。[3]

4. 同佛教的交涉

记纪神话秩序的崩坏及众神的群雄割据,引起诸神地位上升,如果说这是神祇界中世思想的特征之一,那另一个特征就是神祇与佛教的习合。这一现象的社会实体层面,就是前述神社对于佛寺的服从。而在思想层面,它是基于本地垂迹说,本地佛以神祇的形象出现。[4]

众所周知,从平安时代中期开始,大宗神社中的祭神是各自规定的佛。这意味着神佛由纵向关系连结的同时,神与神也由横向关系相连接。在日本中世,各佛菩萨、神祇的背后都有作为本地而更普遍的佛身,这些佛身也被统合于包含全宇宙的非人格法身中,这一多重的佛神体系是当时宗教者的共有理念。[5]遵从这样的世界观,一看相互之间毫无关系的神,也是从唯一究极存在(法界等流)派生而来具有同一本质的存在。[6]

---

[1]　石田一良《日本古代国家的形成与空间意识的展开》(《日本文化研究所报告》2集)。

[2]　在神君临圣地的观念中,神领=社领庄园之外,也有以社坛、一国为单位的情况,应留意其本身的多层构造(关于社头即净土思想,参照阿部泰郎《神道曼陀罗的构造与象征世界》,大系·佛教与日本人《神与佛》春秋社,1985年)。关于圣地的相互关系有待日后探讨。

[3]　本书第三部第一章。

[4]　黑田俊雄氏从显密体制论立场出发,将神佛习合——本地垂迹理解为密教的神祇崇拜包摄理论。(前揭论文第215页注3)

[5]　本书第一部第一章。

[6]　在这一点上,与不承认阿弥陀佛以外佛神的积极意义的法然等异端有根本的区别。

《沙石集》中记载的下文中的内容直截了当地表示出本地垂迹说所担负的这一作用。

> 法身无定身。以万物之身为身。故无相法身所具之界。皆一知毗卢遮那之全体。（中略）显密之心而不知。由法身现十界之身。众生以为利。若妙体之上妙用，则置水如波。真如而缘起。故西天上代之机，现佛菩萨之形，是来度。我国乃粟散边地也。刚强众生因果，不信佛法之徒，同体无缘慈悲，等流法身之应用，现恶鬼邪神，示毒蛇猛兽之身，调伏暴恶之族，入佛道。故他国有缘重身，本朝自不应轻其形。[1]

代表本地垂迹说的佛教世界观所担负的作用之一，即如前文所述，是相互连结神与佛、神与神的纽带，另一个作用是取代记纪神话，标识日本神应占据位置的空间坐标功能。近年研究中世人的意识方面，起请文逐渐得到关注，下文即是其中一例。

> 敬白　　请起请文事
> 右，元者、弁意觉缘　　贤长已上西金堂　　忠贺　　良盛已上东金堂　　自今以后，离东西金堂众，于一向法花堂众不可兼行仕候，上件条若虚言申者，自上梵天・帝释・四大天王奉始、三界所有神祇冥道，殊大佛八幡冥显境界之罚，已上五人辈，各身八万四千毛穴可罢蒙状，所请如件，敬白
> 承久四年正月十九日[2]

这里希望大家注意后半部神文的内容。"梵天、帝释、四大天王"是大陆渡来的佛教守护神。在佛教世界观中，此地中央耸立着须弥山，从上往下

---

[１]　日本古典文学大系《沙石集》，第 64 页。
[２]　《僧弁意等连署起请文案》（《镰仓遗文》五，2916 号）。

按顺序分别是梵天、帝释、四大天王居住的世界。在这一多层的诸天序列之下，通过"三界所有神祇冥道、殊大佛八幡"等形式定位了日本诸神的位置。

如本章所述，可以看到，在中世以佛为顶点的梵天、帝释天—四天王—神祇这一多层的佛神序列是当时人们共有的有序世界。[1]

我之前已经论述过，以伊势神宫及天照大神为顶点的古代诸神秩序，在诸神上升志向下崩坏，进入中世后，神祇世界进入战国时代。佛教理念在诸神党派各执一词的情况下，为统合诸神提供了新理论。也就是说，从古代束缚中解放出来的日本诸神，在因本地垂迹说联结起来的同时，又在贯通圣俗两界的宏大观念世界中占据了一席之地。中世诸神，已经不能从与佛教隔离的神祇世界内部找到相互结合以及确认自己位置的理论。在佛教理念非常先进的中世，他们完全融入佛教世界观中，首次找到了自己本该所在的位置。

与以国家权力强制的古代神祇界序列不同，中世的神祇界序列说到底只不过停留在观念层面。但在神"下克上运动"风行的时代，这种抽象秩序的稳定绝不可轻视。它防止了因记纪神话秩序的破坏而逐渐自立的神，向无限的分裂与对立方向发展的可能（这一问题在后文详述）。如果将以天照大神为顶点的强固的上下秩序视为古代的诸神世界，中世的诸神世界则是横向排成一线、激烈交锋、被重组进入佛教世界观，以这种理念为纽带的松散连结。

二、中世神国思想的特质

1. 古代的"神国"

将日本视为神国的用例频繁出现在院政时期之后。但是神国这一词汇早已出现在《日本书纪》中，在之后的古代史料中也发现过几例。其中

---

[1] 在这一主张中，例如在之前引用的起请文中，为什么"三界所有神祇冥道"之后与八幡并列劝请大佛？从本质上说，"大佛八幡"是什么等，还留有各种各样的疑问。这些问题，有关中世的神佛宇宙论会在下一章进行论述。

最集中出现的是清和天皇治世下的贞观十一年(869)到十二年。

当时两艘"新罗贼船"驶来筑前进行掠夺,此外,各地地震、风水灾害不断,世间呈现出一片骚动的状态。对此,朝廷在制定军事对策的同时,命令诸国寺社轮读经典、颁发币帛。此外,向伊势、石清水、宇佐八幡等大宗神社奉上告文祈求国土平安。在这些告文中多次出现"神明之国""神国"的字眼。最初的一通告文,是贞观十一年十二月十四日伊势神宫的告文,告文叙述了近年各地频繁出现的灾害之后,论述道:

> 传闻。彼新罗人我日本国久世时相敌来。而今入来境内。夺取调物。无雁沮之气。量其意况。兵寇之萌自此而生。我朝久无军族专忘警备。兵乱之事尤可慎恐。然我日本朝所谓神明之国。神明之助护赐。何兵寇可近来。况挂畏皇大神。我朝大祖御座。食国天下照赐。然则他国异类加侮致乱事乎。何闻食。惊赐拒却赐在。(中略)此状平闻食。假令时世祸乱。上件寇贼之事在物。挂畏皇大神国内诸神达唱导赐。未发向之前沮拒排却赐。若贼谋已熟兵船必来在。境内入赐逐还漂没赐。我朝神国畏悍来故实浇失赐。自此之外。假令。夷俘逆谋叛乱之事。中国刀兵贼难之事。又水旱风雨之事。疫疠饥馑之事至。国家大祸。百姓深忧可在。皆悉未然之外拂却锁灭赐。天下无躁惊。国内平安镇护救助赐皇御孙命御体。常磐坚磐与天地日月共。夜护昼护护幸矜奉给。恐恐申赐申。[1]

这里叙述了神功皇后远征新罗以来,习惯称呼日本"神国"的"故事",为防外寇而祈求"神明之国"的神的加护。正如"挂亦畏之皇大神,赐唱导国内诸神"所示,当时守护日本的神是由天照大神率领的国内诸神。前文中"皇大神"这一词汇在同月二十九日给石清水的告文中被改为"大神"[2],虽然

---

[1] 新订增补国史大系《三代实录》上,第254—255页。
[2] 同上,第256—257页。

于第二年在宇佐、香椎、宗像各社[1]又被各自叫做"大菩萨""御庙""皇大神"，除了给甘南备社的告文之外，其内容大致相通。这些神代表神国日本，领导诸神，保护国家。

从告文被呈上的顺序、修辞的运用等可以看出，首先伊势、其次石清水、之后宇佐及以下的诸社序列。从这一系列告文中可以看出，在天照大神的指挥下，以石清水为首的大宗神社辅佐大神，率领诸神击退敌对势力。诸神的顺序，原则上是古代的记纪神话中诸神的配置及序列。之前章节已探讨过相关内容。

另外，这里所说的神镇守的"国家"并不是指代抽象意义上的国土全境。神应守护的对象正如"镇护国内平安，救赐皇御孙之御体。常磐坚磐与日月共。夜护昼护"所知，从根本上浓缩为作为皇孙的天皇一人。古代神国思想的特质，第一是众神要维持天照大神为顶点的记纪神话序列，守护天皇。

此外，古代神国思想的另一特色即"神国"概念中不包含佛教因素。自奈良时代起，神佛之间的交涉便稳步进行。在前文告文中八幡神被称为大菩萨。另外，官寺僧主持宫中御斋会等佛教诸法会，对国家安全来说不可或缺。但另一方面，古代正式场合，神佛隔离[2]得到彻底执行，这在"神国"概念中也有所反映。

有关神宫关系记录的《大神宫诸杂事记》中有如下记述。

用明天皇。即位二年圣德太子与守屋大臣合战。其故者。太子修行佛法我朝欲弘法。大臣我朝偏依为神国欲停止佛法成。欲诛杀太子之命。尔时年十六岁也。乃合战之日。遂诛杀大臣毕。太子胜于彼战毕。于时以大锦上小德官前事奏官兼祭主中臣国子大连公差

---

[1]　都收录于《三代实录》中。

[2]　有关神佛隔离，近年出现了佐藤真人的详细研究(《平安时代宫廷的神佛隔离——围绕〈贞观式〉的佛法忌避规定》，《平安时代的神社与祭祀》国书刊行会，1986年；《大尝祭下的神佛隔离——其变迁的通史检讨》，《国学院杂志》91卷7号)。

敕使。令祈申于天照座伊势皇太神宫给。[1]

"神国"作为"佛法停止"的理由,基本上从《日本书纪》钦明纪中的佛教崇排论争记事中可以看出,是继承"我国家之,王天下者,恒以天地社稷百八十神,春夏秋冬,祭拜为事"[2]这一立场。神与佛本来是异质的存在,如前文强调是否是明显的对立关系姑且不论,至少两者应该相隔离,这一观念构成了古代神国论的一个基本框架。由于中宫以下出家,而感叹无人任神事的《权记》长保二年(1000)正月二十八日条"我朝神国也,以神事为先"[3]的记事、有关丰受宫颠倒的《春记》长历四年(1048)八月二十三日条"此国是神国也,本自不严警戒,只彼凭神助也"[4]的记述中可以看出,古代思想中将神国的实质限定在伊势的传统众神。

2. 中世的神国思想

在记纪神话的众神秩序的前提下,试图排除神国范畴中的佛教要素。如果视这一观念为古代神国观念的话,进入中世后神国观念又发生了怎样的变化呢?

在院政时期出现的新型神国思想中,神国并非是基于特定的一个或少数几个神的主张,而是关于存在于日本的诸神总体的理念。关于这一点,《古今著闻集》记述"凡我朝为神国,大小神祇,部类,眷属,权化之道,感应普遍相通之物也"[5];《私聚百因集》中记述"于日本国神国利生竭焉在。神达不知几百柱事云"[6]。此外,《神道集》中可以看到"我朝亦自本神国故,一百八十柱神始一万三千七百所等,皆利益目出在"[7];《八幡愚童训》中主张"于夫人界而来优于六趣,于神国所生事响彻四州

---

[1] 《群书类从》二,第 73 页。
[2] 日本古典文学大系《日本书纪》下,第 102 页。
[3] 《史料大成》四,第 108 页。
[4] 同上,七,第 112 页。
[5] 日本古典文学大系《古今著闻集》,第 49 页。
[6] 《大日本佛教全书》一四八,第 160 页。
[7] 东洋文库本《神道乐》(角川书店)第 22 页。

间。(中略)今此秋津岛,三千余社之神明,留迹于贵国,大小权实圣教广拓胜地也"[1]。

这些神大都在镇护国家方面承担着共同的使命。建仁二年(1202)的近江日吉大津神人等解记述"窃以诸社区区虽,镇护国家惟同"[2]。此外,《八幡愚童训》甲本中可以看到这样的内容,"三千余座之神祇,并百王守护之权扉,大小乘之佛法,传众生与乐之教迹。神明之拥护不息,佛陀之冥助无止。倾争神国,亡谁佛家"[3]。诸神在镇守国家这一点上拥有共通的志向,其中则包含了日本成为神国的理由。

这一理念强调众神守护国家,同时众神和谐共存,一眼看来似乎是对古代神国观念的原样继承。但当我们着眼于构成神国的每一个神与"镇护国家"的内容本身时,就会发现其已经与古代观念不同。关于前者,融入中世神国的众神,如前章所述,已经是打破律令制下的秩序体系,实现了自立,并上升为独自统治自己特定领地的人格神。

《吾妻镜》元历元年(1184)二月二十五日条中,赖朝有关朝务的言上条中有这样的记述,"我朝者神国也。往古神领无相违。其外今度始又各可被新加与"[4]。"神国"是涉及日本整体的概念,与此相对,构成"神国"的每个神所统治的土地被称为"神领"。而且"神领"并不是"神领地"等笼统的概念,而是可增加可削减、可用具体数值表示个别具体的领地。

另一方面,有关"镇守国家"的内容,众神应守护的"对象"在古代仅指天皇。但到了中世,天皇并不是"国家"本身,而只是其构成要素的一个而已(这一问题在第三节再作叙述)。

与古代神国思想不同,中世神国思想与构成神国的诸神观念相关,这是它的特质之一。其第二个特质是视各神为佛菩萨垂迹的本地垂迹思想

---

[1]　日本思想大系《寺社缘起》,第 209 页。
[2]　《镰仓遗文》三,1309 号。
[3]　日本思想大系《寺社缘起》,第 170 页。
[4]　新订增补国史大系《吾妻镜》一,第 104 页。

在背后起作用。

贞应三年(1224)的延历寺大众解中记述,"吾朝者神国也,以敬神道,为国之勤,谨讨百神之本,无非诸佛之迹"[1]。在蒙古袭来的危机中,鼓吹神国思想的东严慧安在愿文中记录道,"今日本国天神地祇以于正法治国以来,部类眷属充满国界,草木土地山川聚泽,无非垂迹和光之处"[2]。另外在《沙石集》中可以看到这样的记述,"我朝乃神国而掌大权。(中略)仍机感相应之和光之方便,祈申出离生死之要道"[3]。此外,在《耀天记》中也有如下内容。

> 夫日本国本神国成。国国里里。镇守明神鸟居显事。延喜式定被载数三千一百廿二所。承。一万三千七百余座申。夫愧说不承及。神神皆是本地。往古如来法身大士也。[4]

构成神国的日本众神皆是佛的垂迹,在这个意义上,神佛本质上相同。此时,两者已不被视为相互隔绝。

可以明确的是,这里出现的"神国"和"佛国"已经不是当初那种相互排斥的关系了。景徐周麟在《善邻国宝记》中记述道,"又问:既是神国,然录学佛者往来何也? 曰:未知神国之所以为佛国乎? 凡此国诸神,皆垂迹也。基本则三世诸如来,十地大萨埵也。(中略)神能如此归佛,非佛国而何耶"[5]。前文明确表示即使在寺社领地上佛土、神土相互对立,对中世人而言,在国家层面来看,神国与佛国可以毫无矛盾地共存。与试图从神国的内核除去佛教要素的古代不同,在中世,神国同时也是佛国。

综上可知,中世的"神国"是由佛菩萨垂迹的众神统治的具体领地(神域)集合而来。古代到中世的众神世界的变化,可以从记纪神话秩序

---

[1] 《镰仓遗文》五,3234号。
[2] 同上,十四,10558号。
[3] 日本古典文学大系《沙石集》,第64页。
[4] 《续群书类从》二下,第610页。
[5] 同上,三十上,第316页。

的解体及诸神的自立,以及神向佛教世界的融合这两点来把握。这一变迁在神国观念中直接体现出来。众神独自统治具体领地,用利益回馈人们祈愿的同时,也是严惩干涉者、侵犯者的人格神。因此,围绕相互权益、寺社领的归属等问题,个别佛神间也存在尖锐的对立关系。但谈及由众神所构成的神国时,神不再被视为因各派利害而进行赏罚的存在。它们在奉戴天皇、镇护国家这一点上有相同的责任。

在中世,各权门寺社在世俗、宗教两界疯狂扩展自己的权势,其结果就是众神世界迎来了下克上的战国时代。在这种状况下,高扬神国观念,强调诸神一致守护国土、守护国家,让人感觉其背后有某种政治上的意图。关于这一点,会在下一章论述。

3. 边土意识和神国

本节旨在说明中世神国思想的结构性特质。之前关于神国思想的研究,形成了一个普遍的观点,那就是神国思想是在平安后期广泛传播的佛教世界观的基础上,以末法边土意识为前提,却又为克服这种佛教的边土意识而提出的一种见解。[1] 这种见解背后,认为"神道"和"佛教"性质截然不同,在前者"反对"后者的逻辑中,对神国思想的兴盛进行定位。

对上述说法进行再探讨之际,我首先对立论的前提,即平安末期末法边土的危机意识广泛传播,上上下下无论贵贱对五浊恶世的到来感到害怕这一说法提出疑问。当然,日本是远离阎浮提中央的东方"粟散边土",这是自古以来的常识。[2] 在同时代,佛灭后经过漫长岁月的末法时代出现五浊恶世,是 12 世纪以后社会的普遍观念。[3] 尽管如此,无论是边土思想还是末法思想,在宣扬的时候都并未只宣扬末法边土中诞生的谛观和绝望。相反,通常情况下,作为其相对而生的问题,在末法边土世界需

---

[1]　例如古川哲史《神国思想的形成与展开》(《日本思想史讲座》三,雄山阁,1976 年)、成泽光《"边土小国"的日本——关于中世世界像的一侧面》(《政治语言——围绕意思的历史》平凡社,1984 年)、大隅和雄《神国思想》(《国史大辞典》吉川弘文馆,1986 年)等见解。

[2]　有关古代、中世的边土思想,参照石田一良《〈愚管抄〉的成立及其思想》(《东北大学文学部研究年报》17 号)、成泽光上揭论文(本页注 1)。

[3]　围绕末法思想,以数江教一《日本的末法思想》(弘文堂,1961 年)为代表,已积累了丰富的研究。

要何种行动、何种救赎,被广为述说。换言之,末法边土意识的流行并没有导致旨在克服其不利影响的净土教等教派的兴盛,而是作为与末法边土相适应,出于宣传特定佛法的合理化需求,强调末法边土的可恶现实。[1]

神国思想和末法边土意识的关系,看起来也是同一种构造。

> 释尊灭后,二千余年,去天竺事数万里,仅给予圣教传,正像过,行人叩,其余未尽。在此,诸佛菩萨,恶世众生边卑生。无佛世间万事不成,为得我等机会,不惜成鬼神。跟随恶魔,守护佛法,奖罚分明,给予信心。这样,利生方便的睡时也可发生。其中,我如国,神明无助,人民幸福,国家安定。即使小国边卑,国力衰弱,人心愚钝。[2]

上述内容是《发心集》中的一节。讲述的是因为日本众生能力弱,是末法时代的边土粟散国,佛显现为神的姿态引导世人。这里引用上节第 4 项《沙石集》中的一文《耀天记》的内容:

> 实日本国小国。小国出世成道地。小根薄善人。浅近钝味族集所。说法教化器。样替神现。不净诚不信惩。懈怠、精进。信不信付赏罚正。现世后生愿满思也。[3]

在这些史料中,构成神国的各神垂迹,成为末法边土的必然归结。这样一来,就意味着基于本地垂迹说,末法边土意识被理论化地纳入中世神国思想之内。[4] 也正是因为日本是边土恶国,佛必须作为具有强大威力的神

---

[1] 有关这一问题有必要另撰文详细论述,与此相关联,末法思想被显密佛教所利用,并对其活性化有很大贡献。平雅行的研究被广泛关注(《末法·末代观的历史意义》,《日本中世的社会与佛教》塙书房,1992 年)。

[2] 日本古典集成《方丈记·发心集》,第 382 页。

[3] 《续群书类从》二下,第 611 页。

[4] 高桥美由纪在石田一良研究(《时机相应的逻辑——最澄与法然、亲鸾之关联》,《日本净土教史研究》平乐寺书店,1969 年)的基础上指出,与镰仓新佛教相同,神国思想也是以末法边土作为认识之前提,并将其视为应当克服的问题而逐步形成的(《中世神国思想的一个侧面》,《东北福祉大学纪要》9 卷 1 号)。

出现。正因为是末法边土,依赖那些应机而变的诸神才是获得救济的最短路途。从这种理论看,若没有末法边土的主张,就不会强调神国。末法边土思想是中世神国思想一个不可缺少的因素。

继嘉元二年(1304)的奇端描写后,接下来《春日权限验记》中的一节也清楚地展现了上述末法思想和神国思想间的关系。

> 凡我朝为神国宗朝社稷三千余座。各记现各自利益。听闻都觉不可思议。这实如岁寒然后知松柏也。忠臣为国做事。时末代属人为谤曲。为不信众生揭焉化仪。[1]

这个理论强调末法边土必然导致应运而生的救济之神威力上升。反之,为宣扬神的威力,就要凸显末法边土众生的恶劣程度。在中世,神国和末法边土绝对不是相矛盾的概念,两者之间也有着密不可分的联系。

具有上述结构的中世神国思想,决不是视佛教为对手并与之对抗。相反,以佛教的世界观为前提并包含于其中的中世神国思想,是在佛教向日本浸透过程中建立起来的。[2]

三、神国思想的历史意义

1. 神国思想的位置

我们在前节讨论了神国思想的特质。本节中我将论述神国思想在中世所起的作用,并结合其历史脉络对其进一步思考。

视日本为神国的理论在中世的各种史料中都可以看到,但较为突出的、从特定立场相对完整地进行表述的事件是:A 院政时期的寺社争论及强诉、B 对异端佛教的排击、C 蒙古袭来。下文将围绕这三个事件不同

---

[1] 《群书类从》二,第56页。
[2] 黑田俊雄提出伊势神道与本觉思想论理的一致,并得出结论,伊势神道是"在日本中世本觉思想高扬的风潮下出现的理论"(《中世显密体制的发展》,前揭书第215页注3)。

的情况,具体探讨神国思想的表述具有怎样的立场,有着怎样的意图,又在客观上发挥了怎样的作用。

A. 寺社相争与强诉

保安四年(1123),白河法皇因僧众扛着日吉神舆、接连不断的山门强诉而倍感困扰,于是向石清水八幡宫社上告文[1]以祈求镇压恶僧。在告文中,白河法皇首先向神表达了感谢,感谢保佑自己作为"三代帝王父祖"顺利度过七十岁,之后叙述了当时众徒的情况,"世及浇醉人少贞直,诸社诸寺神民禅徒等,不善之事旁有其闻,就中,天台众徒诉讼恶行,遂年随日绵连无绝,偏崇彼宗,多依申请裁许之间,弥以积习,滥吹尤甚"。然后对八幡大神叙述:"抑我朝神国,镇守圣愿长垂无穷,神不享非礼,恣以非道致诉党类,纵成忿恚,岂有受用哉,然则施冥鉴加神力,如此众徒中暴恶辈令征肃,无事,无故,令有给,所念",祈求镇压僧徒并护佑国土安稳。

这里仍需我们注意的是,白河院只是否定恶僧所掌权的山门,并非祈愿根除佛家,正像告文中所说,"大神此状平安闻食,朝廷威振,僧徒心相平,真言止观道,共天地久盛,修习练行辈,积夏葛常住,九禁居北辰之辉惟穗,两院砌南山寿不骞,又甘雨忽注国土丰饶,宿雾冰敛遐静谧,恐恐申给申",试图通过"平复"僧众的内心回归山门本来的面貌,通过神力实现"国土丰饶"。

与此相同的理论,还可以在天永四年(1113)鸟羽天皇为"停止各处神人众徒等滥行"而呈给石清水的宣命[2]中看到:

> 我朝,神道祐其国,释家留趾地,神威依皇威施威,神明引皇明增明,神自不贵,依人贵,教自不弘,依人弘,神人滥行见,万人切齿,众徒威势闻,四海反唇,内教凌迟,职此由。

站在这一立场,哀叹兴福寺、延历寺神人众徒暴行的宣命最后写道:

---

[1] 大日本古文书《石清水文书》一,8 号。
[2] 同上,18 号。

　　大菩萨此状平闻食，神人滥行永停，禅侣恶事忽罢，社坛静，蒸尝永久钦，精舍弥平，显密学中兴，天朝朝廷宝位无动，常磐坚磐，夜守日守，护幸赐，天下太平，寰中安稳，护恤给，恐恐申赐申。

鸟羽天皇祈祷他们停止"滥行""恶事"，希望显密之学兴隆，实现"天下太平""寰中安稳"。

　　此外，嘉贞二年(1236)，针对石清水、春日社的纷争而出具的藤氏长者宣写道：

　　我朝者神国也，天照大神，以皇孙定象中制御之王，八幡大菩萨者，禀余裔，而为国之宗朝，春日大明神者，起殿内防护之誓，为家之宗社，通三储贰之君出自我家，一日万机之政，属于我家，君臣全体之义，不相忤者钦，众徒纵虽知我神之为我神，争不忆宗朝之为宗朝哉。[1]

此文谈及神代的天照、八幡、春日三神之约，要求兴福寺、春日社停止敌对行为达成和解。

　　自院政时期至镰仓初期，南都北岭寺社势力的强诉与争论到达了顶峰。因为权门寺社作为中世国家精神支柱，发挥着护国功能，所以当诸寺社卷进这场纷争时，给社会带来了动摇根基的危险。实际上，藤原定家在前文兴福寺、石清水的争论中断言"事到如今国家灭亡可期"[2]。因此在朝议上，寺社的强诉被视为"国家大事"，应最优先处理。[3] 此外，在

---

[1] 《镰仓遗文》七，4912号。

[2] 《明月记》嘉祯元年十二月十七日条。

[3] 坂本赏三《藤原赖通的时代》(平凡社，1991年)。另外，院政期间除强诉外，还在以下情形中提及神国，如上皇不豫(《白河上皇御告文》，《石清水文书》一，3号)，中宫、女御等宫人怀孕(《白河上皇御告文》同上，7号)，为平定贼徒的官军出征(《大神宫奉币宣命案》，《平安遗文》八，4086号)等。这些都不是个别权门领主所面对的问题，而是围绕天皇、上皇的"国家大事"，或是按照此"国家大事"之标准来处理的事件。

保元之后的新制中,寺社的统制及其再编成为最重要的课题。[1] 如此,中世成立期的神国思想在这样的历史脉络中,成为以院及其周围的统治者阶层站在国家角度,呼吁克服权门寺社间的私党对立,实现融合共存的主张。

B. 排击异端

自 12 世纪末起,随着专修念佛及禅宗的相继兴起,传统佛教中出现了激烈的反对声音。由于显密佛教构成庄园制统治体系的意识形态基础,所以在之后的半个世纪,两者之间展开的激烈相争不仅局限于教理层面。特别是专修念佛的传播从根本上可能削弱显密佛教的意识形态的功能,对于显密佛教及其背后的统治者来说,是关系到既有体制存亡的问题。[2] 正因如此,专修念佛没能逃过国家权力支持下的无情压迫。

贞永三年(1224),在要求停止专修念佛的延历寺的解状中,专门有"一向专修党类,违背神明的不当之事"一节,并有如下叙述。

> 右,吾朝着神国也,以敬神道,为国之勤,谨讨百神之本,无非诸佛之迹,所谓伊势大神宫、正八幡宫、贺茂、松尾、日吉、春日等皆是释迦、药师、弥陀、观音等之示现也,各卜宿福之地,(中略)而今专修辈寄事于念佛,永无敬神明,既失国之礼,何无神之咎,当知有势之神祇,定回降伏之鬼魄矣,又案大集经等说,佛以一代圣教,付属十方灵神,即奉佛敕,镇护法宝,事故若受持经教者必卫护,又生诽谤者定与楚毒,彼谤法者,其报可知,就中闻凶徒之行仪,食肉味以交灵神之瑞篱,触秽气以行垂迹之社坛,即是十恶五逆,尚预弥陀之引接,神明神道,争妨极乐之往生乎,有心之人,盖诚此言,正犯神国之法,宁避王家之刑哉。[3]

---

[1] 田中文英《后白河院政期的政治权力与权门寺院》(《日本史研究》250 号)。

[2] 在从这一视点解明专修念佛历史意义的研究中,有平雅行《法然的思想构造与其历史地位》、《专修念佛的历史意义》(前揭书第 232 页注 1)等。

[3] 《镰仓遗文》五,3234 号。

日本之所以成为神国，是由于追寻作为佛圣之本地垂迹的诸神的降临。基于该中世神国思想，此奏状批判专修念佛不敬神祇的态度"有失国礼"。并进一步指出，念佛者不畏神的恶行是"毫无疑问地违背神国之法"，要求国家予以惩罚（王家之刑）。

元久二年（1205），兴福寺奏状中也设有"违背神灵之失"一节，从同样立场批判了念佛者对神祇的不拜不敬。[1] 另外在文末写道，"末世沙门，勿论敬君臣，更何况神灵"，强调对国王及神灵的礼拜同等重要。奏状本身看不到神国的词语，日莲概述了奏状的内容，并在开头加上了"神国"，写道：

一　蔑如灵神事

右我朝本是神国也，百王承彼苗裔四海仰其加护。而专修之辈永不别神明，不论权化实类，不恐宗朝祖社。若凭神明堕魔界，于实类鬼神者置而不论欤。至权化垂迹者既是大圣也，上代高僧皆以归伏（以下略）[2]。

旧佛教以神国为依据，还抨击当时随专修念佛而急速兴起的另一宗派——禅宗。[3] 高举神国旗帜批判专修念佛及禅宗的不敬神祇，成为显密佛教的惯用理论。

C. 蒙古袭来

文永五年（1268）蒙古国书的到来让朝廷、幕府感到了前所未有的危机。对寺社下达异国降伏祈祷命令的使者、奉币使接连不断，[4] 许多东国武士也赶赴九州。[5] 在这种骚乱中，神国这一词汇开始出现在史

[1]　日本思想大系《镰仓旧佛教》，第 313 页。
[2]　《昭和定本日莲圣人遗文》三，第 2260 页。
[3]　《野守镜》《天狗草子》等。
[4]　相田二郎《蒙古袭来的研究》（吉川弘文馆，1957 年）。
[5]　蒙古袭来与异国调伏祈祷以及围绕其相关的神国思想的研究史，在川添昭二《蒙古袭来研究史论》（雄山阁，1977 年）中有详细介绍。

料中。

菅原长成起草的给蒙古返牒中写道：

> 凡自天照皇大神耀天统，至日本今皇帝受日嗣，圣明所罩，莫不属左庙右稷之灵，得一无贰之盟，百王镇护孔昭，四夷之修靖无紊，故以皇土永号神国，非可以智竞，非可以力争，难以一二，乞也思量。[1]

此外，东严慧安所著蒙古调伏愿文中，有以下一段。

> 一会大众各各至诚一心清净，诵经诵咒，降伏怨国，应荡恶心，大众专心行业成就，怨国之中天变地移，日月星宿失时失度，恶风恶雨恶雷恶振，破坏其国，呵责非例，降伏皆归本朝神国，天下泰平，诸人快乐。[2]

另外在《八幡愚童训》甲本中记述道：

> 夫秋津岛，五畿七道悉为行云行雨社坛，一人万民皆天神地神之御子孙也。离大梵天王之统御，与中华异域相接离。虽三韩归此土，吾朝为属他国。三千余座之神祇，并百王守护之权扉，大小乘之佛法，传众生与乐之教迹。神明之拥护不怠，佛陀之冥助无止。倾争神国，亡谁佛家。[3]

强调了日本的不可侵犯。

镰仓后期庄园制统治呈现出深刻的矛盾。伴随着庶流分立，所领、职

---

［1］《镰仓遗文》十四，10571 号。
［2］ 同上，10558 号。
［3］ 日本思想大系《寺社缘起》，第 170 页。

位的分散化,围绕所剩不多的利益,权门间的斗争更加尖锐。[1]　此外,在与蒙古的战斗中被动员的武士们也绝对不是因为民族意识、"爱国心"等原因才上战场,而是关心直接与自己相关的恩赏、利益等。[2]　在这种状况中宣扬的神国理论,通过将面临各种问题与矛盾的现实日本视为"神国"并与蒙古对峙,催生人们直面国家危机的自觉,并试图动员人们克服这一危机。

2. 作为意识形态的神国思想

前文通过寺社强诉、排击异端、蒙古袭来这三个事件考察了神国思想。一直以来,对中世神国思想的高扬与对外危机,特别是蒙古袭来的关系等研究较多。研究认为,前所未有的外国入侵让日本人意识到自国的独特性,提高了他们的神国意识。但正如上述研究证明,中世神国意识绝对不是蒙古来袭之时才出现,从中世成立期开始,神国意识已经存在。

如果神国意识高扬的第一要因不是对外原因,那么原因何在呢?这一问题的线索在于,前文三个事件不管哪个,都不只是影响中世国家个别权力的问题,而是关系到国家存亡的根本问题。

首先,关于寺社的强诉与争论,正因为宗教权门与朝廷或者宗教权门内部各派等当权者之间存在争执,一步失误便有可能直接导致国家体制的崩溃。不断挑起纷争的寺社权门本该是中世国家的精神支柱,应该承担维护国家的使命,但它们只基于一己之私或派系利害而采取行动,引起社会混乱,使局势变得更为复杂。因此,应怎样统御寺社势力,将其统合至统治体制内,对于中世成立期的国家而言是最大的课题。

其次,因为专修念佛等异端的兴起,使成为中世统治思想意识形态核心的显密佛教的功能弱化,有可能从根本上颠覆国家秩序。专修念佛不

---

[1]　市泽哲指出,在镰仓后期出现了都市领主的所领保护在职体系的动摇与权门内部的对立,这带来了治天的君权力的向心化。(《镰仓后期的公家政权构造与展开——向建武新政的展望》,《日本史研究》355号)。此外,海津一郎明确指出,同时期的领主阶级中的职的细分化与对立促进了得宗·治天权力的专制化,与政策敌对的人被指为恶党(《中世的国家权力与恶党》,《历史学研究》646号)。

[2]　黑田俊雄《中世国家与神国思想》(前揭书第215页注3)。

仅受到思想层面的批判，整个显密佛教发动国家权力对其进行打压的理由，也在于此。

毋庸置疑，蒙古袭来让日本整个统治阶层感到了前所未有的危机。从朝廷、幕府命令寺社祷告的次数或向神社奉币的数量上都可以看出其受到冲击的程度。但是，这一时期统治阶层面临的不仅是对外问题。随着镰仓后期所领、职的分散化，权门领主间的对立变得更加尖锐。公武权力以蒙古来袭造成的危机感，倡导神国思想，试图借此消除社会矛盾。[1] 镰仓末期公武协调下的振兴神领、实施德政正是这一政策的具体化。

如前所述，神国思想本是视日本为诸佛垂迹、众神镇守之圣地的一种宗教思想。但当我们看到，统治者以"国家大事"之名宣扬神国思想时，便知其担负了政治意识形态的功能。即在诸权门领主相互矛盾、不断分掌国家权力的中世，当诸权门意识到庄园制秩序面临解体的威胁与危机时，神国思想在意识形态上，使他们意识到自己是国家的当权者，让他们发挥调解问题的作用。神国思想虽然承认社领的本源主权者、守护者是独立的众神，但并不是具体的个别神而是众神的总体。此外，众神的加护也并不是对特定的权门及当权者，而是对以天皇为顶点的整个统治阶层。与神国思想肩负的上述功能对应。

但在中世，尤其是其前期及后期，对神国思想而言，直接约束被统治者意识的功能仅居其次。自古以来，神国思想是中世"正统的意识形态"的说法频繁出现。此外，作为其前提，有许多研究指出神国思想其实已经渗透到民间并影响着其意识。[2] 但是，某一思想被扩展开来与某一思想因特定阶层的推动而向一定方向扩展是不同层次的问题。在我看来，支配中世民众的核心理念，是君临庄园的各佛神相关的"佛土""神土"理论。[3] 作为意识形态的神国思想，拥立个别佛神执行统治权力，但当遇到靠一权门无法解决的问题，或遭遇体制整体的危机时，便担负了促进各

[1] 海津一郎前揭论文（第 239 页注 1）。
[2] 村井章介《有关中世日本的国际意识》（前揭书第 215 页注 4）。
[3] 本书第三部第一章。

权门融合与协调的作用。

3. 神国思想与天皇

之前的研究表明,神国思想具有两个方面,即① 拥护神明、② 神孙为君这两点。[1] 关于①在论述神国思想的中世特质内容时已经涉及。有关另一方面的神孙为君,我避开了对作为神孙的天皇君临的说明。这在我之前论述的中世神国思想中应该怎样定位呢?

在思考这一问题时首先必须确认的是,神孙为君在中世神国思想中,从理论上讲并不是核心要素。[2] 在古代,与以天皇为中心的集权国家构想并行,也形成了以天照大神为至高神的神之序列,因此作为神孙的天皇的正当化、神圣化在意识形态上以主张神国为目的。换言之,如果抛开天皇的意义,则古代的神国思想不可能存在。但在中世,宣传神国思想的第一意图并不是天皇权威。相反地,是将天皇作为其中一环,将中世的整个统治秩序合理化。在古代,天皇就是由神守护的"国家",在中世天皇并不是"国家"全体,而只是其中一个要素而已。

虽然神孙为君论没能占据中世神国思想的核心位置,但并不否定天皇是神孙,也不否定天皇作为国王的地位。[3]《神皇正统记》的开头写道,"大日本乃神国,以天祖始开基,传日神之统"[4],虽然强调神孙君临是神国根基的研究不多,但确实存在这种观点。此外,在宣扬神国存在的根本在于众神加护时,不能无视屡次强调"圣朝安稳""百王守护"的事实。在强调神国,尤其是鼓吹作为意识形态的神国时,与之相伴的天皇形象应该怎样理解呢?

---

[1] 田村圆澄《神国思想的系谱》(前揭书第 215 页注 2)、黑田俊雄《中世显密体制的发展》(前揭书第 215 页注 3)、佐佐木馨《神国思想的中世展开》(大系·佛教与日本人《国家与天皇》春秋社,1987 年)等。

[2] 从本书中引用的史料可知,没有谈及中世的神国思想中天皇、神孙的君临内容的史料较多。另外从神孙这一点来看的话,万民提到"神孙""神胤"的例子屡次被看到(《八幡愚童训》甲本,日本思想大系《寺社缘起》,第 170 页。《广濑社缘起》,《群书类从》二,第 84 页等)。其中表现中世神国思想的天皇相对化的是一例。

[3] 本书第二部第三章。

[4] 日本古典文学大系《神皇正统记·增镜》,第 41 页。

在思考这一问题时,我们有必要重新思考中世天皇的地位及功能。中世时期天皇家与摄关家、大寺社一样,是以庄园统治为基础的私有权门。各权门势家分别是独立程度很高的庄园领主,同时也是统治阶级的利益共同体。因此,有必要经常协调、统合统治阶层内部。在权力分化不断发展的中世社会,分权越发展越要预防无政府状态的出现,因此调整权门之间的利益分派与维持庄园制秩序都是重要的课题。

在诸权门之间实行分别掌管国家权力也是因为这一原因。[1] 而且天皇家负责为国家政治制度的顶点培养国王。[2] 天皇看似失去了政治实权,但依然处于国家制度的顶点,掌握节会、叙任、除目等官僚体制核心权力。这不仅是继承自古代以来的天皇传统职责,也是需要这一官僚体制的全体统治阶级的要求。

因此,天皇位的消失不仅仅是一大权门的没落,还意味着统治阶级失去总体向心力及调停者。反过来说若想维持庄园制统治秩序,就必须在表面上拥护作为体制结点的国王(天皇)。在这一逻辑下,不管天皇是否有实权,统治体制的矛盾与危机越强,统治阶级就会更加加强天皇的权威。在强调神国思想的一系列文脉中,统治秩序的安泰用"圣朝""百王"的安稳替代,宣扬天皇作为神孙的权威,[3] 既不是为了歌颂天皇神圣永续,也不是为彰显古代以来天皇权威、约束力之强。中世的天皇作为统治秩序安稳的象征,得到全体统治阶级的拜奉是必然的结果。

因此,虽然天皇在中世的神国思想中被赋予了特别的地位,但客观上其地位与古代形成了鲜明对比。天皇一旦被贴上"不能扮演好国王职责极度愚蠢之主""从根本上改变统治秩序的危险人物"等标签,就会一反常态对天皇动用帝德论、佛法王法相依论,更甚至于"我朝乃神国也。

[1] 黑田俊雄《中世的国家与天皇》(前揭书第215页注3)。

[2] 黑田俊雄《中世天皇制的基本特征》,(《现实中的历史学》东京大学出版会,1977年)。

[3] 有关中世皇位的神秘化、神圣化问题,近年,黑田日出男《笼闭、包裹、隐藏——关于"王"的身体》(《王的身体、王的肖像》平凡社,1993年)、佐藤势纪子《〈增镜〉的皇位继承观——围绕三种神器》(源了圆、玉悬博之编《国家与宗教》思文阁,1992年)等进行了论述。

(中略)所谓王法之王法,拥护神力也"[1]等神人相依论的诸理论,弱化天皇的权威并毫不留情地对其进行批判,甚至公然说出失势、夭折、堕地狱等。[2] 作为统治机构的天皇制本身的合理化、对逃脱责任的个别天皇无情的批判——我们从中看到,古代时期天皇制是目的,与此不同,中世天皇已转化为维持体制的手段。对中世天皇的神圣化及弱化等错综复杂的言说,只有在考虑到当时天皇被置于的这种状况时,才能理解其全部含义。

结语

在本章最后,我想梳理一下主要论点。

第一点,有关神国思想理解方法的问题。迄今为止有关神国思想的研究有了一定成果,但很难说已充分理解了神国思想的特质及变化。其原因在于,欠缺从宗教史、社会结构、世界观的变化上把握神国思想并对其定位,或做得不足。因此本章试图追踪自古代到中世,社寺存在形态及世界观等整体的动向,在此基础上把握古代、中世神国思想的特质。另外,与以记纪神话中众神的序列为前提、与试图从神国实质去除佛教要素的古代理论相对,中世诸神超越古代神的序列,寻求独立与提高地位,但又再次进入佛教世界的秩序,实现与佛土共存。这是中世神国思想的特质。

第二点,之前的研究普遍认为,中世神国思想反对末法边土意识的佛教世界观,高扬神国理念。我这样理解中世神国思想的特质,是对之前定论提出质疑。神国理论纳入佛教理念的中世,构成神国的众神均为佛之垂迹。日本正因为是末法边土,所以佛必然会以神的姿态现身。在主张神国理念之际,末法边土思想已成为不可或缺的前提。在这一意义上,试图与优越的佛教理念对抗并力图摆脱佛教理念,强调其非佛教的理论的

---

[1]　岩波文库《撰集抄》,第 274 页。
[2]　围绕天皇权威的相对化,天皇堕地狱等问题的研究史与我的见解均在本书第三部所收的各论考中有论述。

观点是不恰当的。与之相反,神国思想是在中世佛教的稳定、佛教世界观的渗透,以及其影响力的深化中孕育出来的。

第三点,有关神国思想的历史意义,它是中世国家的正统意识形态。之前已经有这种观点。我认为,作为政治意识形态的神国思想在分权化发展的中世,超越了个别的利害关系,关乎国家统治秩序的危机到来时,它作为统治阶级整体的向心力理论发挥作用,而不是直接动员民众。这一点我已经论述过。中世民众的意识形态是拥立个别佛神的"佛土""神土"理论,神国思想发挥了隐藏大肆宣扬这些理论的权门领主之间矛盾的功能。神国思想虽然包含对外观,但对外国又只有极其抽象的概念,这是作为意识形态的神国思想所担负的功能所决定的。

第四点,神国思想与天皇之间的关系问题。迄今为止屡次出现的神国思想,是将神国日本与天皇无条件神圣化的理论。古代神国强调天皇作为"现人神"的意义。与此不同,中世天皇转化为维持统治秩序的手段。作为神孙的天皇的神圣化已经不是神国思想的最终目的。于是,因神国思想而被庄严化的天皇,一旦脱离作为中世国家机构的功能,就会被弹劾,甚至天皇的交替也被视为理所当然。

本章是对中世神国思想特质及历史性意义的粗略描述。有关本章总体构想及各论点,今后还需要更具体的探讨。与此同时,有关中世后期神道论的"神国"、神国思想向近世的发展等许多课题值得进一步研究。

第二章　忿怒之神与普度之神

序言

从亚洲大陆传来的佛教在与日本的众神相遇时,两者是以怎么样的形式相互联系,又使得各自的观念与仪式产生了什么样的变化呢?——神道教与佛教的交流不仅是宗教史层面上的问题,它还是研究日本人对异文化的接受、包容等问题的范例,迄今为止已经吸引了很多研究者的关注。

一直以来,研究者们针对这个问题的研究主要是从教义与思想的层面探索神佛习合[1]理论的发展过程。即神佛交融史被设想为外来之佛与土著之神深化结合的历史,经历了神佛集合→本地垂迹→反本地垂迹的过程(关于神佛交融史,在山折哲雄的《古代日本的神佛关系》[2]、林淳的《神佛习合研究史笔记》[3]中有详细的记录)。

然而,以这样的视点来研究神佛交流也会出现难以把握的问题。例如在某一个特定的时代,神与佛是保持什么样的关系实现共存的? 以往的研究主要着眼于时间维度上神佛交流的过程,而在探究共时层次两者共存的结构时,却总是一笔带过。

阐明神佛共存的结构,换言之就是要理清神道教与佛教的宇宙论。可以说这是在最根源层面剖析某个时代中人们的世界观与心性。在本章

---

[1]　神佛习合,将日本本土的信仰和佛教折中,再习合形成一个信仰系统,一般指的是日本神道和佛教发生合一的现象。(译者注)
[2]　《东北大学文学部研究年报》29 号。
[3]　《神道宗教》117 号。

中笔者将从中世的本地垂迹这一视点出发,研究神与佛之间的交流问题,并尝试构建描述神佛整体的结构图。

在研究中世神佛的宇宙论时,首先就是史料的限制性问题。在中世,普通民众一般不会将自身的信念系统地记述下来,因此我们无法找到相关史料。若是著名思想家的相关史料,在某种程度上还可以找到。但是思想家的级别越高,其思想与同时代平均理念的差异就越大。记述的内容跨越阶层的限制,且在某种程度上能够清楚地反映中世时期神佛相关的理念和世界观,这样的史料是否真的不存在呢? 当我思考这一问题时,脑海中浮现出了起请文。根据佐藤进一的定义,起请文是指"记录了宣誓文字相关的宣誓书,且保证宣誓的内容绝对真实,如果出现错误(即违反誓言之时),神佛会凭借咒术的力量使发誓人自身受到惩罚"[1]。关于起请文的起源虽然众说纷纭,但是在 12 世纪起请文已经具备了完整的形式。在整个中世时期,起请文的数量已经相当庞大,从上流贵族、上层武士到僧侣、庶民,起请文的作者不限身份、职业和性别,因此,通过对起请文中被劝请的神佛的名称、排列,以及写作者对于那些超脱者所持观念的分析,就可以探索出中世人共有的冥界宇宙论的结构。

迄今为止,起请文主要受到日本史研究者的关注,他们从民众史与意识形态论的观点出发,提出了很多敏锐的分析(如河音能平《王土思想与神佛习合》[2]、千千和到《中世民众的意识与思想》[3]、入间田宣夫《百姓申状与起请文的世界》[4]等)。然而,现在几乎没有可用于研究神佛交融史这一问题的素材。我们就只能依靠模糊的判断,展开起请文的研究。

---

[1] 《古文书学入门》,法政大学出版局,1971 年。
[2] 《岩波讲座日本历史》古代四,1976 年。
[3] 《一揆》四,东京大学出版会,1981 年。
[4] 东京大学出版会,1986 年。

一、神之角色、佛之角色

笔者方才介绍了佐藤进一对起请文的定义。不知大家是否还记得其中"神佛会凭借咒术之力"一句？关于这点，荻野三七彦也写道"向神佛宣誓的语言可以叫做起请或誓词，将其记录下来的文书则可以称为起请文或宣誓书"[1]。借神佛之力来进行自我诅咒，是起请文中不可缺少的要素。

然而，笔者在这里产生了一个简单的疑问，起请文是请求"神佛"降罚，然而当我们实际看过起请文之后，却会发现其中神祇相关的记载占据了绝大部分篇幅。佐藤进一在《古文书学入门》中的《杂笔要集》部分收录了起请文的典例，我们从降临的神明中也没有发现关于佛的记述。为什么不是佛而是神呢？

在这里必然会产生如下推理。如果起请文中只能罗列诸神的名字，是不是就意味着在中世只有神明才能降罚呢？也就是说，神与佛之间存在着某种功能的分化，而这种分化体现在所列出的被劝请的神明名单上。

带着这个问题来看中世的史料时，笔者发现了很多符合神佛角色分担这一假说的记载，例如藏王权现[2]在吉野垂迹的逸闻。这个逸闻是说恰逢佛在日本垂迹，他听从了役行者[3]的建议接连不断地变幻姿态，最终选择了藏王权现的形态。《沙石集》在这则逸闻后记述道：比起"和蔼"的佛菩萨，姿态可怕且"赏罚分明"的化身更加能够得到日本人的信仰。[4] 此外，在《发心集》中可以看到如下记述：为了拯救在恶世的边境之地生长的人，佛菩萨会故意以鬼神的形象示人，即"一面跟从恶魔，一面

[1] 《起请文》(《国史大辞典》吉川弘文馆，1984年)。
[2] 藏王权现，日本金峰山寺藏王堂本尊。传为役行者于金峰山修行中感悟而成的降伏恶魔的菩萨。表现为右手持三钴杵，右足抬起的愤怒相。(译者注)
[3] 役行者，日本奈良时代咒术师，修验道的创始人。在大和葛城山苦行修道，开金峰山寺。传言因他人谗言而被流放到伊豆。后世颇多有关他的传说。(译者注)
[4] 日本古典文学大系《沙石集》，第66—67页。

又遵守佛法,赏罚分明"[1]。

也就是说,在末法[2]时期处于浊恶之世中边境之地的日本,人们并不会听从面相柔和的佛之所言。因此佛就化身成了兼具强大赏罚之力的神的形象,即以所谓的给一鞭子再给一颗糖这样恩威并施的方法来教化众人。上述言论的逻辑就是站在这样的立场上形成的。

由此我们能够想到的与之相关的记述如下:在吉野参拜神社途中做了不净行为的僧侣所说的"垂迹之前明知事态之严重却仍然去做,则会蒙受神罚"的话[3](《沙石集》),以及《粉河寺缘起》中的"即便化身的神明会降下剧烈的神罚,但其仍旧有着大智慧大志向的慈悲"这一句。[4]"神剧烈,佛慈悲""佛主普度,神主刑罚"这样的看法,已经成了中世人普遍的观念。

有关这一点笔者想再补充一些史料,广为人知的森鸥外的《山椒大夫》是以讲经曲《山椒太夫》中的内容为原型创作的。厨子王丸好不容易从山椒大夫的奴隶劳动中逃脱出来到达了丹后的国分寺。但是,追他的人也紧追不舍,藏匿厨子王丸的寺僧被迫立下誓文以示自己不知道厨子王丸所在何处。

无奈的寺僧,拿出了以"华严、阿含、方等、般若、法华涅槃"为代表的七千余卷经书,然后立下"愿受神罚"的誓言。然而太夫并没有接受这个誓言,说了一句"誓文应该是请求日本国各种高位大神与低位小神降临,正是使人害怕这点才能使誓文发挥作用",并要求寺僧立下让日本神明降临的起请文。[5] 誓文中降临的神明,必须是日本诸神。

接下来是《今昔物语集》中所收录的一个传说。药师寺的主佛因为十分灵验而广为人知。有一次用于修缮寺庙的木材被国司没收,于是不

---

[1] 日本古典集成《发心集》,第382页。
[2] 末法,三时之一。佛教认为释迦牟尼死后分为三法时期中的最后一期。被认为是佛法衰落,在教、行、证中唯剩教法,既无修行又无悟道的浊世。时限为1 000年、1 500年或2 000年。
[3] 日本古典文学大系《沙石集》,第68页。
[4] 日本思想大系《寺社缘起》,第58页。
[5] 东洋文库《说经集》,第26页。

知所措的寺僧就开始在镇守之神八幡神像前进行百日仁王讲,结果国司就跌入了吉野川中溺水而亡。寺僧们说这是"八幡之罚"[1]。在这个故事中也可以看出,明明是对于佛的不敬,直接降下神罚的却是八幡神。

还有另一则史料。以下是道助亲王起请文的一部分:

> 敬启真言教主大毗卢遮那、金刚胎藏两部界会诸尊圣众,尤其是三世佛母大孔雀明王、守护门迹之护法诸天,以及付法相承八大师等……
>
> 虽为门徒之人但并不敬畏佛界之知见,若违背起请之遗词,将此佛经佛坛佛具献于他人,应让其永不为门徒,金刚天等之护法善神,必将迅速降下证罚,让其失现当之利益。[2]

道助亲王最先是请真言教主毗卢遮那佛以下的诸佛圣众降临来当证人。但是给违背了这篇誓文的门徒降下神罚并不是佛的工作。"金刚天等之护法善神"则扮演了这个角色,在最后登场。

迄今为止的史料中,能够向佛法的敌对者降下惩罚的都是神祇与护法,其中并不能看到佛菩萨的形象。可向佛乞求的主要都是关于来世的救赎,并非对于现世各种行为的赏罚(后文中也会作相关叙述)。这可以说是为了降伏在日本末法边境之地出生的恶人而化身为凶恶形象的垂迹之神的任务。与面相慈悲的佛不同,他们是以愤怒的形象示人的神,惩罚与佛为敌之人。可以说"普度之佛"与"忿怒之神"这样的角色分担,是在日本中世时期确立的。

二、起请文中的众佛

在日本中世时期,如果神佛间确实有惩罚与救济的功能分化的话,那

---

[1]　日本古典文学大系《今昔物语集》三,第156—157页。
[2]　《镰仓遗文》五,3006号。

么在请求向违背誓言者降下神罚的起请文中,当然不可能见到"普度之佛"的踪影。

然而,问题并非仅仅依靠这种逻辑关系就能全部解释得通。虽然在起请文中神明占很大的篇幅,但也并非完全没有佛的名字。在这些可以降下神罚的神明中,也混杂着有关佛的例子。

起请文中,被请求降临的佛的代表,就是东大寺的"大佛"。在东大寺的寺僧和寺庙领土庄园居民所立下的起请文的罚文中,大佛以如下的形式多次登场:

> 以上各条,若有虚言,则使大佛八幡,速速降下六十余州普天率土之大小神祇,将冥道之罚降于联署之辈身上,各自蒙受其果,如前所述。[1]

> 上件条目中若有虚言者,上以梵天、帝释、四大天王为首,三界所有之神祇冥道,尤其乃大佛八幡降下冥显境界之罚,使以上五人之辈各自的八万四千毛孔都遭受惩罚,如前所述。[2]

笔者想要以"普度之佛"与"忿怒之神"这一逻辑图式来论述神佛共存结构,但是在刚开始时非常苦恼应该怎样才能妥善地处理这一与逻辑图式不符的大佛。而结果笔者想到的是,"大佛八幡"并不是指"大佛与八幡",而是指"大佛的八幡"。也就是说,"大佛"并不是指某一个有实体的大佛,而是用来限定八幡神即是东大寺大佛镇护的本体的形容词性的用法。

但是,这个灵光一闪的解释也很快被推翻了。因为有史料记载"若是所说之言并非实言,则东大寺大佛、药师如来、十二神将、镇守八幡大菩萨……即请降下日本朝中大小神祇冥道之神罚冥罚"[3],说明大佛与八幡是分

---

[1] 《平安遗文》八,4009号。
[2] 《镰仓遗文》五,2916号。
[3] 《平安遗文》六,2644号。

开的、单独的存在。并且,给我这个设想最后一击的是连"药师如来"都出现在了降下惩罚的神明名单里。

现在应该做的并不是执着于神佛的功能分化这一逻辑图式,把神文中的佛当作例外来处理。现在让我们沉下心来找出究竟是哪些佛出现在了神文中吧。

笔者在开始寻找上述起请文中被劝请的佛时,发现了各种各样的佛。其中部分内容如下述所示:

（1）请求王城镇守八幡三所、贺茂上下、日吉山王七社、稻荷五所、祇园天神,以及石山观音三十八所降下天罚,于三日或七日之内,降罚于严成全身的毛孔。[1]

（2）请求本山观音、大明神、天神护法等降下神罚冥罚,使寺僧蒙受身罚。[2]

（3）敬启日本国中大小神祇冥道、山王七社王子眷属,尤其是本所不动明王、三尊界会之护法天等、七所大明神、六大金刚童子、地主大权现、此古渊大明神等……请求上提之佛神之神罚冥罚,降罚于八万四千毛孔。[3]

（4）上有梵天、帝释、四大天王、王城镇守之诸大明神,尤其是伊势天照大神、熊野三所权现、王子眷属、东国守护二所三岛大明神,尤其是本神户痔大神、本寺本尊药师如来……速速降下日本六十余州之大小神祇冥道之天罚于少年等之身,使其深切蒙受身罚。[4]

观音菩萨、不动明王、药师如来,再加上前文所提及的大佛,严格来说能归入佛部的是大佛与药师,观音属于菩萨部,不动属于明王部。即便如此,

[1]　《平安遗文》七,3229 号。
[2]　《镰仓遗文》五,2841 号。
[3]　《镰仓遗文》二十一,16365 号。
[4]　《镰仓遗文》三十五,27394 号。

要找出这些佛究竟有何共通性并不容易。起请文中并未提到所有种类的佛,只有特定少数的佛出现,其中也一定暗含着一些共通的要素。当笔者以这样的视点反复阅读罚文时,发现这些佛全都是在日本国内特定的场所且以肉眼可见的姿态(雕像、画像)存在。

接下来再稍微说明一下。药师如来一般是指与现实的国土不同的异次元空间中的东方净琉璃世界的教主。但在史料(4)中出现的药师则与此不同,是指"本寺"大福寺的药师如来像。东大寺的大佛也并不是指莲华藏世界的教主卢遮那佛,而是指大佛殿中供奉着的大佛像。而"石山观音""本山观音""本所不动明王"三例也与此点吻合。

由此产生了一个新的假说——起请文中被劝请并且使得人们对其感到畏惧的佛,并不是在他界净土装模作样的存在,而是拥有可视性形体具体存在的佛。

按照这个假说,下述例子就成了问题。

请春日大明神、七堂三宝,以及六十余州大小神祇冥道速速降下神罚,使祐贤蒙受身罚。[1]

请梵天、帝释、四大天王、两界诸尊常住佛陀,以及三地大圣两所权现降下神罚,使其各自蒙受身罚。[2]

前者中三宝(佛、法、僧)这样抽象的概念,在后者中成为最高真理的具现——曼陀罗中的诸尊。然而关于前者,从"七堂三宝"这个词来看,这里并不是指一般的"三宝",很明显是兴福寺——春日大社中的三宝,尤其是指其佛像。而后者的情况也是如此,其他降佛的例子中全部都是有具体形象的雕像、画像,从这点来看,这里的"诸尊"很可能是指当时金刚峰寺中实际所收藏的两界曼陀罗中的诸尊像。镇守在各个寺院中以可视形体具体存在的众佛,虽然是佛但却能降下惩罚,拥有与日本的神祇相同

---

[1]《镰仓遗文》十六,11946号。
[2]《镰仓遗文》十七,12957号。

的功能。

有史料可以证实这个推测。下述起请文中出现的佛与特定场合并不相关，是一个极其少见的例子。

　　若是违背之前的誓言，则使其再也不蒙三世诸佛，尤其是尺迦弥陀的冥助，永坠无尽之地狱，如前所述。[1]

希望大家能够关注到的是，在这则史料中并没有写佛是主动地降下佛罚。佛并不是降下佛罚，而是在不发挥其本身的"救助"功能的情况下，在结果上就会使敌对者坠入地狱。

在现世中拥有雕像、画像的众佛，并不只是拥有和神一样下神罚的功能。实际上，我们还能发现在很多例子中，佛被称作"神"，与日本神祇归为统一范畴。

例如，请各位回想一下第一节中《山椒太夫》的例子。被迫立下起请文的寺僧列举了佛教经典，而太夫一方却对此提出批判，称应在起请文中请日本的"大神""小神"降罚。寺僧接受了此言，在他们重新立下的起请文中，除了伊势、熊野、石清水等神明之外，其中还混杂着"泷本之千手观音""长谷之十一面观音"等一些本土的佛（菩萨）的名号。

这样看来，笔者在刚开始提出的"普度之佛"与"忿怒之神"的图解需要作大幅度的修正。"普度"的功能与"忿怒"的功能在日本中世并不与佛—神区别对应。"神"包含神佛两者，具有双重性。因此，应该将他界中掌管来世普度之事的佛定义为"普度之神"，将现世中掌管赏罚的神佛定义为"忿怒之神"（后文在以上述意义使用神这个字时，为了与日本的神祇有所区分会加上引号，书写成"神"的格式）。

即便如此，为何必须将形而下的众佛当作是与神在同一层次上的存在呢？为了探寻其中的理由，我们有必要开拓视野，研究一下在起请文

---

[1] 《镰仓遗文》六，3795 号。

中,除了日本的神祇与佛之外,是否还有其他被劝请的"神"存在。

三、忿怒之神的系谱

在起请文中,除了神祇与佛之外,是否还存在其他被劝请的"神"呢?当笔者怀着这样的问题意识翻阅史料时,首先发现的就是过去的圣人与祖师的圣灵。

例如与高野山相关的文书中频繁出现的弘法大师(空海)。在元历二年(1185)的《金刚峰寺下政所三方百姓等起请文》中,百姓们立誓道,他们如果默认寺僧们的不当行为,则会蒙受"大师、大明神、金刚天等的冥罚"[1]。另外,在高野山和东寺等真言宗寺院的史料中,也能见到从龙猛到空海的"八大祖师""八大高祖"的名号。

而在与日莲宗有关的史料中,从 14 世纪开始,出现了类似"请求法华经、十罗刹、大圣人之天罚,深切降于日祐之身,永入地狱"[2]这样的宗祖日莲之名。另外,在正中二年(1325)的《贤范起请文》中,出现了"请求太子圣灵、七堂三宝降下神罚,如前所述"[3]等有关圣德太子之名的史料。

在这些文献中出现的以弘法大师为首的祖师、圣人们,都在死后不久就成了人们信仰的对象。并且在人们的观念中,他们都没有回归极乐世界,而是仍停留在这片国土中维护佛法,这一点十分值得我们注意。

空海在高野山圆寂后,人们仍相信他保持着与生前同样的姿态停留在圆寂窟,这一传说十分有名。传说中日莲也曾留下遗言,称自己的心仍停留在身延山,从其弟子日兴的"甲斐国中波木井之乡乃久远实诚释迦如来之金刚宝座,天魔波旬亦不敢打扰,此地亦乃上行菩萨日莲上人之灵崛"[4](《与波木井实长书》)这句话中可以看出,其墓所已经成了弟子们

[1] 《平安遗文》八,4237 号。
[2] 《镰仓遗文》三十三,25475 号。
[3] 《镰仓遗文》三十七,29002 号。
[4] 《日莲宗宗学全书》二,第 169 页。

的圣地。另外,人们对圣德太子的信仰跨越了宗派普及开来。圣德太子所写的关于未来的预言,以供奉圣德太子的圣灵院中的四大王寺为起源地,在中世广泛流传。由此可见,圣德太子死后仍然具有非常大的影响力。并且,人们为上述的圣人们制作了非常多的雕像与画像,并热情地将他们作为祈愿的对象。

虽然包含印度与中国高僧在内的"八大祖师"的性格稍有不同,但是他们都被描绘成画像且成为信仰对象。从这一点来看,他们与上述的圣人们有共通之处。慈慧大师良源因角大师的护符而广为人知,下述传说即与之相关:

> 慈惠僧正,为护满山之三宝,为继法门之佛业,并未往净土,而留山中。[1](《后拾遗往生传》)

从这一传说中我们可以看出,人们相信具有强烈个性的圣人在死后也会留在现世,监视着世间的一切。[2]

那么,在起请文中,除了神佛之外,如果劝请"神"中的一类是圣人、祖师的圣灵的话,那么另外一个团体就是与佛教同时传来的梵天、帝释、四天王、十罗刹等印度、中国的神明。

> 请求梵天、帝释、四大天王,以及王城镇守贺茂上下等大明神,尤其是本寺镇守八幡大菩萨降下神罚冥罚于良永之身,降罚至全身毛孔。[3]

这样以梵天为开头,接着是帝释、四天、日月天的排序,是罚文中最为普遍的形式。佛、菩萨、明王被总括为"佛",与之相对,归属于天部的这些护

---

[1] 日本思想大系《往生传·法华验记》,第 654 页。
[2] 村山修一《慈惠大师的信仰》(《古代佛教在中世的展开》法藏馆,1976 年)。
[3] 《镰仓遗文》二,858 号。

法诸尊,从佛教传入日本早期开始就被称为"神",被认为是与日本的神明同层次的存在。在神佛习合的过程中,日本的诸神被认定为佛法的守护神,因此原本承担这个角色的天部善神就与新归入这个系统内的日本诸神相融合,毫无抵抗地走向了具有同样功能的护法善神的道路。

但是天部诸尊也有不能与日本神祇完全对等的方面。比如下述史料:

> 南无,日本之大小神祇,现在请诸位降临。首先,上为梵天帝释,下为四大天王,下界之地中,伊势为神明、天照皇太神、外宫、内宫、八十末社。[1] (《苅萱》)

根据佛教的世界像,现实世界(娑婆世界)的中央耸立着一座须弥山,从山顶往下分别居住着帝释、四天王等天部之神。然后再往上的上空中,则居住着被认为是主宰着整个现实世界的最高神(娑婆世界之主)梵天(《大集经》)。"上为梵天帝释,下为四大天王",从这句话中可以看出,起请文中出现的诸神的顺序准确反映出了上述垂直方向上的世界像。

在这样的世界像里,日本只不过是远离世界中心的边境小岛之一。因此,割据于小岛的日本众神,必然也是作为局蹐于"下界之地"者,相比于从天上俯瞰全世界的天部之神,他们要低一个层次。在《北野天神缘起》中,作为天神之神谕的"诸多雷神鬼头皆为吾之随从,共计十万五千之数也。吾之所行皆为世界之灾难。吾亦一向听从于帝释"[2]一文,也是将帝释处于日本神祇的上位作为前提。

比起神祇,天部的诸尊不仅掌管着更广阔的世界,其威力也被认为在神祇之上。《今昔物语集》中收录了这样的一个故事:热田明神想要去参加一个叫寿广的僧侣在奈良举行的法会,却被镇守在奈良口的"梵天、帝

---

[1] 东洋文库《说经集》,第300页。
[2] 日本思想大系《寺社缘起》,第162页。

释、四大天王"阻止而无法参加。[1]　那是因为梵天、帝释天等由天上下凡，来守护佛法。

另外，此处也有一点需要指出：

> 请求派遣以梵天、帝释、四大天王为首的三界所有之天王天众，尤其是大佛、四王、八幡三所、所有日本国中大小诸神降下冥罚神罚，全无遗漏使其蒙受身罚，如前所述。[2]

在上述的神文中，可以发现四天王出现了两处。第一处的四天王是指居住在须弥山上的现实世界的守护神。而后者则是指当时东大寺中实际供奉着的（大佛殿或是戒坛院中的）四天王像。由此可知，在人们的观念中，当四天王以一种具体的形态出现在某个特定场合时，四天王就与佛一样，是日本的"神"之一。

如上，除了日本的神祇与形而下的佛之外，我们也把圣人、祖师的圣灵与天部的诸尊归入"忿怒之神"的范畴。他们共通的特点在于：他们都不存在于"另一个世界"，是实际存在于现实世界中的"神"。在人们的观念中，他们都是在娑婆世界中监视着人们的动向，并根据其行为给予赏罚的存在。使人们畏惧并严格地施行赏罚这一任务，是他界中虚无缥缈的众佛不可能完成的。要承担这个角色的"神"，就必须在视觉与感觉上给人一种真实的存在感。

四、中世神佛的宇宙论

通过上述考察，我们了解了在起请文中被劝请之"神"即"忿怒之神"必须是包括梵天、帝释、四天王以下的现世之"神"。另外，仅限于日本来

---

[1]　日本古典文学大系《今昔物语集》三，第 137—138 页。
[2]　《镰仓遗文》二十六，19425 号。

说,那些安置在寺院中的佛以及死后被认为仍留在国土的圣人,也与神祇一样被当作摧毁佛敌的非常灵验的"神"。

在包含"普度之神"的佛神宇宙论的总体体系中,这些"忿怒之神"又是被怎样定位的呢? 这就是本章的最终目的,即阐明以神佛为中心的中世宇宙论。

然而,在更进一步地进行考察之前,希望各位先阅读下述史料。

> 佛子兴圆,至心合掌稽首和南,三世十方尽虚空遍法界诸佛如来、应正等觉、诸大菩萨、摩诃萨埵、诸大明王、忿怒圣众、一切声闻辟支佛众、梵天、帝释、四大天王、十二大天、二十八天、日月五星、二十八宿、大黑天神、坚牢地神、辩才天、大吉祥天、大圣欢喜天、散脂大将、二十八部鬼、十二神将、一切护法天王天众、诸善神王,更复稽首,当山讲堂释迦如来、弥勒慈尊、大悲观音、梵天、四王、护法圣众、根本中堂药师如来、日光、月光遍照菩萨、大圣文殊、毗沙门天王、十二神将、海会圣众、转法轮堂释迦如来、护世四王、六天圣众、东西两塔楞严院中诸堂诸房三宝聚众、山王三圣、王子眷属、山内所有护法聚圣,更复惊觉,八幡、贺茂、松尾、稻荷、平野、大原野、春日、住吉等诸大明神、祇园天神、天满天神、五畿七道,更复归命,震旦国中南岳、天台、章安、妙乐诸大师等、善无畏、金刚智、不空、一行、惠果、法全等三藏阿阇梨、我山最初传教大师、慈觉大师、显密传灯诸尊师等,三业一心敬白(后略)。[1]

在这篇敬启文中,罗列了各种各样的佛神名号,而且这些佛神的排列绝不是毫无秩序,而是基于一定的世界观井然有序地排列出来的。

在佛教中,世界被划分为十个等级,佛为顶点,然后从上到下为菩萨、缘觉、声闻、天、人、修罗、畜生、恶鬼、地狱。其中从佛到声闻被称为"四

[1] 《镰仓遗文》三十一,23970 号。

圣",被认为是悟道世界,而与此相对,天以下的六个世界(六道)则是迷[1]之世界。根据宗派的理解不同,有人把这十界当成是十个各自具有实体的世界,也有人将其理解为人类内在的生命存在方式,但任何宗派都承认上述这种区分方法。此外,在之前举出的起请文中关于佛神的排序,也基本与这个十界论对应。两者的对应关系如下:

佛——三世十方尽虚空遍法界诸佛如来、应正等觉。

菩萨——诸大菩萨、摩诃萨埵。

(明王)——诸大明王、忿怒圣众。

二乘(声闻、缘觉)——一切声闻辟支佛众。

天——梵天、帝释……一切护法天王天众、诸善神王。

其中虽然混入了一个"明王",但是很明显这个排序是可以被十界论证实的。另外,日本的"神"也在这个排列中,位于天部诸尊之下。"神"的地位在天部之下,且"神"在迷之世界中担任"忿怒之神"的角色,从这两点来考虑,我们可以推测日本的"神"位于十界中的天界或者其下的位置。四圣作为他界的存在,主要承担普度任务,与之相对,天之下的"神"居住在属于迷之世界的娑婆世界,通过行使赏罚来引导人们步入佛道。

从上述兴圆起请文中可以看出,佛神的等级制度并非特例,下述北条泰时的起请文可以证实这一点。

娑婆世界南瞻部州大日本国从四位上行左京权大夫平朝臣泰时敬启,真言教主大日如来、十方三世一切诸佛、大慈大悲地藏菩萨、地前地上诸大萨埵、声闻缘觉诸贤圣主、梵天帝释四大天王、诸天北辰北斗、七曜九曜、十二宫神、廿八宿、本命元辰、当年属星、内宫外宫大小星宿、别亦焰魔法王、泰山府君、司命司禄、五道大神、百部鬼王、天

---

[1] 迷,佛教语,指未能彻底悟道,也指对死者有安念而无法成佛。(译者注)

神地祇、年中行疫神并部类眷属等而言……（后略）。[1]

其中在天部之下虽然混入了北辰北斗等星宿与焰魔、泰山府君等神明，但四圣—天部—日本神祇这样的基本顺序并未改变。起请文中的"忿怒之神"以这样的世界观为前提，由天部以及天部以下的娑婆世界之"神"组成。

然而，此时的问题是包含于日本诸神中的众佛。如前文所述，拥有可视的形象并被收藏供奉在堂舍中的佛与神祇归为同一范畴。在兴圆起请文中的所降之神亦是如此，比叡山的讲堂、根本中堂、转法轮堂寺等诸尊混杂在日本诸神之中。从这些佛菩萨在起请文中的位置可以看出，他们与那些在起请文开头部分出现的佛部与菩萨部的诸尊完全是不同层次的存在。并且，释迦佛的名号出现在讲堂与转法轮堂两个地方，就意味着形而下的佛即便是同类的佛，也会因其所在地的不同而被认为是不一样的存在。

在佛教世界观里，比叡山诸堂的众佛与日本神祇一样，位于天部诸尊之下，这意味着日本的形而下之佛被认为是与神祇拥有相同功能的天部或其之下的存在。在娑婆世界中实际存在的"日本之佛"虽然还是佛，但是已经不是怀着慈悲之心普度众生的佛部那样的存在了。在人们的观念中，他是在浊流回旋的迷之世界正中心，承担直接的现世利益与降罚功能的存在。

并且，这些佛一旦以具体形象安置在堂舍中，就会和特定的地域与人之间产生不可切断的缘分。《法华验记》中收录了这样一个传说：山城国加美奈井寺的一名住僧想要离寺另寻他处，此时，寺中的药师如来出现在了他的梦中，对他说道："汝与此寺有缘。不应热衷于去往他处。"[2] 好像离开日本国土以及镇守之地的话，就没有作为神的资格，因此本来应该是对全宇宙的众生施以平等恩惠的佛也被赋予了特殊地域神的形象。传

---

[1] 《镰仓遗文》七，5261 号。
[2] 日本思想大系《往生传·法华验记》，第 89 页。

说中,在异国之地的某一留学生屡次发出的诸如"本国之三宝保佑"[1] (《今昔物语集》)和"祈求日本之佛神"[2](《江谈抄》)之类的话,而这些话的前提是其佛观念的形成,且这种观念的形成与日本这一地域密不可分。

通过以上信息可以确认,日本中世的佛教世界观、世界像被当时的人们所共有,并且它们成为将神佛序列化的坐标轴,起请文中的"忿怒之神"正是以这个世界观为前提,并由该等级制度中天部以下的这片国土的"神"所构成。

如果说承担着不同功能并且共存的"普度之神"与"忿怒之神"之间的纽带之一是佛教式的世界观的话,那另一个纽带就是本地垂迹理论。进入平安后期,在"普度之神"的佛与"忿怒之神"的狭义神之间,本地垂迹这一关系的存在广为人知。并且这不仅停留在佛与狭义的神之间,还从整体上构筑了"普度之神"与"忿怒之神"的体系。

在古代、中世的神话故事集中,佛像显灵的故事屡次出现。《今昔物语集》中记载了这样一个故事,在圣武天皇时代,供奉于珍努的山寺中的观音木像在火灾中独自避难。[3] 虽然这是基于《日本灵异记》中的传说创作而来的,但是《今昔物语集》在最后却加了"虽云菩萨不现于色,离于心,不见于目,不闻于香,然为得信于众生,会施灵验之法"。佛菩萨本就不是可以被人类感知到的存在,而是为了向人们展示其灵验之处才以具体的形象出现在现世。通过这则传说我们可以知道,在人们的观念中,日本每一个不同的佛背后都存在着更为普遍的佛身。[4]

另外,有关拥有卓越灵力的圣人与祖师这点也是,在古代、中世时期人们通常把他们当作佛菩萨的垂迹。把圣德太子当作是观音化身这一信仰也十分有名。另外,法然、亲鸾、日莲等具有强烈个性的祖师,也被认为分别是势至、观音与上行菩萨的再生。《融通念佛缘起》为了应和良忍劝

---

[1] 日本古典文学大系《今昔物语集》四,第59页。
[2] 《群书类从》二十七,第571页。
[3] 日本古典文学大系《今昔物语集》三,第446—447页。
[4] 八重樫直比谷《〈日本灵异记〉中的"圣灵"》(《古代的佛教与天皇》翰林书房,1994年)。

人融通念佛,在记载了梵天、帝释天、持国天等诸天、"龙树菩萨等诸弘经大士"、伊势、宇佐、日吉等神祇的结缘后,还做出如下论述:

> 今又至末法之世,虽是小国边陲之土,但在我朝日本,良忍上人劝人信他力念佛之时,三界所有之天王、天众悉数赞叹称扬此念佛,各自入结缘之事,亦与存世之诸佛无异。其为本地极住之如来,垂迹和光之法身。虽与本身不同,但劝化众生之志却并无不同。[1]

这样看来,在起请文中被劝请的日本之"神"中,除了神祇之外,再从佛之雕像、画像到祖师们,其背后其实还存在悟道世界的众佛。本地垂迹这一构想在中世不仅连接了佛与日本神祇,从广义上也成了连接"普度之神"与"忿怒之神"的纽带。所谓的"忿怒之神",其实就是根据时机变化为相应的形态并垂迹于迷之六道世界的佛菩萨,其目的在于降伏末法边陲之地的恶人并将其引入佛道。

五、中世时期宇宙论的特色

关于日本的中世,我们以佛教式的世界观为轴,设想出了一整套包含着从神佛到诸圣的宏大的宇宙论。另外构成这个宇宙论的两个主要团体,"普度之神"与"忿怒之神",也依靠本地垂迹的关系相互连接。并不只是中世的部分当权者和知识阶层主张这样的理念,这一理念跨越了所有阶层、身份,被人们普遍接受。日本的神祇正是置身于上述宇宙论中,才得以在冥界占据一个安稳的位置。

那么这个宇宙论的思想特质,又该如何概括呢?首先必须要指出的第一点,就是不存在绝对者。

立于这个宇宙论顶端的并不是唯一的绝对者,而是属于佛部、菩萨部

---

[1] 续日本之绘卷《融通念佛缘起》,第109页。

的很多个不可视的诸佛（普度之神）。

关于他界中的佛承担来世之救赎任务的问题，笔者想在这里稍作补充。平安时代后半期，一部部往生传被编纂成册，这种往生传是关于前往西方极乐世界往生的人们的传记。此时作为决定是否可以往生的重点，编者关注的是往生者"行"的问题，而向哪个寺的哪个佛祈求往生这样有关"佛"的个性的问题，完全没有被编者当成问题重点。

例如，笔者列举出如下在日本最早的往生传《日本往生极乐记》中收录的两则传记：

> 东大寺之戒坛和尚律师明祐一生持斋，完全恪守戒律。其每夜参拜佛堂，不宿于房舍。及命终之时仍念经不休。天德五年二月十八日圆寂。[1]

> 僧都济源，心意洁白，不染世事，一生之间唯行念佛之事。命终之日，室内有香气，上空有音乐。其常骑之白马，亦下跪涕泣。[2]

这两则史料完全没有提及特定的佛，这点与其他的往生传相同。《续本朝往生传》中有关入圆、范久这两位僧人生前的实践，也仅仅分别记叙了他们"其生前以念佛为业，并无其他才学"[3]，"行住坐卧，不背西方；为吐唾便利，不向西方"[4]的事迹，并没有提及他们是向哪一位佛祈愿。这与同时期编纂成的神话故事集形成鲜明对照，神话故事集中常常将灵验怪谈描述为与某寺特定的"佛"密不可分的现象，而将佛之"行"的内容当成次要问题。

当然，临终之际向形而下的佛祈求往生的例子也并不是完全没有。《后拾遗往生传》中记载的"沐浴香洁，系五色之绳于佛手，不懈于念佛，既迎终期"的良忍传即是其中一例。[5] 但是在这里也并没有提及被"系

[1]　日本思想大系《往生传·法华验记》，第22页。
[2]　同上，第23页。
[3]　同上，第241页。
[4]　同上，第241页。
[5]　同上，第660页。

五色之绳"的佛是由谁所制作,是怎么样的佛。这不由得让我们想到,编者并不关心良忍临终的床头边安置的是什么种类的佛。他们关注的一直都是西方极乐世界的阿弥陀如来是否真的来迎接他了,以及是否有祥瑞之相来证明这一点。

为什么会产生这样的现象呢? 这一定是因为人们有下述观念,即引导人们前往极乐世界的主体并不是在眼前的形而下的佛像,而是在他界净土中用肉眼无法看到的佛。如果他界之佛是施行普度的主体,那么在现世中向哪位佛进行祈祷终究只是次要问题。不管娑婆世界中的佛究竟承担怎样的角色,他都只是来世之佛与众生间的一个接触媒介罢了。因此为了使阿弥陀佛前来接引,希望向极乐世界往生的人必然会把注意力集中在究竟需要怎么样的"行"这一点上。

那么,目前为止叙述过的以极乐世界的阿弥陀佛为首的诸佛,作为承担普度功能的存在(普度之神)而被定位于现世的神佛之上。但是,普度之神毕竟是他界的存在,某种意义上并不能积极地给现实社会施加任何影响力。在这个世界中,天部以下的"忿怒之神"作为迷之世界的居住者,其任务是通过直接向人们施以赏罚来限制人们的言行。

众"神"的功能并不只是单纯地分为"普度"与"赏罚"。在各自范畴的众"神"之间也有更加细微的任务区分。

"普度之神"中所包含的众"神"之间,并不存在本质上的上下序列。他们都是在各自的极乐世界中,承担着引导与其有缘的众生进入其极乐世界的任务。

> 欲与阿弥陀结缘则祈愿极乐。欲与弥勒定契则祈愿兜率。可知心中所想即为有缘? 各自随心即可。然无论如何皆不可妄言[1]
> (《菩提心集》)

---

[1] 《净土宗全书》十五,第529页。

上述珍海所说的话直截了当地表明,人们只要在几个选项中随心之所向,向喜欢的佛祈求普度与往生的愿望即可。没有被选择的佛也绝对不是力量逊色,只不过是缘分未到罢了。

　　分工的进一步细化并非只是在"普度之神"的世界中才有,"忿怒之神"的世界也同样如此。《续古事谈》中记载了如下的一则传说:

> 　　此为西明房方丈源心僧都所言之事。中堂之药师佛与太秦广隆寺之药师佛出于同契。一患者于中堂祈求祷告,药师佛即现身于其梦中言:"此病应问询右京之医师,非吾之力能行,虽吾与其彼此间并无不同,然只依缘分之有无也。"此病人反复思量,前去广隆寺祈求祷告,果痊愈。[1]

除此之外,向祈求者托梦与神谕的方式来引导其前往更适合祈愿内容的其他神佛处的传说,在中世经常出现。就像医学中也会细分专业一样,"忿怒之神"间也有确立对应其各自功能的分工体制。

　　在日本国土各处的神社佛阁中有无数神佛并存,这是日本中世的现实情况,而证实这一状况的理论,正是基于功能分化的诸佛诸神共存的理念。人们根据自己主体性的判断来选择神佛,在这一理念下,各个神佛的权威必定会发生显著的相对化。因此在这样的宇宙论中,不应该存在强调神佛的至高性,即神佛超越世俗所有权威这一主张。

结语

　　自辻善之助以来,关于神佛交融史的研究向来都是围绕异国之神的佛与日本神祇的关联性,以及怎样习合的相关问题。然而,以神—佛二分法为前提来测定两者间习合和背离距离这一方法还存在着很大的问题。

---

[1]　《群书类从》二十七,第671页。

问题的第一点,这样的方法与立足点虽然可以有效阐明时间维度上习合的进展,但在阐明同一时间段内两者共存的构造这一点上明显受到限制。第二,更为根本性的问题是,在前近代的社会中,"神"与"佛"的区分究竟有没有那么自明。[1]

在中世,本地垂迹说的确立使神佛交融基本完成,本章中,我们怀着上述问题意识调查了当时人们的神佛观念。其结果就是,在日本中世,神佛应该被区分为"普度之神"与"忿怒之神",与神—佛的区分相比,这种区分方法完全属于另一个层面,前者的"神"是指居住在他界极乐净土中,专门进行来世普度任务的佛,与之相对,后者则是在现实生活中承担着现世利益与降下神罚功能的神。然而即便都是佛,那些作为雕像、画像被安置在特定寺院的佛却属于后者的范畴。

当然,中世时期也有着明显能够被区分为神或者佛的存在,也存在神—佛这一区分方法。但就像本章所明确叙述的"忿怒之神"的世界那样,我们不能忽视的是广阔的冥界横在其间,这其中的任何神佛都难以判别。我们如果不着眼于这点的话,就无法了解中世人的世界观和心性。迄今为止的任何以神—佛二分法为前提的方法,都无法在这个领域使用。本章正是补充了这个缺失的视点,从功能论的视角提出了一个关于神佛交融史的崭新的立足点。

如果以上内容是本章中提出的第一个问题的话,那么第二点,就是关于中世日本的宏大的宇宙论这一构想,该宇宙论包含混沌的冥界,贯穿神佛,并且其被同时代各阶层的人共有。这个宇宙论主要基于佛教式的世界观,该世界观以十界论及须弥山说为核心。日本的"神"以这个世界观为坐标轴占据一席之地的同时,又以本地垂迹的关系与"普度之神"相连接,并由此使其自身能够在神佛的世界中占据安稳的地位。

正因为这个世界观占据了压倒性的优势地位,所以众神的上升运动

---

[1] 近年来从这个问题视角进行的研究有下出积兴《又一个神佛习合》(《讲座神道》一,樱风社,1991 年)、繁田信一《祟——平安贵族的生活感觉中关于神佛的预备性考察》(印度学佛教学会《论集》21 号)等。

也不得不以这个世界观为前提。屡次论及的中世后期民族主义的抬头——神本佛迹论与神国思想——也并不是神祇致力于从佛教完全独立的反佛教或者非佛教的运动。在大多数情况下，它只不过是在佛教式的世界观的前提下，主张内部神明之间地位的上升与其立场的纯粹化罢了。[1]

本章所讲的第三条主张与前面提到的世界观的特点相关，其最显著的特点就是不存在绝对者。在中世宇宙论中，无论是"普度之神"还是"忿怒之神"，他们几乎都是由无数的神佛构成的，并且各自范畴的神佛基于功能分化确立了并存的秩序。在这样的世界观中，不应该存在兼具强烈的意志和赏罚力的绝对者。即便在这些神佛的背后还存在一个宇宙的根源神，那么他也没有意志和力量，且不存在实体，不会超过法即真理的拟人化表现（法身）。

而在以这样的思想状况为前提的时候，我们就需要重新将关注点放在亲鸾和日莲等人的理念上，他们的理念将普度与赏罚的根源性权威集中于释迦与弥陀一佛，并且将其假定为现实世界的主宰。关于他们的佛神观念与其特质，我们虽然只能重新讨论，但也可以从中看出其以中世一般性的宇宙为前提，明确地展示出与之不同的一方面。

本章尝试理清中世混沌的宇宙论，而通过神—佛这一区分方法并不能准确把握宇宙论。但是，中世的"神"并不只有这些，天狗和实类神等各种各样的鬼神以及魑魅魍魉等该如何定位这样的课题，仍旧处于无人着手研究的状态。另外，笔者虽然尝试区分了他界的"普度之神"与现世的"忿怒之神"，但这也仅仅是假说。在中世时期，向神祇祈愿来世往生的例子也并不少见。此外，也还有着像如何阐明在中世之前的古代宇宙论，以及中世宇宙论如何向近世发展变化这样的问题。

路漫漫而其修远兮，包括上述问题在内，今后需要仔细研究的问题还有很多。笔者在最后提出这些问题点，来结束本章内容。

---

[1] 参考前章。

第三章　地狱与极乐的宇宙论

序言

　　日本的中世被称为是神佛的时代。对于当代日本人来说，信仰不过是个人层面的选择和嗜好的问题。选择哪一位神，信奉何种信仰，基于各人的主体判断，即便是否认神佛的存在也是个人的自由意志。对于大部分有信仰的普通信徒而言，其日常生活并非一直被宗教性的戒律或禁忌所约束，除了餐前的祈祷和早晚的诵经以及周末的教会等时间之外，他们和普通的无宗教信仰者或者无神论者的生活并无不同。

　　但是中世时并非如此。对于中世的日本人而言，神佛的存在是所有的前提。这一时期是不存在无神论的，小到生病灾害，大到幸与不幸及作物的收成，一切现象都被解释为神佛的意志。人们的日常言行也要注意神佛的意志。基于这些神佛的宇宙论构造，只有先对其进行解释说明，我们才可以探究深受其影响的中世人的心性和世界观。日本的中世时期，有无数的神佛被信仰。现世和来世、此岸与彼岸等数量如此多的神佛是保持何种秩序得以共存的呢？他们和人类世界以及人类的命运有什么样的关联呢？

　　极乐被认为是最理想的世界，地狱被认为是最底层的世界。在本章，列举这一对中世纪时最广为人知的相反概念，考察中世时的人怎样理解极乐和地狱。并且通过这一过程，试图阐明包括彼岸世界在内的中世人的宇宙观的基本框架。

一、他界观的研究史

研究日本中世时期的地狱和极乐这两个概念时,首先映入我们眼帘的是日本人对于他界观的根深蒂固的认识。这并不说明在日本人的世界观中和现世隔绝的他界观念是非常丰富的,相反他界的表象一向是稀薄的。这个命题曾在观点和方法两个学问领域被提起,其中一个观点就是思想史和伦理学的视点。

家永三郎的研究可谓先行研究的代表,他在著作《日本思想史上否定之论的发达》[1]中,将日本的"太古"世界观的特色视为"肯定的人生观"和"连续的世界观"。关于"连续的世界观",家永教授列举了记纪神话中的高天原和黄泉国,论述了在那里有同现实世界相同的景观,可以轻松往返于现实世界。他的结论是"在太古人的思想里,所有的世界无论在空间上还是在性质上都是和现实世界相联系的。即所有的世界都只是自己居住的国土的延长"[2]。

家永教授的结论是关于日本"太古"的论述,加之家永教授的意图在于使"肯定的世界观"被佛教接受,因此他发展丰富为"否定之理论"。但是其后"连续的世界观"这个词却独自受到关注,超越了"太古"的时代限制,成为各时代共通的日本人对于他界观与世界观的关键词。

和现世隔绝的他界观尚不完善,这种意识的形成受柳田国男提出的民俗学以及宗教学立场的影响。

柳田国男在战后不久所写的《关于先祖》一书中设《死之亲切》一节,描述了日本人"亲近死后的世界",并作为理由指出日本人特有的关于死的四种观念。

　　　　第一人们认为死后灵魂会留在自己的国家不会走远。第二人们

---

[1] 弘文堂书房,1940 年。
[2] 复刻版(新泉社,1973 年)第 26 页。

认为显幽二界的交通是顺畅无阻的,不仅限于春秋规定的祭祀时节,只要一方想要召唤则随时可以实现显幽二界的来往。第三,人们认为活着的人现世的想法死后也一定会实现,因此人们为子子孙孙着想。第四,有许多人认同第三点,相信轮回。[1]

由柳田教授的研究可知,"两个世界中"的灵魂只能存在于山中。在同书的《回归山中》一节里,记述着"平安无事度过一生的人去往清净的地方,大概是远离现世喧嚣又大体能看见另一个世界的地方"[2]。柳田教授提出死人的灵魂,会滞留在可以看见自己生前的故乡和可以守护子孙的山上。下北的恐山和越中的立山、熊野等都曾是各地区灵魂寄宿的山。这些灵魂和孤魂是有区别的,他们随着岁月变化与祖先的灵魂合体失去了个体性,最终和山神一体化。

堀一郎基于柳田教授的研究,考察了日本固有的灵魂观被佛教接受后发生了怎样的改变。他论述道,"从最先在内陆生活的土著居民的葬法来看,灵魂往高处去,最终人们信仰灵魂入山说,随着这个说法的发展,山和神灵合为一体"[3]。他虽然将对象限定为在内陆生活的农民,但还是承认了柳田教授的灵魂入山说。在此基础上,掌控着地方灵山信仰的术士们接受了佛教关于死后的他界说,并将之前的观念进行整合,"一个山里有地狱和极乐两种去处,这种带有佛教阶级性的冥界思想"[4]开始瓦解。堀一郎指出,中世传说的冥界构造中,冥界的入口通常为山。这个构想基于山中寻历的经验,在这里,山顶成了幽显二界的分界,作为古老的信仰一直被传承下来。

山折哲雄基于堀一郎的山中他界说,有以下论述:"印度的净土教传入日本时,当时的日本人认为净土存在于西方,但是并不认为存在于极乐

---

[1] 《定本柳田国男集》10 卷(筑摩书房,1969 年)第 120 页。

[2] 同上,第 123 页。

[3] 《日本山岳信仰的原始形态》(《山岳宗教的成立与展开》名著出版,1975 年)第 76 页。

[4] 同上,第 76 页。

净土。(中略)不仅如此,实际上日本人认为净土存在于山里。"[1]山折氏认为在日本的山岳里,净土、赛河原、地狱谷必定同时存在,而且山里囊括了宇宙中所有的东西。

以上研究的共通立场就是在日本的思想体系里本来彼岸的表象是非常稀薄的,并不是与现世相隔绝的。因此,原本被称为"十万亿土"之彼方、作为超乎想象的遥远世界的"极乐净土"移植到日本的精神土壤中也丧失了彼岸性,最后演变为"地狱与极乐都在山中"。

二、质疑既定学说

我最近对日本人的他界观持有以下疑问,下文将从两个方面对通说的问题点进行论述。

第一点我想提出的是上一章提及的起请文中的神佛,在此我论述了起请文中劝请的神不存在于彼岸,一定存在于现实世界(此土＝婆娑世界)。在这一点的基础上,请看下文史料。

谨上散供再拜、敬申。上至梵天帝释,下至四大天王、阎魔法王、五道冥官、泰山府君,下界之伊势天照皇大神宫、外宫四十末社、内宫八十末社,两宫共一百二十末社诸神,奉以此誓约书。

伊势一宫大明神、熊野三处大山、新宫药师、本宫阿弥陀、那智飞龙权现、泷本千手观音、神仓龙藏权现、汤峰虚空藏、天川辩才天、大峰八大金刚、高野山弘法大师、吉野藏王权现・子守・胜手、三十八社大明神、多武峰大织冠、初濑十一面观音、三轮明神、布留六社牛头天王、奈良七堂大伽蓝、春日四社大明神、木津天神、宇治神明、藤之森牛头天王、八幡大菩萨、爱宕地藏菩萨、山麓释迦如来、梅宫、松尾

---

[１]　《日本人与净土》(讲谈社学术文库,1995 年)第 43 页。除此之外,也可在五来重《日本人的地狱与极乐》(人文书院,1991 年)等中发现同样的见解。

大明神、北野天神、鞍马大悲多闻天、祇园三社牛头天王、比叡山传教
大师、中堂药师、山麓山王二十一社、打下白髭大明神、海上竹生岛辩
才天、近江国多贺明神、尾张国津岛祇园、热田大明神(下略)。[1]

上述资料出自中世的说经曲《苅萱》,其中劝请了庞大数量的神明。既有
梵天、帝释天、四天王等天部的守护神,初濑十一面观音、爱宕地藏菩萨等
形而下的佛,也有伊势、松尾为首的日本诸神,还有高野山的弘法大师、比
叡山的传教大师等诸宗的祖师。他们都是上一章中论述的存在于现世的
神。其中也有熊野新宫的药师、本宫阿弥陀,他们与其说是彼岸的本地佛
不如说是和本宫、新宫密切相关的本土佛。当然,和本土不同的西方极乐
净土的阿弥陀佛并没有在此出现。

由此引出了我们需要注意的问题,即在这个起请文里没有极乐教主
弥陀,但却有掌管地狱的阎魔法王和其眷属五道冥官。缺少掌管刑罚的
神阿弥陀佛与劝请阎魔王,这是中世的起请文中普遍存在的现象吗? 让
我们看一看其他的史料。

敬白　　　申请　　　天判

大讲堂中摩诃毗卢遮那如来·根本中堂药师如来、转法轮堂
释迦牟尼如来·首楞严院三尊界会、南山大圣不动明王、总一山九
院护法圣众、上梵天帝释四大天王、下炎摩王分五道冥道、殊王城
镇守八大明神、别山王七社王子眷属、别取葛川镇守地主大权现八
大金刚童子、总大日本国中大少诸大明神每惊白言。[2] (《近江葛
川住人起请文》)

以前条守彼状,至于子孙,一事已上,不可令违犯,若背彼和与
状,一分致违乱烦者,奉始上梵天帝尺、下焰魔法王·五道冥官·日

[1]　日本古典集成《说经集》,第23—24页。
[2]　《镰仓遗文》五,3165号。

本国中大小诸神、殊香取·鹿岛大明神神罚冥罚于,各身中可罢蒙也。[1](《香取大宫司实秀等连署和与状》)

若背此等子细者,奉始梵天、帝释、四大天王、三界九居、四禅八宏、威德诸大焰魔王界冥类诸神、四海龙众、地神、山海江河神等。日本国中天神地祇七千余社、殊别当大伽蓝大佛四王、八幡所护法威力八大菩萨、二月堂正观自在、总自界他方善恶诸神、部类眷属等神罚冥罚、并蒙八万四千毛孔内外。[2](《东大寺僧连署起请文》)

此外,《杂笔要集》中的《天判祭文札》中有如下记述:

谨请大梵天王。——帝释天王。

谨请四大天王。——日月五星。

——阎魔法王。——五道冥官。

——泰山符君。——司命司禄。

——坚牢地神。——龙神八部。

——熊野金降。——日前国悬。

——丹生高野。——王城镇守。

——行疫神鬼。——七道神诸。

维当岁次年号 月 日。以吉日良辰令惊申。若彼事另过犯。有上件神罚。近三日七日内。某身八万四千每毛孔可蒙者也。依所请如件。

年月日   姓判[3]

可见史料中出现了阎魔王,但是没有出现彼岸的阿弥陀佛。这种形式适用于中世所有的起请文。如此说来,我们今天是不是不能获得批判日本

---

[1]《镰仓遗文》二十八,21799 号。

[2] 同上,三十一,23599 号。

[3]《续群书类从》十一下,第 829 页。

人他界观的通说(地狱与极乐都存在于现世)的线索呢？即只有此土的神被劝请,有阎魔王没有弥陀。在中世人的意识里,阎魔和弥陀,以及他们各自的所在地地狱与极乐是严格区分开来的。

对日本思想史中他界表象的稀薄这一通说所持有的第二点疑问是关于他界的往返问题。在民俗学中,认为佛教传入日本时,以日本固有的观念为基础,地狱与极乐都存在于现实世界中。其典型代表就是山中他界观。如此说来,地狱与极乐都是与我们的生活相接近的,几乎是等距离的,徒步就可以到达。但是实际上这个说法没有被接受。

众所周知,随着平安后期人们信仰往生净土,对极乐的关心开始高涨,建立了许多阿弥陀堂制作了许多阿弥陀像,导致净土教美术开始流行。在这一时期,相信净土往生的人们所整理的往生传也不断编纂。

另一方面,对净土的信仰也导致人们开始关心起与它相对的地狱来。佛名会等法会上所展示的地狱画和六道画,使得人们心中对坠入地狱充满恐惧。[1] 以皇极天皇和醍醐天皇为代表,坠入地狱的人的形象也广为传播。[2]

如此,在平安时代末期,人们对净土和地狱的关心高涨,街巷中流传着往生说和坠地狱说。去往地狱和去往极乐后的命运是截然不同的。有从地狱回到人间这样的说法,但是没有从极乐回到人间这样的说法。

坠入地狱的人又复活这样的故事,在《日本灵异记》和之后的著作中很常见。地藏菩萨作为拯救坠入地狱的罪人的佛而被信仰。[3] 另外还有假死状态下的地狱巡游与复活的故事。对当时的人们而言,地狱是相对易于从现世往返的。

与之相对,基本没有从净土的往生者回到人间的故事。《日本灵异记》的《行基传》[4]和《本朝新修往生传》中的《圆能传》[5]中,有在假死

---

[1] 小松茂美《六道画卷——轮回的形象》(《日本画卷》七,中央公论社,1989年)。
[2] 本书第三部第二章。
[3] 例:《今昔物语集》十七中所收录的地藏说话群中地藏信仰的盛行。
[4] 《日本灵异记》中卷,第7话。
[5] 《本朝新修往生传》第39话。

状态时去了地狱又参观了极乐这样的故事。堀一郎根据《行基传》写道"极乐净土比起地狱更接近娑婆"[1]。此外，亲鸾著名的往相回向与还相回向的思想认为，往生者为了教化众生回归秽土，没有往生者选择重回人间。

从地狱复活到人间的复活说频出，却没有往生者归还说，地狱与极乐是否是存在于不同次元的推测，这些都逐渐成为定说。比如《北野天神缘起》中如下记载：

> 我天满大自在天神，一时观三界。常住所是济度众生界。普贤、文殊、观音、地藏四为菩萨有时来度化。每日帝释宫、阎罗王宫、大梵天宫、五天竺、大唐长安城、西明寺、青龙寺、新罗国郡武城、日本国皇城、五畿七道灵验寺社等，往参自在。[2]

天满大自在天神每天巡视的范围是，三界内的帝释宫、大梵天宫、阎罗王宫、天竺、长安、日本五畿七道的寺社等。这与起请文中此土的神佛住所一致。但其中不包括极乐净土。[3]

至此我的主张都只是假说。但是，从以上论证至少可以说明，我们对"地狱与极乐都存在于现世"这一通说是持怀疑态度的。让我们抛弃日本人对他界观的先入观，依据史料重新对问题进行思考。

三、地狱的所在

平安时代后期净土信仰流行，人们对地狱关心高涨。这一时期出现了许多地狱画，人们也开始谈论地狱是什么样子。

源信所著《往生要集》对地狱文艺及艺术的发展产生了决定性影响。

---

[1]　堀一郎前揭论文(第270页注3)第76页。
[2]　日本思想大系《寺社缘起》，第165页。
[3]　极乐净土在三界之中还是三界之外这一问题，在教学上尚未解决。

这本书成书于宽和元年(985),还传入中国获得很高的评价。在这本书中,源信分十门从各个角度介绍了往生极乐的信仰。其中值得注意的是第一门。源信把它命名为"厌离秽土",作为欣求净土的前提,详细描写了地狱界至天界六道的丑态。开头描写的就是地狱的情境,源信对等活地狱至无间地狱的八大地狱,尽其想象栩栩如生地描写了罪人在地狱受的苦难。

《往生要集》中在对各地狱进行说明前明确记载了各地狱的所在地,这是本章问题的重点。例如关于地狱的初门等活地狱记载如下:

第一个等活地狱在阎浮提下一千由旬。纵广一万由旬。[1]

之后第二个地狱是黑绳地狱,第三个是众合地狱。"黑绳地狱在等活地狱之下,纵广与之相同"。"第三个和众地狱在黑绳地狱之下,纵广与之相同"。可以看出,地狱是从上到下分层的构造。第八个阿鼻地狱,是世界的最底部,"位于大焦热之下,是欲界最底处"。

在这里的地狱位于"阎浮提"的地下这一说法值得注意。虽然地狱位于"一千由旬""一万由旬"(一说一由旬等于十几千米)之下,但它是存在于世界内部的,就位于我们脚下。

像这样关于地狱所在的描述都是基于佛典或者论书,并非是源信的独创。但是随着《往生要集》被大众阅读,当时人们逐渐接受了这本书里关于地狱的描写。受《往生要集》影响,镰仓时代的说话集《宝物集》有以下一节:

关于地狱、饿鬼、畜生的形态,天台首楞严院之沙门源信僧郡都,一代圣教所著《往生要集》中,已有详细记载。地狱在阎浮提下一千由旬处,共有等活、黑绳、众合、叫唤、大叫唤、焦热、阿鼻城等。分别又有十六别所,共一百三十六个地狱。[2]

---

[1] 日本思想大系《源信》,第11页(原汉语)。
[2] 新日本古典文学大系《宝物集·闲居友·比良山古人灵托》,第66—67页。

如此,通过《往生要集》的流通,直接或间接地影响了人们对地狱的认识,渐渐地固定为地狱位于阎浮提之下这一说法。但是,也有说法认为地狱是在地上的。《宝物集》中在上文引用之后又有如下的记述。

> 此外,天亲菩萨俱舍论认为野之间海的岸边也有地狱。近江国爱智大领的女儿从越中国立山地狱回到父母身边。[1]

在这里继地下八大地狱之后又加上了立山地狱。《法华验记》[2]和《今昔物语集》[3]中也将立山视为死者聚集的地狱。另外《春日权现验记》中所描写的春日野地狱[4]和《杂谈集》中,也都将地狱描写为可以往返的山中地狱。[5]

以上我们介绍了有关地狱描写的种种文献。除正统的地下地狱说之外,我们还介绍了山中地狱说。从中可以看到中世地狱观念的多样性与多重性。无论哪一种说法,地狱都是存在于现实世界的内部,这一点是值得注意的。尽管地狱并非日常可以看见的场所,但人们相信地狱存在于现实世界也就是娑婆世界的内部。从地狱的归还相对容易,也是基于这样的概念。

四、极乐之所在

接下来让我们探讨极乐的所在。

极乐净土的观念来自佛教经典。据净土三部经其中之一《阿弥陀经》描写,阿弥陀佛的净土(极乐净土)位于西方十万亿佛土处。[6] 表示

---

[1]　新日本古典文学大系《宝物集·闲居友·比良山古人灵托》,第67页。
[2]　《法华验记》第124话。
[3]　《今昔物语集》十七,第27话。
[4]　《群书类从》二,第47页。
[5]　中世文学《杂谈集》,第226页。
[6]　岩波文库《净土三部经》下,第90页。

极乐位置的"十万亿土"在日本被各种著作所引用,渐渐被人们接受并固定下来。

但是这样的说法在中世时有没有被人们接受是另外一个问题。上文我们介绍了堀一郎和山折哲雄指出的极乐净土本来与教理是无关的这一主张。因此,我们探究极乐净土的观念时,不应探究佛经中"十万亿土"的普及状况,而应该考察当时人们生活中所感受的与极乐的距离。

一开始我们就通过对起请文的劝请神分析指出了极乐不同于地狱,是不存在于现实世界的。即使平时不能来回往返,但地狱却是现实性的存在,而极乐存在于另一个次元的彼岸。

让我们从另一个角度进行探讨。因为和上一章有重合的部分,所以只记录要点。

以《日本往生极乐记》为代表的往生传,它们共同的特征就是编纂者都将往生的可能与否作为重点。为了实现往生需要积累许多"行",该向哪所寺院的什么佛去祈求,他们对这个问题是不关心的。同一时期的说话集中,现世利益的灵验说与特定的寺的具体的佛密不可分,这一点往生传与说话集是呈明显对比的。

其背景是,带来现世利益的主体是肉眼可以看见的佛,而引导人们走向极乐的主体是他界的净土之佛。如果说极乐净土的阿弥陀佛是引导众生的,那么向现世世界的哪个佛祈祷不过是次要问题。因此向往往生者关心的是,该积累什么样的"行"才能去往西方净土。从中我们也可以发现西方净土的阿弥陀是与婆婆世界形而下的佛职能不同的异次元的存在。

上文的论证,基本可以证实极乐净土存在于不同于现实世界的他方世界。但是,问题正由此产生。即便极乐净土存在于远方的另一个世界,那么它与现实世界又有多少距离呢?《梁尘秘抄》中记载"极乐净土的东门与难波海相对"[1],可以看出,人们认为即便净土是另一个世界,但还是与现实世界相连接的。还是说极乐像"十万亿土"那样,是超越了我们

---

[1] 日本古典全书《梁尘秘抄》,第82页。

实感的远方世界呢?

坦率地讲要探明这些非常困难。在此,我想举出与极乐净土一样同为中世民众普遍接受的弥勒菩萨的兜率天净土和观音菩萨的补陀落净土,通过对比,探讨极乐是如何描述的,阐明极乐净土在观念中的定位。

首先我们看兜率天。弥勒菩萨在兜率天修行,释迦灭后五十六亿七千万年后下生凡间救济众生,在日本这样的信仰可以追溯到飞鸟时代。弥勒信仰分为向往兜率天往生的上生信仰和等待弥勒下生的下生信仰,日本弥勒信仰的流行始于平安后期。[1]

贞庆是中世时热心鼓吹的南都佛教徒代表,他不仅本身信仰弥勒,还著有《弥勒讲式》,劝别人信仰弥勒。在这部著作中贞庆写道:

> 第三欣求内院者。依总别因缘既归依慈尊。须欣求兜率以期值遇。夫十万三世补处菩萨将成正觉。先住都率预熏修胜业严净其处。所谓秽土中净土之事。是郑重勿辄轻弄矣。[2]

这里"秽土中净土"值得注意,在正统的佛教教学中兜率天是天界的一部分,是六道内的存在。从这一点来说,兜率天虽被视为愿生的对象,但极乐净土本身是另一次元的世界,前者和起请文中劝请的梵天、帝释天同属于此土世界的范畴。

贞庆对于"秽土中净土"这一概念很明确。在法然的《选择本愿念佛集》中,有"兜率虽近但缘浅,极乐虽远但缘深"[3]一句话。这句话也将极乐净土视为比兜率天更远的存在。"上可与众生共赴兜率,西可遇弥陀"[4](《为左大臣供养净妙寺愿文》),两个地方共同作为往生的对象,但极乐与兜率绝对不可以等质化。

---

[1]　速水侑《弥勒信仰》(评论社,1971年)。
[2]　《大正新修大藏经》八十四,第889页。
[3]　日本思想大系《法然·一遍》,第117页。
[4]　"新订增补国史大系"二十九下《本朝文粹》,第326页。

观音菩萨的补陀落净土同样如此，补陀落净土也被视为往生的对象，和在天空中的兜率不同，一般认为补陀落净土在南方的海上。[1]《法华验记》中记载载有往生补陀落净土的道祖神像的船去往南方。[2]《吾妻镜》记载了乘船从熊野那智浦向南航行的下河部六郎行秀的逸闻。[3] 补陀落渡海在中世时常被提及。

关于补陀落净土，《发心集》中记有贺东上人的话：

> 又思身灯应易。否则此生无去往极乐之必要，另凡夫若终其一生，不应有疑。补陀落山正是此世间内，此身应参拜之所。[4]

另外，贞庆关于观音信仰在其所著的《观音讲式》中记述如下：

> 设行业未熟，往生有滞者，先可住补陀落山。彼山者自此西南之方在大海之中。（中略）凡宫殿楼阁一一庄严，广狭虽异如临净土。然则娑婆而不娑婆，贤圣谁不欣。净土而不净土，凡夫实易生。观音自劝行者云，彼当生我净佛刹，与我同修菩萨行云云。我净土者远西方净土，近补陀落山也。[5]

这两段资料都认为补陀落山比极乐净土更接近此土，更容易去。

和兜率天一样，补陀落净土虽然作为往生之地，但和极乐性质不同，是"秽土中净土""虽为净土不在净土"，是存在于现实世界内的。相反西方极乐净土是与娑婆世界的净土相隔绝的。在那里不能轻易往返，是遥远的世界。

---

[1] 关于观音信仰，参考速水侑《观音信仰》（塙书房，1970 年）。
[2] 《法华验记》第 128 话。
[3] 《吾妻镜》天福元年五月二十七日条。
[4] 日本古典集成《方丈记·发心集》，第 137—138 页。
[5] 《大正新修大藏经》八十四，第 887 页。

五、此土净土的位置

迄今我们阐释了极乐净土在中世时被认为是另一个次元的世界。但并非所有的净土都被视为遥远的他方世界。同样是往生的对象,兜率天和补陀落净土是存在于现实世界内部的。堀一郎等指出,也有我们可以到达的国土上特定地方的净土。其中也有被视为"极乐净土"的地方,这里的"此土净土"与彼岸净土到底有什么样的关系呢?

首先我们看几段中世时代表性的有关此土净土的史料。

(1) 作为一个流转的凡夫是一件高兴的事。随心净处即净土,我神为诸佛。有社坛无净土。净琉璃灵鹫山在瑞篱。补陀落清凉山在云海之外。[1]（《春日权现验记》）

(2) 此山非灵地,开辟得三宝珠形。代代为御蔎沽祖生之地。今为天照太神宫每日影向之地。为真正灌顶佛传教道场。中台为华藏世界。左为上台,为实报土庄严等妙觉悟福智世界。是辩才天女慈悲净土。[2]（《朝熊山缘起》）

(3) 然弥陀大菩萨御本地毋庸置疑。由自身信否产生净秽之差别。不经十万亿土而至极乐,不经十二大劫而逢弥陀,八幡社坛有之。"西方者汝身是也。为有十万亿烦恼、为缠众善庄严,得见妙躯之明心,故名极乐世界""安养兜史本来胸中",故弥陀不远净土。唯诚生身如来当社参拜心,必可见佛。悲哉因我等不信,故不得见。[3]（《八幡愚童训》乙）

(4) 金峰山为兜率天之内院,当今一代笠置峰为兜率天外院。

---

[1] 《群书类从》二,第56页。
[2] 日本思想大系《寺社缘起》,第85页。
[3] 同上,第226页。

在此峰修行之人，必往生知足天去往极乐得自在。不容置疑。[1]
(《诸山缘起》)

（5）我是弥陀如来变身、山又极乐世界一切众生利益为，护国灵
验神道示现也者。[2] (《八幡宇佐御托宣集》)

（6）释迦如来大宫权现显，日吉神殿中，天竺灵山王舍城艮侍，十
方三世佛并圣众集，大圣世尊说法证明给处也，今大宫权现御和光砌。
佛法流布境，神明繁昌逢，释尊常住灵山界事侍。[3] (《耀天记》)

首先我想对这些此土净土论的整体特征进行总结。

第一，此土之地为净土的思想依据是中世天台宗以下的旧佛教共
有的本觉论思维。对本觉论如何定义是个复杂的问题，总之它秉持一
种立场，即试图从现实的人与国土中找寻被视为佛教终极理想的佛与
净土。为何人类与现实的国土是净土呢？这一点不同宗派和学者有着
各种各样的说明。中世佛教的基调是将人类与佛、此土与净土进行统
一把握。

上述史料中，依据《维摩经》中"随心净处即净土"在(1)(3)中加以
强调，无论把现世视为秽土或是净土，都是自由意志。如秽土那样呈现多
种样态的现实社会，如果用领悟之眼来看也是净土，即佛土。此土净土论
就是如此被论证的。

第二，此土即净土的主张虽然基于本觉论的思维，但并不将此土一律
视为净土，净土的范围只是此土中的一部分，具体限定为寺社境内和
山岳。

由本觉论可知，我们自身有了作为佛的自觉时，此国土即为净土。在
理论上，这个净土是没有范围限制的。与此相对，前述此土净土论基于本
觉论的思维，又限定为特定的寺、社、山岳。另外，此土净土论中也存在如

---

[1]　日本思想大系《寺社缘起》，第137页。
[2]　《神道大系》神社编四十七，第174页。
[3]　同上，二十九，第90页。

（5）将社坛（神社境内）视为净土的理论，被称为"社坛净土"[1]的思想。

第三，在这个理论背后存在着浓厚的神佛习合思想。（3）（5）表明，石清水、宇佐社头都是极乐净土，其理由是八幡神是极乐的教主阿弥陀佛的垂迹。（6）及相关史料《梁尘秘抄》"大宫权现世教主释迦，一旦入此地之人，便为灵山界会之友"[2]这句歌中，表明因为山王大宫是释迦的垂迹，因此日吉社头是释迦说法之地，灵山等于净土。由于神是本地佛的化身，所以神的居所便等于本地佛的净土，这是此土净土论、社坛净土论的框架。

最后第四点，此土净土论是将此土特定寺域、社域作为净土，尽管踏入此地对到达顿悟境界极为重要，但并不将去此地参拜视为最终的救济。

比如（4）将金峰山视为兜率的内院，强调其神圣性。但之后又说"在此峰修行之人必得往生知足天去往极乐得自在"。另外主张"不经十万亿土而至极乐，不经十二大劫而逢弥陀，八幡社坛有之"的《八幡愚童训》乙本中另一方面提到"唯一度参拜共神虑，申后生之事速疾冥鉴。况多年励志之人可往生极乐"[3]。并非只是在金峰山和石清水等此土净土参拜就结束了，这只是去往终极目的地彼岸净土的重要一步。

六、两处净土

彼岸净土与此土净土两种不同性质的净土相互有着怎样的关系来实现共存？最后我想对这一问题进行概括。

本书之前也多次提到，古代的官寺、官社中世转生，参拜者进行寄进

---

[1] 关于社坛净土思想的研究，有川村知行《春日净土与春日曼陀罗》（《美术史研究》17号）、阿部泰郎《神道曼陀罗的构造与象征世界》（大系·佛教与日本人《神与佛》春秋社，1985年）、松本公一《神道曼陀罗的宇宙论》（《日本的佛教》三，法藏馆，1995年）等。

[2] 日本古典全书《梁尘秘抄》，第130页。

[3] 日本思想大系《寺社缘起》，第257页。

和喜舍,这是寺社的缘起,强调了各寺社的由来以及本尊、祭神的灵验。不久在日本净土的信仰开始繁盛起来。人们迎来了追求从此世往生极乐的时代。

基于此种情况,寺社方面意识到为了吸引人们参拜,只强调现世利益是不够的。于是,不分上下贵贱,满足人们对现世利益的追求与后生善处的愿望——确立现当二世信仰体系,成为其难以回避的课题。

但是,其中有一个必须解决的前提问题。对彼岸净土的往生信仰,要假定他方世界的佛(菩萨)作为引摄主体。因此对于向往往生者最切实的问题就是,为了成佛该积累怎样的善行。源信著《往生要集》,空也劝大众念佛,并没有将对特定的寺社、佛菩萨进行参拜视为往生的条件。另外往生传中基本没有此土的雕像、画像出现,净土信仰只是行者和彼岸佛的关系问题,本来是没有此土的佛神介入余地的。

于是,在净土信仰繁盛的时代思潮中,摆在中世成立期的寺社面前的难题是,如何将祈求往生彼岸的人们召集到自己的佛神前。我认为此土净土、社坛净土的理论,在第一要义上可以解答这个问题。即寺社方面因为此土净土的境内是彼岸佛的垂迹之地,所以提出了对此参拜是通往往生的捷径。寺社缘起以现世利益的灵验说为中心,同时主张此土净土和社坛净土说,强调参拜带来的往生。

比如成书于 12 世纪的《粉河寺缘起》中有许多疾病自愈等本尊十一面观音的灵验故事。基于这样的故事,有以下往生说。

① 天台宗石崇是显密兼学的学生,当他参拜比叡山十禅师的社坛祈求得脱时,被托梦告知“据此西南方三日路程有一个伽蓝,是吾朝的补陀落山,去那儿参拜观音,可得往生”。石崇去往粉河,在近边建堂,“昼三时修弥陀供养,夜三时修千手供养法,总显密勤、事理之行,其数不知”,最后完成了阿弥陀的供养,手结印契获得了往生。[1]

② 平等院僧正行尊晚年至粉河参拜,祈祷道“今生不能如我愿,祈请

---

[1] 日本思想大系《寺社缘起》,第 61—62 页。

助我后生",在梦里获得"破地狱决定往生"七个字,回到住处安置这七个字,面向阿弥陀佛,左手取五色线右手持五钻杵,口念名号心中观想终于获得往生。[1]

这些往生故事中,粉河的观音究竟发挥着什么样的作用,这一点并不明确。另外在这个缘起中,即使写道粉河是"我朝的补陀落山",但也不意味着在此土净土参拜即得救济。从后面的"去此处参拜观音可得往生"可以看出,最终目的只有彼岸的西方净土。

尽管如此,在这两个故事中,去粉河参拜、对观音祈愿是获得往生的决定性因素。在这里粉河的观音是将向往往生者送入彼岸净土的媒介者。不仅是《粉河寺缘起》,关于往生的灵场参拜的描述,在许多中世寺社的缘起中都可以找到。因此出现了熊野和高野山、善光寺等有名的灵场。灵场参拜说传入地方,在各地形成了灵场信仰。[2]

这些特定的灵场是彼岸净土的通路这一主张的背景,在于镇守此地的神佛是彼岸佛的化身甚至是垂迹。

宇佐、石清水、日吉的社头就是净土的说法在上一节我们已经论述过了(社坛净土)。境内是圣地这一主张,还扩散到中世时春日社等其他神社,还有粉河寺、善光寺等寺院。那时,寺社的境内是净土这一主张,理由是镇守此地的祭神和本尊是他界的佛的垂迹。在中世,作为他界佛的垂迹的神以及形而下的佛,大多被称为"生身之佛"[3]。彼岸佛因为要拯救此土的众生,因此显示其可视的佛像形象,作为神现身的便是生身佛。这些神佛通过赏罚行为使人们信仰,最终让人们走向净土。因此人们对生身佛所在的此土净土的祈祷,不只是现世的荣华,也约定了来世的往生。

寺社的来源以及灵验说,参拜与喜舍的寺社缘起,此土净土、彼岸净

---

[1]　日本思想大系《寺社缘起》,第 65 页。

[2]　中野岜任《被遗忘的灵场》(平凡社,1998 年)。

[3]　关于"生身之佛"在拙作(《"日本的佛"的诞生》,《日本思想史——其普遍和特殊》perikan 社,1997 年)中有论述。

土两处净土,现世利益和来世净土,这些都是相互关联的。它们由本地垂迹和生身佛的理论结合起来,展现出中世的人们现当二世信仰体系的两个面向。

结语

迄今为止对于日本人世界观的研究中,和此土隔绝的他界观并不发达。代表他界的两个世界,也就是地狱与极乐传入日本时,被认为是在山中等现实世界内部,这种观点占据主流。

在本章中,围绕中世基于具体史料阐述了地狱、极乐的观念,最后指出地狱和彼岸净土的极乐,在中世是不同次元的存在。另外关于净土,在彼岸的他界之外还有此土净土被广泛接受,两个性质不同的净土观念基于本地垂迹和生身佛的概念为媒介,相互联系实现共存,是中世人对现当二世的信仰。

如何更加立体地再现本文中论及的"秽土中净土"的兜率天和补陀落净土,以及从地狱至彼岸净土的多重宇宙,这成为今后需要解决的课题。此外我们有必要谨慎地探讨,哪一部分是自发的概念,哪一部分是意识形态的作为。但是,以通说为例,可以明确的是,日本人的世界观特征里"他界表象的稀薄"(地狱与极乐都存在于这个世界)这一点,与实际情形并不相符。日本中世时期,除了关于在此土之中找寻圣地的思想外,还有着与现实世界相隔绝的、极具浓厚彼岸色彩的净土观念。它们不仅存在于学者的教理中,更存在于生活中,被中世人广泛接受。

以上是本章论点的框架,接下来探讨出现的相关问题。

首先是与作为中世思想代表的镰仓佛教祖师思想的关系。提及与此土隔绝的指方立相净土时,我们首先想到的是法然或亲鸾的思想。他们的净土观念尤其是围绕与亲鸾的本觉论的关系及正定聚的观念有许多不同的见解,不可简单概括。但是他们的思想中,毫无疑问彼岸净土是与现实世界隔绝的,而且与此土相对。这与同净土信仰相异的日莲思想是一致的。[1]

这种净土思想的起源及其历史定位,至今尚没有明确的解释。对于这个问题,无论如何精确地分析他们的净土观念,也无法找出答案。这需要与同时代人们的宇宙论进行对比来考察。对于本章中提到的中世的地狱—极乐的宇宙论,他们是如何接受又进行了怎样的改编来形成自己独特的世界观和信仰体系呢? 这个过程中丢掉了什么要素又加入了什么要素? 这些问题对于探究中世顶尖思想家的历史地位是不可或缺的。

还有一点是净土信仰与神祇信仰的关系。历来将此土视为秽土的净土信仰与肯定现世立场的神祇信仰,在本质上是相反的。但实际上这两种思想都有本地垂迹和生身佛的理论作为媒介,因此又是密切相关的。[2]为了阐明中世的信仰,我们应该放弃佛教—神道这样的既成框架,重新构建中世人的信仰世界。这也说明"杂修""作善主义""现当二世"等中世的一般信仰形态,不只是与诸多信仰无秩序的并存,它有世界观为背景,保持着统一的秩序。

本章阐明了此土和彼岸净土的双重构造,寺社势力作为社会势力失去精神权威和力量,强调佛外在的绝对的特点的各宗派被异端化,直到近世,渐渐统一为此土净土。社会自身的世俗化加速了这种趋势。主张来世往生的净土系各宗派对于其信徒的净土印象,也不是和此土隔绝的远方世界。在江户时代后期,民俗学者所说的守护子孙的先祖的观念深刻颠覆了社会。

[1] 佐藤弘夫《日莲的后期思想》(《日本思想史学》9 号)。
[2] 今堀太逸论述了作为末法时代救世主的生身之佛"大明神"固定下来的过程,参考《"大明神"号的成立与展开》(《神祇信仰的展开与佛教》吉川弘文馆,1990 年)。

总结　中世佛教的发展与变化

序言

由法然、亲鸾、道元、日莲等人创立的镰仓新佛教已有700年的历史，直至今天仍然有着强大的生命力，拥有众多的信众，并得到很多学者的关注。其中当属亲鸾与日莲最具有影响力，他们甚至影响了近代日本社会的思想。

首先来看日莲，田中孝智、本多日生等在战前宣扬与法西斯主义结合的"日莲主义"，我们至今仍然记忆犹新。毋庸置疑，这是人们坚信日莲是国粹主义者的主要原因。

我们认为日莲的思想是战前天皇制国家的理论家们思想的根据，然而另一方面，因为日莲遗留下来的文章中有对皇室不敬的表述，所以不得不接受掌权者的命令删除文中数百处，这一事实也不可忽略。日莲在文中评价日本国王"只不过是小岛的领主"[1]，"轻贱过去现在之末法法华经行者王臣万民，其始虽似无事，终必灭亡"[2]。如此无所忌惮的日莲的思想中，毫无对天皇制国家的赞美之词。

与此相同的问题也存在于战前净土真宗的宗教团体中。

大多数真宗的僧侣并不批判日本发动侵略战争的行为。不仅如此，基于"王法为本"等理论，甚至想要肯定战争。但是，即使是真宗亲鸾的遗文，其中"主上、臣下，背法违义，成忿结怨"[3]中"主上"二字在遗文出

---

[1] 《种种御振舞御书》（《昭和定本日莲圣人遗文》二）第962页。
[2] 《圣人御难事》（《昭和定本日莲圣人遗文》二）第1673页。
[3] 《教行信证》（日本思想大系《亲鸾》）第257—258页。

版时也不得不删除。

因此,在现代天皇制国家,亲鸾、日莲的信奉者们为了迎合统治者,用伏字法将遗文中不合适的部分删掉。只有如此,亲鸾、日莲的拥戴者们才能在国粹主义盛行的时代保全祖师的名誉,稳固自己的立足点。

需要注意的是,当时为了迎合体制,删除遗文、改变教理,并非伴随进入昭和时代高涨的极端国家主义才产生。明治三年(1870),维新热度未减,佛教各派为回应政府的政策问询,对东京寺社官厅陈述了各自宗派的大致教义。

其中真宗有"安心"与"戒律"的宗派教理。关于"戒律",有如下解说。

> 戒律与规矩是世间惩恶扬善的主要工具,维护匡扶守正人伦五常的道义,与王法的禁令一致,尊神戴恩,勤王报国,鼓励仁义忠孝之诚。[1]

日莲宗的教义则是"无论智愚,当尽其所能,以辅佐君主"[2]。

这一时期,日本发生了席卷全国的废佛弃释狂潮。在这场漩涡中向国家陈述自己的教义,其背后是各自宗派对自家存亡的危机感。因此,无论哪个宗派都重点强调自家派系对天皇制国家的贡献。另外,亲鸾与日莲的国家观至今众说纷纭,与祖师的观点相比,这些观点是怎样的相去甚远,这不是我们可以随意讨论的问题。但是,即使对他们的观点稍加斟酌也能够看出,他们只是单方面对体制的迎合,全然没有了当时祖师对权力的批判与宗教者的独立精神。可以说,亲鸾与日莲的信奉者们在后来极端国家主义盛行时期,所采取的态度渊源便在于此。

接下来我们不禁要问,亲鸾与日莲的信奉者们,丧失对世俗权力的批判,对既成权力全面迎合,究竟可以追溯到何时? 同时这一问题实际上关

---

[1]　《明治佛教思想资料合集》二,第157页。
[2]　同上,第156页。

系到亲鸾与日莲的信仰与国家之间在理论上有着怎样的关系。

本章首先论述亲鸾与日莲的宗教与国家的关系,结合当时的时代背景讨论其独立性。然后思考祖师的思想经历了怎样的变化并发展至今。并通过这一考察,探究与西欧等国家相比,日本的国家与宗教关系的独特性,并探明在这种传统下形成的现代佛教的国粹主义的特质。

一、中世的正统与异端

1076 年,德国皇帝亨利四世被罗马教皇开除教籍,为祈求赦免,他在冰天雪地的卡诺莎城赤足而立。三天后,亨利终于得到教皇格列高利七世的赦免,恢复了教籍。这一事件被称为"卡诺莎之辱"。

皇帝与教皇对主教叙任权的斗争以教皇的胜利结束,明确否定了俗人叙任神职的传统。

然而,这一叙任权斗争的意义不只局限在皇帝与法王哪方有神职叙任权这一问题上,还直接关系到一个重大问题,即在西欧拥有至高无上权威的是俗世统治者的皇帝,还是位于教权顶点的教皇。因此,皇帝亨利屈服于卡诺莎,意味着教皇有着至高无上的权威。[1]

就这样,拥有了至上权威的罗马教会利用异端审判逐渐确立了自己在宗教界的唯一正统性。同时作为拥有广大领地的封建领主,他们在俗世也有很大的权力,在绝对神的名义下,确立了对俗世、精神两界的统治。罗马天主教的思想与文化渗透至中世纪欧洲的每个角落,并对其进行了根本的限定。

当我们将目光转至同时期的中世日本时,在日本可比肩罗马教会的正统宗教是哪个宗派呢?

一般认为,拥有古老传统的天台宗、真言宗等旧佛教,从平安时代后半期开始,在世俗化中不断颓废并走向没落。进入镰仓时代,新确立的净

---

[1] 堀米庸三《格列高利一世改革与叙任权斗争》(《岩波讲座世界历史》中世四,1970 年)。

土宗、禅宗、日莲宗等新佛教取代了旧佛教,成为佛教界的主流。然而最新研究表明,即便在镰仓时代,延历寺、兴福寺、东大寺等旧佛教诸寺,因为拥有武艺高强的"恶僧"等武装势力,同时是拥有庄园的强大宗教领主,无论在社会势力还是宗教权威上,依然压倒新佛教占据上风。[1] 而且这些寺院不是个别领主的分立抗衡,而是逐步从制度上、思想上确立相互融合、共存的秩序,使全体宗教作为正统宗教与国家权力密切结合。较之于旧佛教,新佛教具有的现实社会势力十分微小,经常被传统佛教视为异端并遭到排挤,且受到国家权力的压制。在中世日本,如西欧的罗马天主教一样作为正统宗教拥有绝对地位的并不是新佛教,而是旧佛教系的大寺院。

值得注意的是,西欧中世认为神创造了现实世界并君临于此。同样,日本各寺院的领地也认为是由各寺的本尊、守护神等统治的神圣的"佛地"或者"神土"。[2] 东大寺把自己的领地与其本尊大佛(毗卢遮那佛)结合,称为"大佛领地",便是其中一例。

然而,虽然西欧与日本皆认为自己被超验者统领,但两者的国土观却大相径庭。因为基督教中的神是唯一的绝对神且是国土的创造者,所以其威势所及之地不仅有教会领地,也包括俗世领主的领地,有着"开放"的普遍性。与之相对,日本的佛领地,例如"大佛领地"与东大寺所有庄园的领域相一致,其他寺社也不例外,均以各自的寺社领域为单位,有不可逾越的"封闭"特点。即在西欧,神是全部土地上的绝对者,而日本则认为日本的国土是各个寺社"封闭"的领地的集合。

毋庸置疑,形成如此相反的国土观的原因之一便是"一神教"与"多神教"这两种宗教的本质性差异。但是,中世日本这种国土观的形成有着更加重要的历史性原因——相对于信奉唯一神的罗马教会在西欧宗教界

---

[1]　黑田俊雄《中世显密体制的发展》(《日本中世的国家与宗教》岩波书店,1975 年),同《中世寺社势力论》(《岩波讲座世界历史》中世二,1975 年),同《寺社势力》(岩波新书,1980 年)。

[2]　本书第一部第一章。

确立了正统地位,日本某单个教团无法树立其正统的权威,于是信奉不同佛、菩萨的教团即各宗教领主的联合体占据了这一地位。

因此,即使宗教在社会上都扮演了重要的角色,但因两者的正统宗教存在形式的不同,日本与欧洲有着很大的差异。例如日本采取正统宗教联合诸宗的形式,与欧洲相比,其宗教在社会势力与精神权威上所占有的地位均相对较低。在日本始终没有出现像西欧那样教权对俗权有绝对的权威,神职自始至终掌握在君主手中。又如,在欧洲俗权只有在得到教权的信任后,其统治才有正当性,而在日本正相反,教权需要得到俗权的认可(敕准)。

二、亲鸾与日莲的国家观与宗教观

日本中世,与天主教的神相匹敌的更普遍的神格观念与教权至上主义没有形成吗?我认为,这样的神观念蕴含在被所谓正统宗教的显密佛教不断排挤的新佛教中,尤其是以法然为始祖的念佛宗及日莲的思想中。

请看日莲以下的言论:

> 况梵天、帝释等是我等亲父、释迦如来托付领地,自以养正法之僧者也。毗沙门天王等,是四天下之主,为梵天、帝释守门。又、四州之王,是毗沙门天之从者。而日本秋津岛,尚不及于四州轮王之从者,但为岛之长耳

于日莲而言,在梵天、帝释天—毗沙门天—四州之王—日本国王这一贯穿神佛界与人类界的多层秩序中,其信奉的释尊(释迦牟尼的尊称)位于最高位。因为释尊是一切俗世的掌权者以及远超其他佛神的全宇宙的主宰者、最初的主权者,所以无论有多大权力,在释尊的面前都是力量弱小的存在("只不过是小岛的领主"[2])。日莲这一极具个性且特征鲜明的神

---

[1] 《昭和定本日莲圣人遗文》一,第448页。
[2] 《种种御振舞御书》(前揭第288页注1)。

观与旧佛教形成了何等显著的差异已无需赘言。

　　与此相同的佛教观可见于与日莲思想系谱不同的专修念佛中,尤可见于亲鸾。

　　法然、亲鸾彻底揭露人类能力的局限,通过使人们正视这一现实让人们完全放弃自力救济的想法,另一方面,认定西方净土的阿弥陀佛比其他佛拥有更强大的救济力量,排除弥陀与众生之间任何的中介,倡导他力信仰。结果与其之前的净土信仰相较,弥陀观念的绝对性得到极大的强化。日莲的释尊信仰同样,强调其作为君临此土的主宰者的特质。

　　如此,亲鸾与日莲分别强调了弥陀与释尊一佛权威的无上性,极力主张在其信仰的佛面前,不论身份高低与权势大小,众生皆为平等的佛子。

　　值得注意的是,亲鸾与日莲视宗教权威至高无上,明确指出君主权威的局限。在他们看来,无论国王权势多大、出身多高贵,在弥陀、释尊面前也不过是渺小的存在。因此,如果国王弹压维护正法者,佛就会对其施以惩罚并剥夺其王位。亲鸾与日莲认为,佛的意愿才至高无上,俗世的权力只是实现佛在人间意愿的手段而已。亲鸾批判承元法难的主谋者后鸟羽院"逆谤阐提"[1],并预言承久之变中后鸟羽院的失败。日莲也有言"贤王来愚王毁"[2],认可易姓革命。他们不会即刻承认特定的政权,无论任何政权只要违反佛的意愿、弹压正法都会受到佛的惩戒并最终灭亡。旧佛教认为得到权力的保证是成为正统宗教不可或缺的条件,与之相反,亲鸾与日莲确信自己信奉的宗教本身的正统性,在此信条下要求世俗权力服务于宗教。[3]

　　这明显与中世的主流佛教旧佛教的理念完全不同。在旧佛教中,因其佛神的主宰领域限于"封闭"的个别寺社领土庄园内,即使批判国主,国王下达不利于自己寺社的命令,也没有发展至依托佛神的权威、批判中

---

[1]　古田武彦《亲鸾思想——史料批判》(富山房,1975 年)。亲鸾关于承久之乱的评论,参照《亲鸾圣人御信息全集》(《定本亲鸾圣人全集》三,书简篇)第 128 页。关于这一史料的解释,参照本书第一部第一章(第 10 页注 4)。
[2]　《撰时抄》(《昭和定本日莲圣人遗文》二)第 1048 页。
[3]　本书第二部第二章。

央权力的地步。与此相反,亲鸾与日莲以隔绝于其他一切佛神并有绝对地位的一佛观念为武器,成功建构了将天皇的地位、国家的权力等相对化、手段化的观点与理论。

在律令制国家,佛教从属于王权,受制于俗法制定的规则,其自主性被完全剥夺。直到此时,才提高了宗教的权威性,使其远凌驾于世俗权力,即使只是在理念上。

至此,没有什么可以阻碍信徒们基于宗教信仰的自律行为。无论是自古以来的迷信、村落的陋习还是国王的命令,也只不过是现世的东西,并不能限制住门徒的心。《叹异抄》记载了亲鸾之言:

> "念佛"者,无碍之一道。此道理即信心的行者,天神、地祇亦敬伏,魔界、外道亦无法障碍,罪恶业报亦不感(受业报时,不会怨天尤人,会心甘情愿地接受之),诸善亦无及故。[1]

日莲在其著作《撰时抄》中有言:

> 生于王地,身随心不随。[2]

这句话用现代的表达方式就是在宣布,不被任何东西束缚的精神与自由的良心。我认为,这一点正是亲鸾与日莲在"国家与宗教"这一关系中所达成的最光辉的思想。

三、祖师的思想的继承与变化

然而,正是由于其实现了其思想,在掌权者与旧佛教徒的眼中,亲鸾与日莲的宗教是无比危险的,因此,其宗教受到了来自国家权力的惨烈迫

---

[1] 日本古典文学大系《亲鸾集·日莲宗》,第 197 页。
[2] 《昭和定本日莲圣人遗文》二,第 1053 页。

害与弹压。在弹压中,亲鸾被除去僧名施与俗名并被流放到越后。日莲也获两次流放罪,多次遭遇生命危险。而且,在祖师死后,又多次弹压教团。

处于此状况中的大多数门徒所采取的方法,并不是一味地忍受迫害,死守祖师建立起来的尖锐的理论,而是通过改变谋求与旧佛教的妥协。在中世日本,信仰的基础是泛神论的多神观,而绝对化、人格化的佛的观念,是支撑亲鸾与日莲对权力进行批判的支点。于是,在谋求与旧佛教及权力的共存时,其门徒淡化了弥陀、释尊的超越性特质,并将祖师的宗教学问向着现实化与内在化的方向改变。换言之,他们将祖师的思想进行旧佛教式的阐释。

祖师死后,专修佛与日莲的教团,逐渐弱化佛是与人类隔绝的绝对性存在,也不再强调净土的客观实在性,而是急速地将教义转向凡圣不二论、娑婆即净土论。于是,在这一教团中,原本通过拟定本源性的主权者而实现将世俗权力相对化的这一外在的佛观念不再存在,而作为国土统治者的国王的存在得到彰显。[1] 在这一思想背景下,真宗与日莲宗在13世纪末起,国王被视为国土唯一统治者的王土思想开始形成。[2] 如前所述,亲鸾与日莲的后继者们通过改变教团的教义学问,无条件承认国王权力的正统性与至上性,同时,通过极力主张自己的宗教对体制的稳固如何做出很大的贡献以得到国家、社会的公认。妙本寺的月明上人被将军足利义持问到“宗义的要点”时回答“镇护国家”的这一逸闻,可以说是宗教变化的必然结果。[3]

一直以来,说起镰仓佛教,经常被认为“王法为本的旧佛教”以及与之相对的“佛法为本的新佛教”。但是,如前所述,对权力的从属态度,新佛教的祖师自不必说,就连有治外法权的统治领域(寺院领地)与拥有武

---

[1]　佐藤弘夫《早期日莲教团中的国家与佛教——以日像为中心》(《东北大学日本文化研究所研究报告》18 集)。
[2]　本书第一部第一章。
[3]　《日向门家分散之由来记》(《日莲宗宗学全书》十八)第 106 页。

装势力与俗权对峙的旧佛教中也未曾有过。进入中世，无论在社会势力还是在精神层面都已从俗权逐渐独立出来的日本的佛教，又再次转向对世俗权力的从属，颇具讽刺意味的是，这一历史是始于并没有旧佛教那么深厚的社会基础的新佛教教团。

四、宗教一揆的形成

亲鸾与日莲建立的在佛的面前众生平等、世俗权力为佛法手段的理论，在祖师之后销声匿迹了吗？虽然相关理念在教团教义中消失，但却被宗教的在俗门徒继承、发展。终于在中世后期，成为人民主张主权的根据。

专修念佛的始祖法然在世时，经常发生门徒以弥陀佛为唯一的救世主，公然诽谤弥陀佛之外佛神的事件。需要注意的是，他们不仅在理论层面诽谤诸佛，还破坏佛像、经卷。这种毁佛现象多现于被蔑称为"田夫野人"的农民门徒中。门徒们的言行在亲鸾的教团内部也成了大问题。

日莲宗中也有同样的情况。日莲宗经常受到旧佛教"诽谤他经诸宗"[1]"毁余经谤他宗"[2]的指责，这便是最有说服力的事例。

那么，接受亲鸾、日莲理论的农民门徒中这种行为广泛发生的原因何在？这只是由于没文化且无知的农民门徒对教理的误解所致吗？

如前所述，日本中世时期，大寺社是拥有领地且凌驾于多数居民之上的庄园领主。它们主张自己信奉的佛神是领地本源性领主，同时规定庄民要进献年贡、缴纳税款供养神佛，将自己的统治赋予宗教意义。在这种意识形态下，如果有农民将少量剩余的农收保留，拒绝或阻碍课税，会被认为是对抗佛神，会堕入地狱。

对中世的农民而言，这种宗教威胁所带来的诅咒力超乎想象。从而，当农民想提高地位积蓄财产时，如何脱离这种意识形态的控制，是他们无

[1] 《破日莲义》(《大日本佛教全集》九七)第45页。
[2] 《谏晓始末记》(《日莲宗宗学全书》十九)第228页。

法回避的重要课题。

在这种情况下,亲鸾主张在唯一的救世主弥陀面前众生平等,即使是"恶人",也可因诚心念佛而得到救赎。这一理念通过集一切宗教权威于弥陀一佛,剥去了依赖诸佛诸神权威的权门寺社的神圣光辉。同时,给民众提供这一平等理念,使有"恶人"烙印的社会底层的人们觉醒,促使其成为独立自主之人,这成为他们摆脱既存的宗教秩序、世俗秩序以及意识形态统治运动的精神支柱。[1] 因此,农民门徒诽谤诸佛的行为,不仅起因于教理问题,对他们而言,破坏象征统治权力的佛神,意味着向既成的意识形态宣战。

但是,以民众的独立与解放为目标的毁佛行动,在传统寺院与既成佛神的权威相当稳固的中世前期,并没能成为撼动历史的大潮流。这一运动要动摇体制的根基,必须等到中世末期。这时庄园体制逐渐解体,另一方面,支持此运动的民众组织(总、町众)成长后,发动了一向一揆与法华一揆。

需要注意的是,在一向一揆与法华一揆中,构建起以弥陀与释尊作为国土本源性统治者的"佛法领""释尊御领"的理念,[2] 当时这一理念十分盛行。高举一揆旗帜的农民一方面在佛统治的"佛法领"想要排斥其他一切佛神,另一方面,拒绝向领主交纳年贡。很明显,这种佛观念并非出于教团的传统教义,而是在俗门徒以弥陀的名义毁佛毁神,最终波及至其祖师。到室町后期,亲鸾、日莲的理论,伴随社会的实体得以再现。

中世末期至近世初期,另一个流行一时且十分激烈的宗教一揆,就是基督教。值得注意的是,战国动乱时期广泛组织民众,并为民众运动提供精神基础的,并非信仰多神的旧佛教,而是一神教色彩浓厚的真宗、日莲宗以及基督教。

---

[1]　本书第一部第三章。

[2]　关于"佛法领"参照黑田俊雄《一向一揆的政治理念——关于"佛法领"》(《日本中世的国家与宗教》前揭第 291 页注 1),关于"释尊御领"请参照藤井学《中世国家观的一种形态——以日莲的理论与释尊御领为中心》(读史会编《国史论集》一,1959 年)。

室町后期,全国政权控制力薄弱,民众便集合在弥陀、释尊、天主等绝对人格之下,力图实现众生平等,他们不仅在理念层面,在现实社会中通过排除敌对的支配者,实现了这一理念。这一尝试获得了相当的成功,各地形成了由"无主"[1]的真宗门徒统领的佛法领地="百姓之国"。京都产生了以日莲宗门徒为核心的町众自治。

五、幕藩体制与佛教

在宗教一揆面前建立起来的是织丰政权。

16 世纪后半期,织田信长、丰臣秀吉以及德川家康力求统一全国,在此过程中,陷入与一向一揆的苦战,且屡次陷入困境。但是因为他们有强大的军事力与巧妙的战术,尽管他们进行了"不分男女赶尽杀绝"的屠戮行为,还是逐渐平定了一揆。

在实现全国统一之后,受到统一政权弹压的不仅有真宗,在战国时期受到武士与民众的欢迎,也发生了一揆的基督教,与真宗一样受到残酷的镇压,并被从历史上抹杀。接着,统一权力攻击的矛头进一步指向经过长时期建立起不输不入传统的比叡山、根来寺、高野山等。最终结果是,在统一的过程中,所有独立的宗教势力的根基都被解体,且被迫屈服于权力的脚下。

打倒一揆势力平定天下的掌权者,为防止民众、敌对势力等以宗教为借口再次进行反抗,把宗教权威吸收进自己一边,从而实现自己权力的合理化。于是,当权者想把自己变成神。比较有名的传说是,织田信长命令总见寺挂出告示,信奉他便可得富贵长寿;丰臣秀吉与德川家康也在死后分别得到"丰国大明神""东照大权现"的神号,被当成神祭祀。而且,其肖像也以神像的形式描绘。

近世时期,无比强大的君主集权力与权威于一身,统领着国土,经过

---

[1] 《本福寺迹书》(日本思想大系《莲如·一向一揆》,第 230 页)。

检地后,作为君主的恩惠,再次分得朱印地。所有的宗派,都变成"感谢让我存在"[1]。至此,宗教成为权力的"装饰物",作为近世繁荣的工具性存在。倘若离开统治者,宗教的正统性与存在意义都将不复存在。

在统一政权建立与宗教势力从属化的历史过程中,曾经被民众接受并成为支撑"佛法领地"理念的外在的、绝对性的佛的观念,自然经过变化最终走向消亡。这一过程中最典型的例子,就是对日莲宗不受不施派的弹压。

文禄四年(1595),丰臣秀吉邀请各宗僧人在东山方广寺大佛殿举行千佛供养法会,京都的日莲宗也收到了邀请信。于是,围绕是否参加这一与他宗同席的法会,日奥一派主张不出席,与主张出席的日重一派意见对立。

日重一派主张,"普天之下莫非王土,四海之物莫非王有。若嫌主供,须臾不存"[2](《宗义制法论》)。他们站在承认国王是国土最高统治者的角度,极力主张我们能在王土存在,本身就是国王的恩惠与供养,因此我们应该只听从给我们如此恩惠的国王之令。

与之对立的日奥一派则认为:

> 方今世界皆为教主释尊之地。(中略)小国之君主无人可主释尊之地。[3](《宗义制法论》)

释尊才是国土本源性的统治者,居住于此绝不是国王的供养,主张即使在君主面前也要坚持不受不施的立场。

比较这两种观点可发现,日奥一派的理论发源于日莲,被后来的民众门徒接受并形成独立的宗教王国,立场坚定。与此相对,日重一派的理论则力求成为与权力共存的教团教义主流。自然,统治者排斥否定了日奥

---

[1] 朝尾直弘《将军权力的出现》(二)(《历史评论》266号,第51页)。
[2] 《万代龟镜录》卷三。
[3] 同上。

一派的观点,将不受不施派视为非法。

　　如此这般,近世统治者暴力扼杀与自己敌对的宗教势力,另一方面,干预宗教的教义,将中世后期支持一揆运动的外在的、绝对性的佛观念与佛法领地、释尊御领的理念打上异端的烙印并将相关僧人流放。于是,宣扬宗教权威优于世俗权力的根据的佛教理念,随着一揆势力的解体失去了其存在根基。并且,由于教义被异端化且被统治者强制禁止,其存续条件也完全丧失。于是,近世教团教义的基调,不问宗派都被涂写为内在的佛观念。

　　经过上述过程,经统治者改造后的各个宗派得到了寺社领地,在幕藩体制下作为正统宗教得到公认。然而,由于如上所述的原因,依照普遍性理念,这些教团已经失去了批判世俗权力的社会基础及教义基础。

　　从宗教必须得到权力的承认才具有正统性这一前提来看,相关体制似乎是对中世正统佛教的继承。但是,中世的教权有独立的统治领域、武装势力并与俗权对峙,绝不只是一方从属于另一方的关系。与之相对,近世佛教却被夺去独立的基础,甚至连教义的内容也被规定,并被纳入俗权,只能依靠对幕藩权力不遗余力的赞美来维持其生存之路。

　　然而,我们不能仅仅认为,近世佛教通过与统治权力结合才得以存续。近世的教团通过承包寺院制、寺坛制等制度,在国家支持下,获得了与民众长久的、稳定的联系,其理念也从未像现在这样广泛渗透于民众之中。在这个意义上,近世可以说是日本佛教最平民化的时代。事实上,江户时代时,创建了许多寺、庵,从寺院数量来看,佛教迎来了其最为兴盛的时代。

　　但是,佛教广泛深入民心,与民众接受了这样的佛教对他们而言有什么意义,必须严格区分对待。近世的佛教屈服于权力之下,教义也被迫更改,无论佛教普及到何种程度,都无法再向人们传授超越世俗权威的绝对性宗教权威,也无法再使他们的独立精神觉醒。相反,这种平民化程度越深,对权力的服从就越被赋予宗教意义,使人们集合在权力之下的作用就越大。接下来,让我们看一下近世编撰的往生传中理想的信仰者。亲鸾主张为实现往生,不需要按照世俗伦理行事。与此相反,往生传中强调,只有按照幕藩统治要求的道德生活,只有遵从法令,才是往生者必不可少的条件。[1] 从中可以看出其历史意义。

江户时代是佛教平民化发展最大、宗学大成的时期。各个宗派优秀高僧辈出,形成了宗教教义的体系化。然而,以更宏观的视角来看,不可忽视的是,这一运动是在近世初期统治者强制性创造出异端,并对其进行暴力除绝的前提下实现的。换言之,近世的宗教学大成,是在幕藩体制的框架内并以保证其统治正当性为前提的封建教义的集大成。

因此,在这些宗学中,已经完全没有亲鸾与日莲所拥有的强烈的信心与热情。在充分信任自己的宗教的基础上,对教义大胆进行另类解读的知识冒险也不复存在。教义作为学问越精密化,就越容易失去其宗教生命与对民众的感染力。因此,近世佛教的思想,分裂为教团内部专业的学问钻研,以及对民众进行卑俗的世俗道德教育。

以农民一揆为代表的近世民众运动,与真宗、日莲宗等一切既成佛教毫无关系,其根本原因在于上述江户时期佛教教团的存在方式。

六、国家主义的兴盛与佛教

明治维新结束了德川政权长达 260 年的统治。取而代之的明治政府决意将神道作为天皇制国家的精神支柱,并开始推行神道国教化政策。为达到此目的,政府下达了神佛分离令,意图强行将神道从佛教的影响中分离出来。

于是,在全国兴起了废佛弃释运动,在幕藩体制中无所事事虚度光阴的佛教徒此时面临重大危机。但是,明治维新与神佛分离运动意味着迄今受幕藩权力制度庇护的寺院与权力的粘连被强硬地解除。对佛教而言也应该是一个绝佳机会,反省自己权力侍奉者的存在方式,从根本上重新

---

[1]　参照《日本佛教》39 号(特集"近世往生传")的诸论文。

审视佛教作为宗教的意义。事实上,在废佛的运动中,自明治初年,在佛教界各宗派间,喊出了"一洗旧弊"的觉醒口号。

但是,这一觉醒运动不是为了建设精神性与社会性独立的僧团,断绝与权力的关系。反而通过一扫"旧弊"="旧权力"的关系,将重心放在与新的天皇制国家建立稳定的关系上。

明治元年(1868)十二月起,佛教诸宗在京都与东京相继进行集会,决议革新佛教会,结成"诸宗同德会盟"。此时,在东京的会盟中有待审的八条目,需要注意其中的第一条"王法佛法不相离论"。这一理论乍看似乎是引用中世流行的"佛法王法相依论"。但是,如上所述,中世的相关理念是旨在使佛法、王法作为独立的社会存在,并以对等的形式共存。与之相对,此处所言的佛法王法不分离论,正如在京都的会盟中会员一同立下"为皇国粉身碎骨"的誓言中所显示的,是对近世俗权与教权的关系沿袭,并努力证明在新建立的天皇制国家中,佛教起到促进国家安泰的作用,以此获得权力的公认与保护。即许多佛教教团,不是利用封建制国家向天皇制国家的转型期,从权力统治中独立出来,而是选择在新体制中,如之前一样通过唱赞歌而生存下去。

诸宗一致的掣肘与门徒的反对运动奏效,不久后,明治政府就不得不停止神佛分离运动。许多因废佛弃释被破坏的寺院得以重建,宗教界恢复了秩序与安定。但是这并不意味着佛教反对政府的意图,向着独立稳固的近代教团脱胎换骨,而是要在高举神道国教化政策的明治天皇制国家中,显示佛教将肩负起协助国家完成统治秩序的使命,与国家建立起稳定关系。于是,明治中期开始,国粹主义盛行时,佛教各派便争先恐后地对国家高唱赞歌,强化自己作为体制的理论家的地位。

真宗、日莲宗如何看待幕末至明治时期各佛各宗的普遍动向呢?

结论是,想在天皇制国家的统治秩序中占有一席之地并成为其理论家这一点上,两宗也不例外,更准确地说,两宗先于其他宗派并主导这一倾向。

明治元年,东西两本愿寺的法主,反复向门徒论述要遵守"王法为本""仁义为先"的准则。受此教诲的真宗僧侣提出：

> 真宗之宗祖，六百余年间彻视此理，在俗亦立此宗风。僧俗一
> 致，唯不尊奉王法于戒律未曾有之。[1]（《天恩奉戴附录》）
> 所谓王法为本，凡我净土真宗一派，以王法文本必先遵从仁义礼
> 智信之人道，谨记王法佛法缺一不可。[2]（《净土真宗大意》）

极力主张门徒应无条件服从天皇制国家的秩序。

将服从权力视为至高无上之事的真宗，试图利用在幕藩体制下创造
的封建教学，将其方针合理化。东本愿寺高僧、教化者渥美契华在其著作
《归命字训劝诱录》中写道：

> 念佛以外需有现世杂修，为实现往生，内心需坚定一向专修的信
> 心，更要进行杂修。王法与世俗之风一致，杂行杂修即可谓此。[3]

在这一观点下，

> 若依照王法，仰俯于神佛，无论怎样守护王法都不为过。[4]

显而易见，此处彻底否定了亲鸾皈依弥陀一佛与不拜神祇的主张。明治
初期真宗的僧侣为将"无论怎样守护王法都不为过"合理化，甚至不惜从
根本上改变教理体系。

毋庸赘言，以异端的名义，割断了想把祖师的思想作为自己解放的精
神武器的农民门徒，这是力图与权力保持一贯和谐关系的本愿寺教团的

---

[1]　《明治佛教思想资料合集》一，第202页。
[2]　同上，二，第161页。
[3]　同上，四，第249页。
[4]　同上，四，第249页。

必然结局。与此同时,不是在这种观点中发现自己宗教信念的正统性,只有通过与国家权力的从属性依存关系才能显示其正统性。诸如这般,很容易发现其留存着近世佛教的残渣。

虽然这一倾向也出现在日莲宗中,但是需要注意的是,日莲系教团在国粹主义盛行的风潮中,发展出"日莲主义"。

近代日莲主义的代表理论家田中智学,在各方面都产生了极大的影响。他在其著作中以"只有正法(佛)与王法(国)合体,正义才能立于世"为题有以下论述:

> "国"不安无以治"世界",世界不和平则人类不安定,因此佛法要把安"国"作为主要任务,这便是建立正法,即立正运动。[1] (《日莲主义概论》)

这似乎是在祖述日莲的立正安国理论。但是,参照前文"日本的所谓'王法',从天祖皇太神起,一脉相传的'道'成为所生之地的'王法'"[2]这一段话会发现,在以田中智学为代表的日莲主义者看来,王法=国家这一前提条件只限定于万世一系的天皇制国家中。从而,他们所言的"立正安国",无非是用正确的宗教护持以天皇为元首的政体。

亲鸾与日莲也绝非否定世俗统治者。但是,他们所说的国家并没有限定特定的政体。对他们而言,政治权力只是实现自己宗教理想的手段,决不能将特定权力本身目的化。无论有着什么传统的统治者,也无论何种体制,如果不庇护正法、致力于传播正法、实现理想社会,就会像承久之乱中后鸟羽上皇败给臣子义时那样,政权会被打上不合格的烙印,并最终走向灭亡。

与之相对,真宗与日莲宗设定的政体只是近世的幕藩体制,只是近代天皇制国家。而且,特定政体的存在本身被目的化,佛教服务于其繁荣,

---

[1] 《日莲主义大讲座》六,第218—219页。
[2] 同上,六,第217页。

成为政治统治的手段。从而，缺失了祖师开创的最重要的观点，即现实的权力应为实现更高层次的宗教价值服务。也就是说，国家与宗教的关系，与祖师的观点完全相反。

需要注意的是，近代真宗与日莲宗对天皇制国家的赞美彻底改变了其祖师的国家观。

结语

我们探讨了近代之前佛教与国家主义的关系，以真宗与日莲宗为中心对其意义进行了考察。采取这一方式的原因是，在探寻佛教在近代日本的国家意识与国家体制中所起到的作用的基础上，两宗可作为适例。同时，近代佛教中的国家主义问题，有着作为中世至近代的国家与佛教的总决算的意义。最后我想在结语中再强调几点。

本章举出的真宗与日莲宗的祖师亲鸾与日莲，从以多神观为特点的日本佛教主流来看，其外在的、绝对的一佛信仰着实特殊。但是，这一独立的理念自然与既成教团的教义及意识形态形成了尖锐的对立。于是，以异端之名，彻底打压将现实统治相对化、拥戴一佛的真宗与日莲宗，使其无论在思想上还是社会势力上，都不可能成为佛教界的主流。关于中世日本，决定了国家与宗教关系独特性的原因，在本书中有详细论述。

然而，弟子并没有充分继承、发展祖师独特的国家观。大多数弟子为了与既成教团及统治权力共存，通过操作教学隐藏了祖师独具特色的思想侧面。这一行为导致的结果是，在教团的教义中，认为佛是与人类隔绝的至高无上的绝对性存在，在佛面前人人平等、现世权威也有局限性等观点迅速衰退，教学的主流迅速倒向凡圣不二、此土即净土论。于是，从"国家与宗教"的视角来看，教团从这次屈服于政权后，其历史便成了向权力屈服的过程，对近代天皇制国家的态度也不过是其延长线。

其中，祖师对一佛的纯粹信仰与宗教权威高于俗权的主张，不仅被出家的弟子，也被在俗的弟子继承，成为他们争取独立与解放斗争的精神支柱。这一点值得关注。当然,这些民众弟子并非是对祖师思想的忠实继承,不可否认,其中有的与"堕落""误解"只有一字之差。然而,必须强调的是,即使这一运动甚至受到祖师的批判,客观来看,他们从祖师的宗教中抽出了最引人注目的思想成果,并使其成为保护自己的思想武器。这是不争的事实。

日本历史上,"国家"作为巨大的怪物压在民众之上,战前的天皇制国家独占宗教权威,甚至干涉民众精神,其可怕的威力不言而喻。与之相对,镰仓时期出现的亲鸾与日莲的思想,拥有将国家相对化的视角与理论,通过促进民众基于自己的信念行动,的确发挥了解放他们精神与肉体的作用。但是,这种理论并没有作为社会的共有财产稳定下来,反而其彻底的解体成为近世国家成立后直至现代决定佛教界的决定性因素。亲鸾与日莲的近代信奉者们,反而认为国家优越于个人,发挥了合理化其统治并加以赞美的作用。

当我们意识到这些问题时,为了从这一桎梏中解放自己,像精神科医生寻到患者心灵深处沉睡的阴郁后,照进光芒一样,我们也应该通过再次回顾历史,不再将漫长的历史中形成的精神构造绝对化。

后　记

　　我原本是一个腼腆又害羞之人，却时常被误认为是与之完全相反的性格。事实上，相较于在人前高谈阔论，我更喜欢独自去爬山或遛狗。无论如何，从成为一名合格的研究者，再到出版此书，我深切地感受到许多人对我的指导与提携。

　　当我从东北大学教养学部进入文学部学习，在当时的日本思想史学讲座中，有作为专任教师的石田一良教授和现任该讲座主任教授的玉悬博之老师，以及兼任教师原田隆吉老师、大内三郎老师和吉田忠老师。除了这些博学多识的指导老师外，上下级学友中同样才俊辈出，有些人仍活跃于今天的思想史学界。彼时，学生运动余波未平。其中一些人还是个人思想旗帜鲜明的政治与宗教运动的斗士。幸运的是，尽管与有些朋友意见相左，但并非走向破坏性对立，而是在学术层面升华为建设性讨论，从而深化各自的问题意识。

　　在完成研究生院博士前期课程后，我离开了日本思想史学讲座，作为助手受聘于文学部的日本文化研究设施。该机构现已发展成为东北大学东北亚研究中心。在当时，该机构类似于文学部全体人员的学术沙龙。在此氛围中，我可以跨过讲座与专业的差异，与不同领域的老师进行学习与交流。在组织内部，我的直属上司是源了圆教授。几乎每天，我都能够一边喝着咖啡，一边从他那里听到其最新的研究设想。在闲谈中，时至今日我仍感觉学到了远比想象中更多的东西。

　　作为助手的经验使我认识到与不同研究领域的学者进行讨论的重要性。与此同时，将我的视野引向更为广阔的外部世界的则是学会或出版界的邀约以及诸位老师个人的指点，如大隈和雄、川添昭二、黑田

307

俊雄、高木丰、中尾尧、山折哲雄等。其中，立正大学的中尾尧老师从史料调查时应有的思想准备到第一手史料的处理方法等方面对我进行了诚恳耐心的指导。通过各位老师，我还幸运地结识了许多同年龄段乃至更年轻的学者，并与之成为知己。如果没有这些机遇，或许我仍会满足于东北大学日本思想史学的圈子，也不会意识到在东北大学学习的意义。

五年前，机缘之下我重返由玉悬博之教授所领导的日本思想史学研究室。本书第三、四部的大部分内容是以返回东北大学后的特别讲义为基础的。我认为，"所谓讲义，并不是讲授已完成的研究，而是展示在研究的完成过程中内心的想法"。因此，对于听讲的学生们而言，听着这些支离破碎、尚不完备的讲义才更觉得迷惑吧。然而，讲义结束以后，他们仍提出了恰当的建议与尖锐的问题，对此我深表谢意。另外，通过特别讲义跨越研究室的壁垒，结识思想史专业以外的其他专业的学生，我也感到高兴。

今年4月是我从研究生院毕业的第二十个年头。在此期间，我经历了失业，辗转于不同的地方。我似乎觉得我工作的地方总是处于"历史的转换期"之中。加之我原本就有意志力薄弱、缺乏主体性的缺点，难以回绝别人，不知不觉便被卷入到工会或学生团体等学术领域以外的社会活动之中。在某种意义上说，回首过去，安坐书桌前从事学术研究的记忆并不多（实际上亦非可能），反而是在各种活动的间隙，在新干线、公交车或咖啡馆里，利用零碎时间阅读论文或史料的记忆更为深刻。从纯粹的学术研究角度上说，这些社会活动或许益处不大，但也使我结识了各种各样的人，并从中见识到他们的人生态度。我希望能够将此应用于我的研究工作，以回报众人。

现在想来，无论在职场，还是在别处，我受惠于太多的人。仅限学术领域，除前述诸位，所受学恩亦难以计数，尤其从镰仓佛教研究会、日本佛教研究会、天台之会、日本思想史研究会等学会的成员那里受到许多启发。在此深表谢意。本书是在这些人的支持下完成的。较之所得，本书的成果过于贫瘠。这完全由于我本人能力不足造成，期盼将来百尺竿头，更进一步，万望海涵。

最后，衷心感谢本书编辑法藏馆东京事务所的泷川纪。

佐藤弘夫

1997 年 9 月 27 日

译　后　记

　　首先感谢日本东北大学佐藤弘夫教授将此书的翻译授权予我。佐藤弘夫先生是日本著名的思想史研究大家，曾担任日本思想史学会会长、东北大学人文学部部长等职。他著作等身，代表作有《日本中世国家与宗教》《日本中世社会与宗教》《镰仓佛教》《死者何往》《日本人的人神信仰研究》等。其中有几部被翻译成英日韩等多语种，受到海外学界的高度关注。

　　佐藤弘夫先生关注年轻学者的成长，注重跨界、跨国的学术交流，多次受邀来中国社科院、北京日本学研究中心等地讲学，对中国始终怀有友好之情。也由于他的鼎力支持，我院与日本东北大学建立了学术交流合作关系。2013 年，我有幸赴东北大学做客座研究，读到了佐藤先生的几部大著，深受触动，萌生将此译介到中国的想法。2017 年翻译出版的佐藤先生《日本人的人神信仰研究》，此书聚焦于近世日本人的信仰世界，对于了解近世日本有重要的参考作用。之后，佐藤先生向我推荐了他早期的一部著作——《中世日本的神、佛与王权》。此书关注日本的王权与宗教，对我有很大的挑战性。但其关注的主题具有很强的现实意义及重要的学术价值。因此，我决定翻译此书。

　　此书内容博大精深，中世日本思想史领域的重要课题几乎都有涉及。原书中还有一章补论，题目为《显密体制论的现在——与黑田俊雄氏商榷》，是佐藤先生针对黑田教授对其著作《日本中世社会与宗教》的批判的回应，因其内容与本书主题的关联性不强，也是作者多年前的一篇未发表稿，因此在做中文版翻译时，过滤掉此节内容。另外还有一节是介绍各章内容的出处及内容简介，在此也一并省略。感谢佐藤教授的授权及允诺。

此书的内容曾多次在研究生的课堂上作为翻译实践的内容,专硕班2018、2019级的同学都参与其中,感谢同学们的努力!内容之难解部分,也曾经让学生们苦恼,为一个词的翻译也曾多次与译者马步云讨论,此过程艰辛,充满挑战,但也有满满的收获。

此书校稿之际,日本发生了安倍晋三前首相遇刺事件,惊动日本朝野,也引发国际社会的关注。此事的发生竟然源于宗教团体,可见宗教与国家、宗教与政权、宗教团体与信众的关系不仅仅是学术问题,同时也是政治问题、安全问题,不可等闲视之。

此书的出版,感谢山东大学哲学与社会发展学院"东亚人文研究"的专项资助,感谢主编牛建科教授、副主编李海涛教授的大力支持。同时,非常感谢此书的编辑吴志宏博士,她勤勉、敬业、高效、认真,她的辛勤付出让本书增色不少。

邢永凤、马步云

2022 年大暑时节　于泉城济南

图书在版编目（CIP）数据

中世日本的神、佛与王权／（日）佐藤弘夫著；邢
永凤，马步云译. —上海：中西书局，2023
（人文东亚研究丛书）
ISBN 978-7-5475-2114-4

Ⅰ.①中… Ⅱ.①佐… ②邢… ③马… Ⅲ.①思想史
-研究-日本-中世纪 Ⅳ.①B313.3

中国国家版本馆 CIP 数据核字（2023）第 081227 号

SHIN，BUTSU，OUKEN NO CHUSEI
Copyright © Hiroo Satou 1998
Chinese translation rights in simplified characters arranged with Hozokan Publishing
Co.，Ltd.

ZHONGSHI RIBEN DE SHEN、FO YU WANGQUAN

中世日本的神、佛与王权

［日］佐藤弘夫 著 邢永凤 马步云 译

责任编辑	吴志宏
装帧设计	梁业礼
责任印制	朱人杰
出版发行	上海世纪出版集团 中西书局（www.zxpress.com.cn）
地　址	上海市闵行区号景路 159 弄 B 座（邮政编码：201101）
印　刷	常熟市人民印刷有限公司
开　本	700 毫米×1000 毫米 1/16
印　张	21
字　数	292 000
版　次	2023 年 9 月第 1 版 2023 年 9 月第 1 次印刷
书　号	ISBN 978-7-5475-2114-4/B·122
定　价	98.00 元

本书如有质量问题，请与承印厂联系。电话：0512-52601369